학문이 서로 돕는다는 것

현상학적
학문이론과
일반체계이론의 이중주

현상학적 학문이론과
일반체계이론의 이중주

학문이 서로 돕는다는 것

박승억 지음

성균관대학교
출판부

머리말 보편학에 대한 열망

인류 지성사를 추적하면 아주 오래된 꿈을 하나 만난다. 바로 하나의 원리로 세상의 모든 것을 설명하는 것. 누군가는 쓸모없는 일이라거나 최소한 의심 가득한 시선으로 볼 일이지만, 또 누군가는 포기하지 않을 꿈이다. 이 꿈은 학문의 패러다임이 변하는 무렵에는 예외 없이 되살아나곤 했다. 21세기 들어 국내에서도 주목받았던 에드워드 윌슨(E. Wilson)은 자신의 책, 『통섭(Consilience)』에서 이오니아의 꿈을 말한다.[1] 윌슨이 통섭을 말한 것은 고대 그리스의 자연철학자들이 만물을 하나의 원리(arche)로 설명하고자 했던 시도를 다시 부활시키겠다는 의미였다. 하나의 원리를 가지고 모든 것을 설명하는 일은 윌슨이 말한 것처럼 학문의 역사가 시작된 이래 포기된 적 없는 이념이었다. 그 꿈은 서구 지성사에서 일관되게 수행된 지적 전통이자 형이상학적 이념이었다.

물론 이때의 형이상학은 인간 지성을 뛰어 넘는 어떤 초월적 존재에 대한 탐색을 의미하는 것이 아니라, 모든 개별 학문들의 기초를 제공하고 방법론적 규준을 포함한 탐구 활동의 지침들을 제공하는 근원적 학문이다. 아리스토텔레스로부터 시작되어 데카르트에 이르러 구조적으로 더 분명해진 '제1철학(prima philosophia)'이 바로 그것이다. 하지만 지성사에 익숙한 사람들에게 이러한 보편학 혹은 제1철학은 이미 낡아빠진, 그래서 시대에 뒤떨어진 역사의 유물일 뿐이다. 보편적이고 절대적인 것들을 공공연하게 부인했던, 지적으로 세련된 포스트모던 문화의 여진은 여전하기 때문이다.

학문은 현실 세계를 설명하고 묘사하는 그림과도 같다. 다시 말해 학문과 현실 사이에는 일종의 평행 관계가 존재한다. 학문이 진리와 지식을 얻고자 하는 활동이고 진리와 지식이 이 세계에 관한 것인 한, 학문은 우리가 살고 있는 이 현실 세계를 어떻게든 반영한다. 그런 한에서 현실 세계가 하나의 세계이고 그에 대응하는 어떤 보편적 질서가 있다면, 모든 학문 일반을 관통하는 보편적 원리가 있다고 믿는 것도 자연스럽다.

게다가 이러한 형이상학적 유추는 일종의 실천적 함축을 갖는다. 인간 삶을 설명하는 어떤 보편적 원리가 존재할 것이라는 믿음이 그것이다. 물론 이러한 생각은 다양성이 하나의 지배적인 이념이 된 오늘날의 사회와는 잘 맞지 않아 보일 수 있다. 형이상학적 일원론은 곧바로 종교나 전체주의를 연상시키기 때문이다. 그래서 제1철학에 대한 꿈은 적어도 20세기 후반부에는 견지하기 어려운 희망이 되어버렸다.

아마도 윌슨의 시도는 그렇게 시들어 가는 꿈에 다시 생명력을 불어넣고자 하는 시도였을 것이다. 그는 물리학으로부터 신학과 예술에 이르는 전 영역의 지식들이 생물학이라는 중간 영역에서 만날 수 있다고 말한다. 그런 탓에 윌슨의 기획은 많은 사람들에게 '생물학 제국주의'라는 비판을 받았다. 무엇보다 윌슨이 통섭을 방법론적 환원주의라고 말한 것이 발목을 잡았다. 20세기 후반부에 들어 환원주의는 일종의 망령과도 같은 대접을 받았다. 환원주의를 거부한 주된 이유는 그것이 복잡한 현상을 설명하기에 적합하지 않았다는 것이다. 복잡한 생명 현상을 입자물리학적 지식으로 환원거나, 온갖 사정들이 뒤엉켜 있는 사회 현상을 생물학의 원리로만 설명하고자 하는 시도들은 단순함이라는 매력을 갖고 있다. 하지만 그것이 전부다. 환원주의는 마치 프로크루스테스의 침대처럼 여겨졌다.

프로크루스테스를 처단하는 테세우스

게다가 환원주의는 마치 정치 세계에서 독재가 외면 받듯이 학문 세계에서도 다양성을 존중하지 못하는 입장으로 여겨졌다. 그것은 1960년대 이래로 불어 닥친 다양성의 요구라는 시대적 트렌드에도 맞지 않았다. 그래서 자신을 세련된 지성인으로 생각한다면 어떤 형태이건 환원주의는 거절해야만 하는 것처럼 보였다. 하지만 모든 일에는 어찌되었든 이유가 있듯이 그 '망령'이 끝없이 되살아났던 데에도 이유가 있다.

예컨대, 자연 현상을 설명하기 위해 오늘날의 과학이 받아들이고 있는 근본 원리로서 '대칭성(symmetry)'을 생각해보자. 대칭성은 어떤 물리 법칙이 변치 않는다는 것을 가정하는, 일종의 보존 법칙이다. 에너지 보존의 법칙처럼 입자들의 상태가 변화한다고 하더라도 전체 에너지는 변하지 않는다. 대칭성은 변화하는 것들 가운데 변하지 않는 것에 주목한다. 이러한 대칭성들은 우리가 우주 혹은 세계를 일관된 시선에서 볼 수 있게 해주는 이론적 근거이다. 이러한 대칭성을 기준으로 생각의 외연을 조금만 확장하면, 특정 이론 영역에서 타당한 원리들이 다른 이론 영역으로 확장될 수 있다는 것, 다시 말해 특정 원리가 탐구 영역의 다양성을 관통해서 보존될 수 있다는 생각으로 이어질 수 있다. 아인슈타인이 관측자의 상대성에도 불구하고 광속 불변의 원리를 상정한 것과 마찬가지다.

20세기 초반 통일과학(unified science) 운동은 이러한 원리에 기초해서 세계를 탐구하는 모든 개별 학문들이 이론적으로 지지할 수 있는 발판을 마련하고자 하는 시도였다. 그 의도로만 본다면 데카르트가 말하는 아르키메데스의 점과 같은 지점을 마련하는 것이었다. 아리스토텔레스로부터 시작되어 오늘날에 이르는 이러한 지적 경향성을 우리는 '보편학에 대한 꿈'이라고 말할 수 있다. 이는 칸트의 말처럼 인간의 형이상학적 본성 때문인지도 모른다.

하지만 이러한 형이상학적 시도의 옳고 그름을 판정하는 일은 그런 작업 자체가 형이상학적이기 때문에 입증도, 또 반증도 어렵다. 또 바로 그 이유 때문에 제1철학 혹은 세계를 설명하는 근본 원리를 찾으려는 인간 지성의 오래된 꿈은 지난 세기 이래 제자리에 멈추어 서 있다. 입증도 안 되고, 반증도 안 되는 문제를 사이에 두고 씨름하는 것은 공허한 헛수고이거나, 기껏해야 탐구자의 지적 결단에 맡겨진 문제처럼 보이기 때문이다. 그러나 어떤 문제를 다룰 수 있는 방법이 오직 하나뿐이라고 생각하는 것은 성급한 판단일 수 있다. 목표의 수준을 현실적인 조건과 관련하여 수정할 수도 있고, 목표에 도달하는 경로로서 방법론을 수정할 수도 있다. 문제를 다루는 일종의 우회로를 생각해보는 것이다.

그 우회로는 보편적 원리를 발견하는 방법이 오직 '환원주의'뿐인가 하는 의심으로부터 시작한다. 오랫동안 제1철학 혹은 통일 과학 등 세계를 설명하는 보편적 설명 모형들에 대해 제기된 의심은 주로 환원주의와 연관되어 논의되었다. 다시 말해 환원주의에 문제가 있기 때문에 보편학의 가능성 역시 자동적으로 폐기되었던 것이다. 그렇다면 환원주의가 아니면서도 보편학의 가능성을 말해볼 수 있을까?

우리는 이 책에서 두 가지 이론을 중심으로 그 가능성을 타진해볼 것이다. 에드문트 후설(E. Husserl)의 현상학(Phenomenology)과 루트비히 베르탈란피(L. v. Bertalanfy)의 일반체계이론(General System Theory)이 그것이다.

*

후설 현상학은 지향성(Intentionality) 이론으로 특징지을 수 있다. 후설에 따르면 지향성은 인간 의식의 존재방식이다. 우리의 의식은 항상 '무엇에 대한(Bewusstsein von Etwas)' 의식이다. 얼핏 단순해 보이는 이 도식은 우리가 잊고 있는 많은 것을 들추어낸다. 일상의 경험에서 우리는 대상이 우리와는 무관한 그 자체로 독립적인 어떤 것으로 생각하곤 한다. 하늘에 떠 있는 태양과 창문 밖의 나무는 내가 그것들에 대해 어떻게 생각하건, 어떤 상상을 하건 결코 변하지 않는다. 바로 이러한 경험이 우리가 세계를 경험할 때 전제하게 되는 주체와 객체의 이분법을 당연하게 만든다. 그러나 우리가 세계를 경험한다는 말은 그 세계 자체를 받아들이는 것이 아니라 우리가 마주하고 있는 세계의 '의미'를 이해하는 것이다. 이렇게 경험하는 세계의 의미를 생각하는 순간 우리는 우리 자신이 이 세계에 대한 경험 구성에 얼마나 깊이 관여하고 있는지를 깨닫게 된다. 세계는 결코 그것을 인식하는 주관과 적어도 의미론적 관점에서는 독립적이지 않다. 이는 단순한 일상의 경험만이 아니라 학문적 탐구 대상에 있어서도 마찬가지다.

후설이 살았던 시대, 즉 19세기 말엽은 새로운 학문들이 등장하던 시기였다. 특히 자연과학적 지식이 폭발적으로 성장하면서 학문 체계 전체가 구조조정을 하던 시기였다. 철학은 그런 지식 대변동기의 상황에서 무기력했다. 철학은 여전히 과거의 전통을 답습하고 있었던 탓이었다. 그 결과 당시 문화세계의 중심지였던 비엔나에서 일군의 학자들, 이른바 '비엔나 서클'의 연구자들은 철학의 무기력과 죽음을 선언하기도 했다. 후설은 이러한 철학의 위기 상황에서 철학의 혁신을 외치며, '엄밀한 학으로서의 철학(Philosophie als strenge Wissenschaft)'이라는 이념을 제시한다. 그러한 혁신 운동의 버팀목이 바로 '지향성 이론'이다. 후설은 철학의 본래 소명은 모든 개별 과학들을 이론적으로 정초하는 '제1철학'에 있으며, 이는 인간 의식과 대상 사이의 '보편적 상관관계'를 해명하는 일이라고 믿었다. 지향성은 바로 그런 의식과 대상 사이의 보편적 상관관계를 해명하는 실마리였다.

후설은 자신의 혁신 운동에 '현상학'이라고 이름을 붙인다. 현상학은 모든 개별적인 학문 탐구의 가장 기저에 놓인 인식주관과 인식대상 사이의 구조적 상관관계를 해명하는 것을 과제이자 목표로 설정한다. 후설에 따르면 바로 이 과제가 철학의 업무이다. 그에 따라 후설은 학문 체계 일반을 다시 엄밀하게 체계화하는 프로젝트를 꿈꾼다. 그것은 인류 지성사의 오래된 꿈에 새로운 활력을 불어넣는 것이었지만, 당대의 자연과학자들이 생각하듯 '환원주의'에 입각한 것은 아니었다. 오히려 현상학적 방법을 통해 주어진 현상들을 관통하는 '보편적 특성'을 '발견'하는 전략을 취한다.

얼핏 두 방법상에는 차이가 없어 보이지만, 자연과학적 환원주의가 더 근원적인 실체로의 환원을 통해 현상을 '설명'하고자 했다면, 현상학적 방법은 문제가 되는 현상에 대한 '기술적(descriptive)' 분석의 특성이 더 강하다. 자연과학의 '설명'적 시도는 문제 현상(수수께끼)을 풀기 위해 가설을 세우는 반면, 현상학적 분석은 현상들의 보편적 공통점을 찾아내려고 한다.

인문학의 영역에서 후설의 현상학이 보편이론을 지향했다면, 자연과학의 영역에서는 베르탈란피가 그 가능성을 타진했다. 여기서 베르탈란피를 주목하는 이유는 그의 이론이 20세기 전반부 통일과학의 이념을 이끌었던 환원주의와는 결이 다르기 때문이다. 세계를 설명하는 모든 이론들은 일종의 '체계(system)'다. 그 체계는 우리가 탐구하고자 하는 대상과 대상 영역을 모델링한 이론적 구조물들이다. 베르탈란피는 이 이론적 구조물들이 세계에 대해 의미 있는 설명력을 갖는 한, 그것은 보편적인 구조적 특성을 갖고 있다고 보았다.

본래 열역학적 논의와 생물학적 논의에서 시작한 체계이론을 베르탈란피는 개별 과학 일반으로 확장시켜 일반체계이론으로 명명한다. 베르탈란피 역시 (윌슨과는 다르게) 환원주의가 아닌 다른 경로를 선택한다. 그러나 공교롭게도 베르탈란피가 선택한 경로는 후설의 현상학과 매우 유사하다. 후설이 철학을 엄밀한 학문으로 혁신하고자 했다면, 베르탈란피의 시작은 생물학을 엄밀한 과학으로 정립하는 것이었다. 그리고 그 두 사람이 자신들의 목표에 이르는 경로는 '수학'의 아이디어에서 빌려온 것이었다.

19세기와 20세기의 전환기는 다른 자연과학 이론들과 마찬가지로 수학 이론들이 발전하고 있던 시기였다. 아니 좀 더 정확하게 말하자면 수학의 발전은 다른 자연과학이 발전할 수 있게 해준 원동력이었다. 수학의 발전은 자연 세계를 기술하는 새로운 언어, 세계를 묘사하는 새로운 가능성을 보여주었기 때문이다. 후설과 베르탈란피의 경우에도 수학의 발전은 그들의 철학적 사고에 커다란 영향을 미쳤다. 특히 기하학을 대수적으로 처리하는 이론이 발전하면서 기하학의 통일이라는 아이디어가 그랬다. 그것은 개별 이론 영역들에 대한 보편이론의 가능성을 시사하는 것이었다. 펠릭스 클라인(F. Klein)의 에를랑겐 프로그램이 좋은 예이다.

클라인은 이러저러한 변환에도 변하지 않는 불변량(invariant)에 대한 연구를 통해 여러 기하학들을 더 높은 수준에서 통일할 수 있으리라는 생각을 발전시켜 나간다. 이른바 에를랑겐 프로그램이 그것이다. 이때 불변량에 대한 연구는 후설에게 있어서나 베르탈란피에게 있어서나 이론의 구조적 동형성(isomorphism)에 대한 영감을 준다. 후설이 형식 존재론(Formale Ontologie)이라는 이름으로 이론 형식 일반에 대한 탐구를 생각한 것이나 베르탈란피가 일반체계이론에 담아낸 수학적 구조의 기본 아이디어는 이러한 불변량과 통일성에 관한 통찰로부터 가능했다고 할 수 있을 것이다.

이러한 접근법은 학문이론(Wissenschaftstheorie) 일반에 관한 일종의 메타이론으로서 보편이론의 이론적 가능성을 시사한다. 그러나 여기서 엄밀하게 구분해야 하는 것은 이론적 형식에 의지한 보편이론과 환원주의에 기초한 보편이론은 다르다는 것이다. 앞서 말한 것처럼 제1철학 혹은 보편이론을 추구하면서 취할 수 있는 방법론이 오직 환원주의만 가능한 것은 아니다. 후설과 베르탈란피가 시도한 길은 개개의 탐구 영역의 고유성을 인정하면서도 이론들 상호 간의 구조적 동형성을 드러내는 것이었다. 우리는 후설과 베르탈란피의 비교를 통해 환원주의라는 암초를 피할 수 있는 우회로를 발견하게 된다.

*

이 책은 이제는 낡고 힘이 빠져 버린 형이상학적 꿈을 새로운 관점에서 재조명하고자 한다. 이러한 시도는 오늘날 많은 곳에서 회자되고 있는 '융합(convergence)'의 이념과 관련해서도 의미가 있다. 융합의 학문이론적 의미는 과거의 분과적 체제가 가진 탐구의 한계를 극복하기 위한 수단이다. 비록 그 개념의 발생적 기원 자체는 순수한 이론적 의도라고 보기 어렵지만,[2] 그럼에도 그 효과는 분명해 보인다. 우리가 융합의 이념에 내재된 시장주의적 가치에 대해 경계심을 갖는다면, 융합이 지향하고 있는 '협력'의 방법론은 수많은 문제에 부딪쳐 있는 오늘날의 지적 현실에서 불가피하다고 할 수 있을 것이다.

학문 간 협력이 일어나는 것은 우연일 수 있다. 특정한 문제 사안을 두고 우연히 여러 분과가 함께 힘을 합쳐 문제를 해결해나갈 수 있다. 그런데 그것이 우연인 한, 우리는 학문의 발전 역시 우연이라고 말할 수밖에 없는 처지에 놓이게 된다. 이는 인간 지성의 발전 역시 우연이라고 말하는 것에 다름 아니다. 후설과 베르탈란피의 발상은 그러한 학문 간 협력이 결코 우연이 아니라, 마치 세계가 하나이듯이, 서로 상이하지만 유기적으로 연결된 이론 체계들 간의 상응관계로 해석할 수 있는 길을 열어줄 것이다.

2022년 새봄을 기다리며
연구실에서, 박승억

목차

제1부

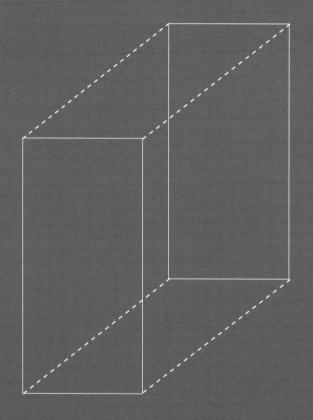

학문이론으로서의
현상학과
일반체계이론

1. 후설과 베르탈란피

에드문트 후설은 1859년 옛 오스트리아 제국의 작은 도시 프로스니츠, 현재는 체코의 땅에서 태어났다. 비엔나에서 김나지움을 마친 뒤 그는 1876년부터 1878년까지는 독일의 라이프치히 대학에서 수학과 물리학 등을 공부하였다. 당시 라이프치히 대학에는 현대 실험심리학의 아버지로 불린 빌헬름 분트(W. Wundt)가 있었다. 분트는 심리학을 전통 철학으로부터 해방시켜 새로운 과학으로 자리매김하고자 하는 목표를 갖고 있었다. 후설은 그에게서 심리학 강의를 들었다. 학문의 엄밀성을 높이려는 시도는 당시의 시대적 과제였던 셈이다. 아무튼 이러한 인연과 달리 후설은 나중에 이른바 심리학주의에 대한 가장 강력한 비판자 중 한 사람이 된다.

1878년 후설은 라이프치히를 떠나 베를린 대학으로 옮겨간다. 후설은 거기서 크로네커와 바이어슈트라스의 지도 아래서 수학에 대한 연구를 계속한다. 그 후 1883년에는 비엔나 대학으로 옮겨 바이어슈트라스의 제자였던 레오쾨니히스베르거(L.Königsberger)아래서「변수계산 이론에 관한 연구(Beiträge Zur Variationsrechnung)」로 박사학위를 받는다. 이 시기 비엔나 대학에서의 생활은 후설의 학문적 삶에 있어 커다란 변곡점이 되었다. 바로 프란츠 브렌타노(Franz Brenntano)에게서 배울 수 있었기 때문이다.

브렌타노는 20세기 현상학 운동의 뿌리로 보아야 하는 인물이다. 그는 중세 스콜라 철학에서 사용되던 지향성(Intentionality) 개념을 새롭게 해석함으로써 당대 심리학 연구에 있어 중요한 전기를 마련한 사람이었다. 브렌타노는 하지만 분트 등이 이끌었던 실험심리학의 입장과는 달랐다. 브렌타노는 당대 독일 철학계에 영향력을 행사하는 많은 인물들을 배출하기도 했는데, 마이농(A. Meinong), 슈툼프(C. Stumpf), 츠바르도브스키(K. Twardowski) 같은 인물들이 브렌타노의 영향을 받았다. 정신분석학의 창시자인 프로이트(S. Freud) 역시 브렌타노의 학생들 중 한 명이었다.

브렌타노의 강의에서 큰 영향을 받은 후설은 1886년 할레로 옮겨가 브렌타노의 제자였던 슈툼프에게로 간다. 그리고 그 이듬해인 1887년『수 개념에 관하여(Über den Begriff der Zahl)』라는 교수자격 논문을 완성한다. 이 연구는 우리가 수 개념을 어떻게 형성하는지를 심리학적 관점에서 추적한 것이었다.

비록 수 개념 형성에 관한 심리학적 연구이기는 했지만 사실 그것은 수학 기초론의 문제를 다룬 연구였다. 대수학과 해석학(analytics)의 발전 이후로 기하학의 문제를 수의 문제로 환원해서 다루는 방법이 발전하였다. 19세기 말에 이르자 칸토르(G. Cantor)가 수를 집합으로 정의함으로써 수학과 관련된 대부분의 이론적

에드문트 후설

(철학적) 문제들이 원리적으로는 수 개념에 의지하게 된다. 당시 수학의 상황은 한 마디로 급격한 발전에 따른 혼란이 계속되던 상황이었다. 수학의 기초로 여겨진 집합론에서 역리가 등장하였고, 새로운 수학적 개념들의 이론적 기초는 불확실했다. 후설은 수 개념에 대한 해명이 결국 수학의 기초를 공고히 하는 데 기여할 것이라고 믿었다. 1891년 후설의『산술의 철학(Philosophie der Arithmetik)』은 그런 문제에 대한 대응이었다.

『산술의 철학』을 작업하던 시기, 말하자면 20세기를 목전 둔 19세기의 마지막 10년은 후설의 학문 여정에 가장 결정적인 시기이자 후설 이후에 전개될 현상학 운동에서도 중요한 시기였다. 이 시기에 후설은 자신의 연구 인생에서 중요한 방향 전회를 시도하기 때문이다. 1900년과 1901년에 걸쳐 후설은 자신의 이름을 널리 알리게 된 계기를 맞이한다. 바로『논리연구(Logische Untersuchungen)』를 출간한 것이다. 특히 부제를 "순수 논리학 서설"이라고 붙인『논리연구』의 I권은 당대 독일어권 지성인들의 비상한 관심을 끌었다. 당시 독일 지성계를 지배하고 있던 '심리학주의'를 후설이 정면으로 비판했기 때문이었다. 이미 반심리학주의자들의 진영이 있었지만, 후설의 비판은 그들보다 훨씬 더 철저했으며, 그의 냉정한 비판은 당시 철학의 가능성에 대해 회의를 품고 있던 젊은 소장학자들의 마음에 희망의 불씨를 불러일으켰다. 나중에 하이데거(M. Heidegger)는 젊은 시절 자신의 책상 위에 놓였던『논리연구』의 붉은 색 표지만 보아도 가슴이 뛰었다고 회고한 적이 있을 정도였다. 이러한 업적을 인정받아 후설은 괴팅겐 대학으로 초빙되게 된다.

자신에게 명성을 가져다 준『논리연구』에 대해 후설은 자신의 현상학적 연구에 있어 최초의 돌파구였다고 회상한다. 이는 이중적인 의미를 가진다. 우선『산술의 철학』을 포함한 이전 연구에서 후설은 수학과 논리학의 명제들에 대한 심리학적 해명을 시도했었다.『논리연구』는 그런 심리학적 연구로부터 결별을 선언한 것이었다. 하지만 사정이 그렇게 단순하지만은 않다. 후설이 심리학적 문제의식 자체와도 완전히 결별한 것은 아니었기 때문이다. 이후 연구에서 후설은 여전히 심리학적 연구 방식의 중요성을 강조한다. 결국 후설은 한편으로는 심리학의 중요성을 인정하면서도 동시에 '심리학주의'라는 입장에 대해서는 더없이 날카로운 비판자라는 모호한 태도를 갖게 되었다. 그것은 그가 순수한 논리학과 심리학의 사잇길을 가고자 했기 때문이다. 이는 마치 인간의 의식이 물질적인 기초를 갖고 있으면서도 물질만으로는 설명할 수 없는 존재인 것과 같다. 바로 그 사잇길이 바로 현상학적 연구였다.

괴팅겐 대학에서의 시기에 후설은 무엇보다 철학의 방법론적 혁신에 관심을 갖고 있었다. 현상학이라는 이름은 그런 혁신을 위해 바쳐진 이름이었다. 후설은 철학은 다른 어떤 학문보다도 '엄밀한(strenge)' 학문이어야 한다고 믿었다. 그 이유는 철학의 임무가 개별 과학들의 이론적 토대를 제공하는 것이며, 그러한 토대 학문이 가져야 할 덕목이 바로 논리적 엄밀성이라고 믿었기 때문이다. 1911년에『로고스(Logos)』지에 발표된『엄밀한 학으로서의 철학』은 후설이 철학에 대해 갖고 있던 열망의 산물이었다.

베르탈란피는 20세기가 막 시작하던 해, 그리고 후설의 『논리연구』가 출간되던 해인 1901년 오스트리아의 빈 근처의 한 작은 마을에서 태어났다. 대학 시절 베르탈란피는 철학과 예술사 그리고 생물학 등 다방면에 관심을 갖고 있었다. 이후 그는 과학철학과 생물학 사이에서 자신의 진로와 관련하여 고민했지만 결국에는 생물학을 선택한다. 하지만 그의 문제의식은 다분히 철학적이었다. 그의 학문적 스승은 대표적인 논리실증주의자이자 이른바 비엔나 서클의 지도적 인물 중 한 명이었던 모리츠 슐릭(M. Schlick)이었다. 1926년 베르탈란피는 슐릭의 지도 아래서 구스타프 페흐너(G. Fechner)에 관한 논문으로 박사학위를 받는다. 논문의 주제는 "페흐너와 높은 수준의 통합 문제(Fechner und das Problem der Integration höher Ordnung)"였다. 페흐너는 당대 가장 유명한 실험심리학자들 중 한 명으로 그는 심리학을 과학으로 자리매김하기 위해 심리물리학(Psychophysik)적 견해를 주장하였다. 그런 탓에 후설의 심리학주의 비판에서도 등장하는 인물이었다.

생물학으로 전향한 베르탈란피의 주요한 관심사는(그 의도에 있어 보면 후설과 마찬가지로) 생물학을 엄밀한 이론으로 발전시키는 것이었다. 당시 생물학은 일종의 '위기' 상황에 빠져 있다고 간주되었다. 그것은 생명의 뿌리를 무엇으로 보느냐와 관련이 있다. 근대과학의 발전에서 생물학은 물리학이나 화학에 비해 뒤쳐져 있었고, 전통적인 기계론적 방식에서 생명은 물질의 작용으로 이

루트비히 베르탈란피

해되었다. 그러나 당시 물리 화학의 수준에서 생명 현상을 설명하는 일은 어려운 과제였다. 따라서 생명 현상을 전혀 다른 맥락에서 설명하고자 하는 입장들이 등장했으며, 이러한 상황은 생물학이 엄밀한 과학적 이론의 자격을 가질 수 있는지의 논란을 낳았다.

오늘날에는 생물학이 과학일 수 있는가라는 문제의식 자체가 낯설어 보인다. 하지만 학문 발전사의 관점에서 그와 같은 문제의식은 19세기말과 20세기 초반 많은 분과 학문들(대부분의 사회과학들은 물론이고 일부의 자연과학들마저)이 직면했던 문제였다. 이는 어떤 지식들이 엄밀한 이론적 체계인지, 나아가 어떤 지식 체계가 과학인지를 판단하게 하는 기준의 문제이기도 했다. 바로 '과학성(Wissenschaftlichkeit)'의 문제였다.

근대 이후 어떤 학문이 이러한 과학성의 기준에 도달해 있었는가를 묻는다면, 가장 유력한 후보는 물론 물리학이다. 따라서 다른 학문들의 과학성을 판단하고자 한다면 물리학에 견주어 보는 것이 자연스럽다. 예컨대 생물학은 당연히 '생명 현상'을 다룬다. 그런데 이 생명 현상에 관한 논의가 물리학이 보여준 이론적 엄밀성에 도달할 수 있을까? 베르탈란피가 생각하기에 당시의 대답은 부정적이었다.

1928년 베르탈란피는 「형태 발생에 관한 비판적 이론(Kritische Theorie der Formbildung)」이라는 논문을 완성한다. 배아 발생에 관한 기존의 이론들을 다룬 것이었다. 이 무렵 베르탈란피는 생물학을 좀 더 엄격한 이론적 체계로 다듬어야 한다는 과제를 설정하게 된다. 이러한 문제의식은 당시 생명 현상을 설명하는 이론적 체계로서 기계론(Mechanismus)과 생기론(Vitalismus)의 대립과 관련이 있다. 기계론이 환원주의에 입각해서 모든 생명 현상을 인과 법칙이 지배하는 물질의 기계적 작용으로 설명하려고 한데 반해, 생기론은 생명 현상은 단순히 요소들의 기계적 결합으로는 설명할 수 없다는 입장을 취하고 있었다.

데카르트 이후 기계론적 사고방식은 특히 자연과학의 진영에서 세계를 설명하는 기본적인 태도였다. 예를 들어 라 메트리(La Mettrie)는 아예 인간이 기계라고 설명하기도 했다. 그에 따르면 생명, 즉 살아 있는 것들은 생명 아닌 것, 즉 살아 있지 않은 물질들의 결합에 의한 결과다. 이러한 환원주의적이고 기계론적인 사고는 '적어도 당시로서는' 고도로 복잡한 생명 현상을 제대로 설명할 수 없었다. 생명이 정말 기계와 같다고 할 수 있을까? 예컨대 오늘날에도 여전히 유효한 입장으로 간주될 수 있는 유전자 결정론을 생각해보자. 한 개체의 특성은 그 유전자의 특성에 의해 결정되어야만 한다. 만약 우리가 한 개체의 부모의 유전자 특성을 알 수 있다면, 그 다음 세대에 태어나는 개체의 특성을 예측하는 것은 어려운 일이 아니어야 한다. 그러나 우리의 직관적인 경험은 그런 가정이 틀렸음을 보여주곤 한다.

생명은 수많은 톱니바퀴들의 기계적인 움직임에 따라 움직이는 시계와는 다르다. 생명 현상은 너무나 복잡하며 따라서 단순히 한 개체를 이루는 요소들의 특성을 안다고 해서 그 개체를 안다고 말할 수 없다. 이러한 기계론적 설명 모델이 한계에 부딪치자 게오르크 슈탈(G. E. Stahl)이나 카스파르 볼프(C. F. Wolff) 같은 사람들은 기계론적 환원주의는 생명 현상을 설명하는 적절한 이론적 프레임이 아님을 주장한다. 생명은 물질과 다르다. 생명 현상에는 물질로서는 설명할(환원될) 수 없는 생명의 본질로서 생명력(vis essentialis, Lebenskraft)이 있음을 주장한다. 그 연원을 따져 올라가면 아리스토텔레스에 이르는 생기론은 근대적 기계론이 한계를 드러내자마자 다시금 힘을 얻었다. 베르탈란피가 목격한 당시 생물학의 상황은 생기론과 기계론이 어느 것이 더 적합한 패러다임인지를 두고 힘겨루기를 하고 있었다.

생기론의 입장에서 보면 생명은 무기물들이 그저 합쳐진다고 해서 만들어질 수 있는 대상이 아니다. 자전거를 분해했다가 다시 조립하는 것에는 아무런 문제가 없다. 그 자전거는 여전히 그 자전거일 뿐이다. 하지만 생명을 분해했다가 다시 조립할 수 있을까? 분해의 과정에서 생명은 사라지고 말 것이다. 일찍이 아리스토텔레스가 말했던 것처럼 생명 현상을 설명하는 적절한 프레임은 인과적이고 기계론적인 모델이 아니라 목적론적 모델이어야 한다. 특히 당시의 진화론은 그런 목적론적 설명 모델이 효과적으로 작동하는 영역이었다. 그러나 오늘날의 관점에서도 그렇지만 생기론의 목적론적 모델은 과학적이라기보다는 철학적인 해석에 가까웠으며 경우에 따라서는 신비주의적이기까지 하다.

오늘날의 관점에서 보면 개구리 알의 발생 실험을 통해 기계론적 환원주의를 주장했던 빌헬름 루(W. Roux)나 성게 알 실험으로 루를 비판하고 생명의 엔텔레케이아(Entelecheia)를 주장했던 드리쉬(H. Driesch)나 각자 일부의 진실만을 갖고 있었던 셈이다. 그것은 당시 과학의 한계 탓이기도 했다. 베르탈란피는 기계론과 목적론의 대립을 해결하는 더 근본적인 방법을 모색한다. 마치 후설이 인식론적 주관주의와 객관주의의 대립을 '지향성' 개념으로 해소시켰던 것과 비슷하게 베르탈란피는 기계론적 설명모델과 목적론적 설명모델을 하나의 프레임 안에 담아내는 통합적인 이론을 생각해낸다. 베르탈란피는 과학의 엄밀한 설명적 힘을 기계론으로부터, 반면 생기론으로부터는 생물학의 자율성, 즉 물리학이나 화학으로 환원될 수 없는 생물학의 고유한 학문적 정체성을 살려내고자 한다. 이러한 새로운 모색을 가능케 한 것이 바로 체계(system) 개념이었다.

체계는 아주 느슨하게 말해서 각 구성요소들이 서로 간에 특정한 연관관계를 맺으면서 공통의 목적을 갖고 행동하는 어떤 조직화된 전체를 말한다. 예를 들어 자동차의 엔진도 하나의 체계이고 지구 생태계도 하나의 체계로 볼 수도 있으며, 우리 몸의 세포도 하나의 체계이다. 따라서 체계는 물리화학적인 측면에서도 말할 수도 있고, 유기체와 같은 생명 현상에 대해서도 적용할 수 있는 개념이다. 베르탈란피는 체계 개념의 이러한 확장성에 주목했다.

사실 체계이론은 이미 다양한 영역에서 성장하고 있는 중이었다. 19세기 열역학 분야에서 이미 체계 개념이 발전하기 시작했고, 20세기에 들어서자 다양한 영역으로 확장되었다. 노버트 비너(N. Wiener)의 사이버네틱스(Cybernetics)나 경제학 분야에서는 케네스 볼딩(K. Boulding), 수학자이자 게임 이론가인 아나톨 라포포르트(A. Lapoport) 같은 인물들도 체계 개념을 활용하고 있었다. 그 외에도 니클라스 루만(N. Luhmann)의 사회체계이론(Sozialer System)이나 마투라나(U. Maturana)와 바렐라(F. Varella)의 오토포이에시스(Autopoiesis) 개념도 체계 개념을 활용한 예이다.

다양한 영역에서 체계 개념이 중요한 설명 모델이 될 수 있다는 것에서 베르탈란피는 자신의 생각을 일반체계이론(Allgemeine System theorie, General System Theory: GST)로 확장시킨다. 일반체계이론은 여러 학문 영역들에서 공통적으로 적용될 수 있는 이론 모형을 제공하는 것이기는 하지만 환원주의와는 성격이 다르다. 환원주의가 수직적인 방향에서 이론들을 환원하는 것이라면, 체계이론은 수평적 관계에서 공통적인 개념틀에 주목한다. 따라서 기계론적 환원주의에 입각한 통일과학과 달리 체계이론에서 개별학문 분과들은 자신들만의 고유한 정체성을 주장할 수 있다.

이론 생물학의 정초라는 베르탈란피의 목표는 철학을 엄밀학으로 정립하고자 했던 후설의 연구와 같은 방향성을 갖고 있다. 새로운 탐구 영역과 학문들이 발전하면서, 진정한 학문과 사이비 학문을 제대로 분류하는 일은 무엇보다 중요한 과제가 되었다. 비유적으로 말해 오늘날처럼 정보가 넘쳐나는 시대에는 가짜 뉴스를 걸러내는 일이 중요한 일이 되듯, 새로운 과학들이 발전하던 당시에는 '과학'의 이름을 갖고는 있지만 실제로는 전혀 그렇지 않은 사이비 과학들을 분류하는 일이 중요한 과제였던 것이다. 이는 자연스럽게 엄밀한 학문성(과학성)의 문제가 무엇인지를 묻게 만든다.[1] 베르탈란피의 스승이었던 모리츠 슐릭은 철학의 학문성을 의심했으며, 파레토(V. Pareto)가 경제학에서 수학적 법칙을 찾아내려고 노력한 것 역시 경제학을 물리학처럼 만들고 싶었던 탓이다. 베르탈란피나 후설 모두 이러한 문제의식에서 자신들의 과제를 이해하고 있었다.

2. 시대 전환기의 학문 상황

19세기 후반부에 이르러 자연과학의 급격한 발전과 독일 관념론의 퇴조는 자연스럽게 철학의 정체성 문제를 부각시켰다. "철학은 이 세계에 관해 생산적인 지식과 논의를 제공할 수 있는가?" 이와 관련해 1831년부터 1933년까지 약 100여 년의 시기 독일에서 철학의 상황을 분석한 슈네들바하(H. Schnäedelbach)는 이렇게 평가한다.

"고찰하려는 시기에 우리는 학문적 문화라고 볼 수 있는 하나의 문화와 관계하게 된다. 아리스토텔레스로부터 헤겔에 이르기까지 전승되었던 생각, 즉 철학과 학문을 동일시하는 생각은 포기되었다. 당시의 철학은 더 이상 학문성 일반의 모델이 아니었다."[2]

철학의 위기는 자연과학의 발전에 따른 파생효과였다. 자연과학이 매일매일 새로운 지식을 쏟아내는 데 반해 철학은 '공허한' 논쟁만을 일삼고 있는 것처럼 보였다. 소위 철학의 정체성 위기라고 말해지는 이 시기에 철학 자신에 대한 근본적인 반성이 필요하다는 것은 한편으로 지극히 당연한 일이었다. 물론 이러한 상황이 오직 철학에만 제한될 리 없다. 자연과학의 입장에서 보면 이른바 인문학, 좀 더 좁혀 말하자면 정신과학(Geisteswissenschaft)[3]을 향한 문제 제기였다고도 할 수 있다.

무엇보다 인문학 진영은 자연과학처럼 객관적이지도, 또 경쟁하는 이론들 중에 어느 것이 더 좋은 생각인지를 가늠할 수 있는 합리적인 절차도 없어 보였다. 사실 그 문제가 오직 철학이나 정신과학의 문제이기만 한 것은 아니었다. 자연과학 내부에서도 부심할 문제는 있었다. 다만 명료하게 드러나지 않았을 뿐이었다.

당시 새로운 출발을 알린 과학들은 자신들만의 고유한 방법론을 세우는 일에서 우여곡절을 겪어야 했다. 오직 물리학이라는 모범적인 사례가 있다는 것만이 위안이었다. 그래서 신생 학문들은 고전 물리학의 체계를 이론적 전형으로 삼고자 했다. 적어도 물리학만큼은 만족스러운 정도의 엄밀성을 갖고 있는 것으로 간주되었기 때문이다. 뉴턴 이후 근대 물리학의 눈부신 성공이 그 증거였다. 하지만 전혀 예상하지 못한 곳에서 복병이 나타났다.

과학의 엄밀성을 위협한 복병은 좀 더 근원적인 영역, 즉 자연을 기술하는 가장 객관적인 언어로서 근대 물리학의 성공을 가능하게 준 수학에서 등장했다. 근대 자연과학의 방법론을 지탱해준 두 개의 축(수학과 실험) 중 하나인 수학의 논리적인 근거가 불안하

윌리엄 블레이크(William Blake), 「뉴턴(Newton)」(1804~1805, 부분)

다는 사실이 드러나기 시작했기 때문이다.

수학은 당시에 나날이 새로운 이론과 기법이 등장하는, 말하자면 역동적으로 발전하는 상황이었지만 그 이면에서는 새로운 이론들의 논리적 기초가 불완전하다는 대가를 치러야 했다. 러셀(B. Russell)이 들추어낸 집합론의 역리(paradox) 같은 것이 대표적인 사례였다. 이는 오랫동안 믿어왔던 신념, 수학이야말로 가장 견고한 이론체계라는 신념을 흔들어버리는 사건이었다.

수학이 흔들린다는 것은 수학을 방법론으로 사용하는 모든 이론과학이 흔들린다는 뜻이다. 비록 실험실을 비롯한 현장 과학자들의 주목을 끌지는 못했을지언정, 수학의 기초 문제는 이론과학 일반의 전망과 관련된 문제였다. 그것은 마치 도미노처럼 작용할 가능성이 있었다. 수학이 논리적으로 불완전하다면, 그런 수학에 의지한 물리학, 그런 물리학을 탐구의 전형으로 삼은 다른 자연과학들 그리고 이제 막 학문의 체계를 잡아가던 신생 사회과학들 모두가 불확실한 지반 위에 서게 된다는 것을 의미했다.

그럼에도 이론의 수학적 구조화는 포기할 수 없는 일이기는 했다. 최소한 수학을 방법론으로 사용한 자연과학들은 (수학의 기초 문제와는 상관없이) 여전히 승승장구하고 있었기 때문이다. 수학의 이론적 기초에 관한 문제는 수학이 더 발전하기 위해 해결해야 하는 문제였지, 수학의 존립 근거 자체, 또는 개별 과학들에 대해 수학이 갖고 있는 이론적인 위상을 위협하는 문제는 아니라고 여겨졌다. 개별 과학의 이러한 태도는 연구자들이 자신들의 이론적인 완결성에 대해서는 무관심한 것처럼 보이게 한다. 사실 이론 자체의 완결성이라는 다분히 형이상학적이고, 어떤 의미에서는 심미적인 문제가 현장 과학자들의 과제는 아니었다. 해결해야 할 현장의 문제들은 차고 넘쳤고, 모든 과학의 근원적 방법론의 문제에까지 신경 쓸 여유도, 또 그럴 필요도 없었다. 그것은 마치 생물학자가 논문을 쓰면서 생명 현상을 묘사하는 우리말의 문법적 구조에 대해 고민하는 것과 마찬가지의 오지랖이었을 수 있다. 개별 과학은 보편학이 아니기 때문이다.

그런 점에서 베르탈란피가 생물학을 연구하면서 이론 생물학으로 시선을 확장하고 나아가 그런 연구에서 얻은 체계이론의 아이디어를 수학적으로 정초하고자 했던 것이나 후설이 초기에 수리철학적 문제에 집중했지만 결국 그 문제의식을 그대로 현상학적 기획으로 이어간 것은 당시의 학문적 상황에서 자연스러운 것이었다. 후설과 베르탈란피는 모두 분과 학문에서 출발했지만 결과적으로 문제의식이 보편학을 지향한 것은 학문의 격동기라고 부를 수 있는 19세기말과 20세기 초반의 시대적 소명을 반영한 것이었다.

물론 이렇게 새로운 학문들이 등장하고 또 발전하는 역동적인 시기가 오직 19세기에만 한정된 이야기는 아니다. 학문 체계의 전면적인 변화를 우리는 중세로부터 근대로 바뀌는 시기에서도 목격할 수 있다. 중세에서 근세로의 전환기는 단지 사람들의 삶의 방식만이 바뀐 것이 아니라 학문의 체계에 대해서도 새로운 시선들이 등장하던 시기였다. 우리가 쿤에 의지해서 당시를 '과학 혁명'의 시대라고 부르는 것은 그런 패러다임의 변화를 압축적으로 표현한 것이다. 자연과 세계를 보는 새로운 시선은 근대 학문 전체의 구조적 변동을 초래한다. 19세기 후반부는 그런 지성사적 변화의 압력이 폭발한 시기였다.

지식과 학문을 분류하는 일의 중요성은 그 일이 결과적으로는 해당 학문들이 탐구하는 대상세계의 지도를 만드는 일이라는 데서 드러난다. 지도가 잘못되어 있을 경우 탐험자의 어려움을 짐작할 수 있는 것처럼, 잘못된 학문 분류가 우리의 탐구에 얼마나 큰 혼선을 줄 수 있는지는 어렵지 않게 짐작할 수 있기 때문이다. 그것은 현상의 원인을 전혀 다른 곳에서 찾게 할 수도 있기 때문이다. 신화의 시대에 자연 현상의 원인을 신에게서 찾는 일이 그랬다. 따라서 분류의 문제는 학문 발전에 있어 원리적인 중요성을 갖는다. 그리고 한 걸음 더 나아가 학문 일반의 본성과 기능에 대한 새로운 파생 문제들을 유발한다.

예컨대 우리는 특정 부류의 학문들에 대해 그 학문의 본성에 따른 특정한 기능과 역할을 요구한다. 우리가 인문학에 대해 요구하고 기대하는 것과 물리학에 대해 요구하고 기대하는 것은 서로 다르기 마련이다. 그런 상이한 요구들은 기술적인(descriptive) 측면에서, 혹은 규범적인 측면에서도 말해질 수 있다. 그런데 일단 최근 회자되고 있는 것처럼, 융합 연구나 학제적 연구 혹은 다학문적 연구와 같이 서로 협업하는 연구들의 경우에는 어떨까? 전통적인 분류법에 따라서 어느 한 쪽이라고 지정할 수 없는 연구의 경우 어떤 방법론과 어떤 가치판단 기준을 가져야 할까?

예를 들어 환경과학을 생각해보자. 환경과학은 그것이 과학인

한, 우리가 일반적으로 과학적 탐구라고 할 때, 떠올리는 일반적인 평가 기준들을 생각하게 된다. 다시 말해 객관적인 자연에 관한 탐구이므로 가치중립적일 것을 요구한다. 그러나 오늘날 환경의 문제는 윤리적인 함축도 갖고 있다. 생명의 윤리적 가치에 대한 감수성이 높아짐에 따라 생명의 터전으로서 환경에 대해서도 윤리적 문제의식이 확장된 탓이다. 따라서 환경과학은 자연과학이면서도 동시에 윤리적인 문제의식을 가진 연구이다. 뇌과학의 발전으로 고무된 신경윤리학, 또 최근의 첨단기술의 발전으로 새롭게 논의되고 있는 '로봇 윤리'의 경우에도 마찬가지다.

결국 새로운 지식과 새로운 학문 분류라는 역동적인 현실은 우리가 학문에 대해 기대하고 요구하는 것들을 끊임없이 재조정하게 만든다. 19세기로부터 20세기에 이르기까지 자연과학은 물론 사회과학 그리고 인문학 분야에서도 새로운 학문들이 자신만의 정체성을 요구하며 학문 세계에 등장하기 시작한다. 일종의 혼란과도 같은 상황에서 학문 체계를 새롭게 재정비하고자 하는 요구는 마치 근대가 시작할 무렵 지식인들이 느꼈던 시대적 과업과 다르지 않을 것이다. 후설이 자신의 책에 '데카르트적 성찰'이라는 이름을 붙인 것은 우연이 아니다.[4] 데카르트는 르네상스 시기 지식과 학문 체계의 재정비를 위해 가장 근원적이고 확실한 지점을 찾고자 했기 때문이다.

데카르트가 생각했던 것처럼, 어떤 근원적인 보편학이 가능하다면 그것은 마땅히 모든 개별 학문의 토대 학문의 구실을 할 수 있거나 해야만 할 것이다. 데카르트가 '제1철학을 위한 성찰'이라고 말한 것이나, 후설이 '데카르트적 성찰'이라고 말한 것은 모두 같은 목표를 겨냥한다. 학문 체계 전체를 지탱하는 아르키메데스의 점을 찾는 것이다. 그런 지점의 인식론적 특성은 가장 엄밀하고 확실한 지식이어야 한다는 것이다. 데카르트가 그런 지점을 확보하기 위해 방법적 회의를 선택한 것이나, 후설이 현상학의 방법론적 원리로서 무전제성을 강조한 것은 모두 같은 이유에서 나온 요구였다.

후설은 당대의 통념에 따라 학문을 순수 이론적인 학문과 경험과학으로 구별한다. 순수 이론적인 학문들(후설의 표현에 따르면 본질학)은 필연적인 지식들을 추구한다. 반면 경험과학들은 본질적으로 우연적이다. 이론적인 분과들이 현상의 양상적 가능성들을 다룸으로써 보편적이고 필연적인 지식을 다루는 반면 경험과학적 지식은 보편적이지도 않고 또 필연적이지도 않는다. 수학이 필연적인 지식을 다루는 것에 반해, 경험 심리학은 우연적인 사실들을 다룬다. 이런 의미에서 이론적인 과학은 위계적으로 볼 때 경험과학에 앞선다. 이는 일반적인 법칙이 특수한 상황에 적용되는 규칙에 앞서는 것과 같다. 헌법이 행정규칙에 우선하는 상황에 비유할 수 있다.

물론 이론적인 학문과 사실적인 학문을 구별하는 이유는 그 위계를 따짐으로써 어떤 학문이 다른 학문보다 더 중요하다거나 더 높은 자리에 있다는 것을 말하려는 것이 아니다. 분류의 진정한 목적은 각각의 위상에 맞는 자리를 갖게 함으로써 유기적으로 연결된 전체가 제 구실을 하도록 만드는 것이다. 이론적인 학문과 경험과학을 구별함으로써 우리는 타당성의 정초관계에 주목할 수 있다. 경험과학은 이론과학에서 학문적으로 정당화된 지식과 그 지식의 체계를 활용할 수 있다. 학문은 우연적이고 산발적인 경험들에 머무르지 않는다. 학문은 정당화된 지식의 체계이다. 단순히 우연적이고 또 산발적인 경험의 집적에 머무는 것이 아니라 체계화된 지식은 개념들 간의 논리적 관계가 잘 정의된 이론화를 통해 가능하다.

다른 한편 이론적 지식들은 경험과학을 통해 단순한 관념적 모델로부터 경험 적실성을 가진 이론으로 발전해나갈 수 있다. 논리적으로 문제가 없는 이론적 주장이라 할지라도 그것이 실험적인 과정을 거쳐서 입증되지 않는다면, 그것은 그저 하나의 가능성에만 머물고 말 것이다. 지식의 체계 전체를 나무에 비유해보자. 이론적인 학문이 커다란 나무의 줄기라면 경험적인 학문은 그 줄기에서 갈라져 나온 가지들과 같다. 줄기는 가지를 지탱하고, 가지는 잎을 통해 활발한 생산성을 담당한다. 만약 줄기와 가지 중 하나가 제대로 기능을 하지 못하거나, 가지와 줄기 사이의 위계적 관계가 뒤죽박죽이 되면 어떻게 될까? 그것은 학문 체계 전체의 구조적 위기를 불러 올 것이다. 이후에 살펴보겠지만 후설이 심리학주의와 대결한 이유도 바로 여기에 있다.

3. 지식 분류의 문제와 학문이론

다시 분류의 문제로 돌아가 보자. 앞서 말한 것처럼 지식과 학문의 분류 문제는 베이컨(F. Bacon)으로부터 퍼스(Ch. S. Pierce)에 이르기까지 근대 지성사 전체를 관통하는 문제였다.[5] 베이컨(F. Bacon)은 학문의 발전과 분류의 문제를 본격적으로 제기한 진정한 의미의 근대인이었다. 자신의 책을 엘리자베스 여왕에게 헌정하면서 그는 "학문을 전체적으로 답사한 뒤 만든 이정표는 학문의 방향을 이끄는 역할을 수행한다는 점에서 중요"[6]하다는 점을 강조한다. 연금술(alchemy)과 점성술(astrology)이 여전히 학문의 이름표를 붙이고 있었고, 때마침 새로운 기술과 학문들이 성장하던 17세기의 역동적인 지적 상황을 생각하면 베이컨의 이러한 제안은 당연한 것이었다.

베이컨 이후, 디드로(D. Diderot)를 중심으로 한 프랑스의 백과전서파는 물론이고 칸트(I. Kant)와 헤겔(G. W. Hegel)마저도 지식 체계를 새로이 정립하는 일을 중요한 과업으로 간주하였다. 이처

Philosophia prima, or Sapiens

Human Learning						
Reason Philosophy, or Science	Natural Philosophy	Man	Civil Philosophy (Standards of right in:)	Intercourse Business Government		
			Philosophy of Humanity (Anthropology)	Body	Medicine Athletics, etc.	
				Soul	Logic Ethics	
		Nature	Speculative	Physics(Material and Secondary Cause)	Concrete Abstract	Mathematics
				Metaphysics(Form and Final Cause)	Concrete Abstract	
			Operative	Mechanics Purified Magic		
		God	Natural Theology, Nature of Angels and Spirits			
	Divinity	Revelation				
Imagination Poesy	Narrative, or Heroical Dramatic Parabolic (Fables)					
Memory History	Civil	Political (Civil History Proper)	Memorials Antiquities Perfect History			
		Literary	Learning Arts			
		Ecclesiastical				
	Natural	Bonds (Control by Man)	Arts	Mechanical Experimental		
		Errors (Anomics)	Pretergenerations(Monsters)			
		Freedom (Nomic Law)	Generations	Astronomical Physics Physical Geography Physics of Matter Organic Species		

베이컨 지식 분류 도해

럼 근대의 지식인들이 지식의 체계를 새로이 세우는 일에 공을 들인 이유는 무엇보다 근대 과학이 지식과 진리의 문제를 신의 말씀을 기준으로 평가하는 중세적 방식으로부터 벗어날 것을 요구하였기 때문이다. 그런 점에서 근대는 인간적인 인식론의 시대이자, 새로운 학문의 시대였다.

학문의 분류와 관련하여 베이컨은 인간의 학문과 신성한 학문을 구별하고, 인간적인 학문은 다시 역사와 시 그리고 철학으로 나누었다. 인간적인 학문 영역의 분류 기준은 인간의 지적 능력이었다. 그래서 '역사학'은 기억력에, '시'는 상상력에 그리고 '철학'은 인간의 이성에 대응시킨다.[7] 디드로를 중심으로 하는 계몽주의 시대의 백과전서파의 분류도 베이컨과 비슷하다.[8]

이렇게 베이컨과 디드로가 인간의 지적 역량의 부활이라는 시대적 요구에 대응하여 학문을 분류했다면, (그들보다는 훨씬 더 현대에 가까운) 퍼스(Ch. S. Peirce)는 좀 더 논리적인 관점에서, 즉 그 목적과 역할에 따라 학문의 분류와 체계화를 시도한다. 발견과 설명의 학문(science of discovery), 리뷰의 학문(science of review) 그리고 실용적인 학문(practical science)이 그것이다.

퍼스는 그 각각의 영역에 대해서도 다시 상세한 분류를 시도한다. 예컨대 발견과 설명의 학문 중 하나인 형이상학을 분류하기 위해 그는 우선 세 가지의 기초 범주(category)를 확정한다. 첫 번째의 범주는 감성적 차원의 '질(quality of feeling)'이고, 두 번째 범주는 우리가 경험하는 '현상의 구성요소로서의 반작용(reaction as an element of the phenomenon)', 마지막으로 세 번째 범주 역시 두 번

프랜시스 베이컨

제1부 학문이론으로서의 현상학과 일반체계이론

째 범주와 마찬가지로 경험하는 '현상의 구성요소로서의 표상(representation as an element of the phenomenon)'이다.[9] 첫 번째 범주에 전형적인 사례는 콩디악(E. Condillac)의 체계이고, 두 번째 범주에는 헬름홀츠(H. Helmholtz)의 체계가, 그리고 세 번째 범주에는 헤겔의 체계가 속한다.[10] 이 세 범주는 각각 독자적인 세계관을 반영하기는 하지만 동시에 상호간에 결합도 가능하다. 퍼스는 다른 학문들에 대해서도 이러한 분류 작업을 수행함으로써 학문의 체계를 설계한다.

베이컨과 퍼스의 사례를 비교하면 알 수 있듯이 분류의 기준을 무엇으로 하느냐는 임의성의 문제를 피하기 어렵다. 분류의 기준에는 분류의 기준을 제시하는 당사자가 '학문' 자체를 어떻게 이해하는지가 반영되어 있기 때문이다. 예컨대 데카르트는 지식의 타당성을 지식을 분류하는 가장 중요한 기준점으로 잡았다. 반면 로크(J. Locke)는 그런 데카르트를 비판하기 위해 지식의 발생적 기원으로부터 이야기를 시작한다. 칸트가 합리론과 경험론의 사잇길을 갈 수 있었던 것은 지식의 발생적 기원을 묻는 경험론과 타당성의 유형에 따라 지식을 구분하는 합리론의 분류 기준 모두를 사용했기 때문이다. 현대에 들어와 과학이 학문의 새로운 표준이 되자 포퍼(K. Popper)는 이전의 분류 방식들과는 달리 탐구의 방법론 자체를 분류의 기준으로 제안하기도 했다.

이렇게 분류의 기준이 무엇이냐에 따라 지식의 성격뿐만이 아니라 그런 지식의 통일적인 체계로서 학문을 분류하는데도 서로 다른 생각들이 충돌하게 된다. 수학이 분석적 지식의 체계인지 아니면 종합적 성격도 가진 지식 체계인지를 둘러싼 20세기 초반의 논쟁, 또 19세기 말 분트가 심리학적 연구를 실험실로 끌어들인 이후 심리학을 자연과학에 속하는 학문으로 보아야 하는지 등의 문제들이 그런 사정을 보여준다.

19세기 이래 계속되어 온 인문학과 자연과학 사이의 갈등, 더 나아가 오늘날 대학에서 확인할 수 있는 순수학문과 응용학문 사이의 관계를 둘러싼 논란은 이런 문맥에서도 읽을 수 있다. 만약 우리가 앞서 이야기한 것처럼 특정 학문 영역에 대해 요구하는 일정한 기대와 그 기대에 따른 평가 기준들이 있다면, 새로운 학문들을 어떻게 분류하느냐의 문제는 이 경우에 매우 중요한 지침이 될 수 있다. 결국 새로운 지식과 새로운 학문 분야의 등장이라는 역동적인 현실은 우리가 학문에 대해 기대하고, 요구하는 것들을 끊임없이 재조정하게 만든다.

이러한 현실이 학문이론(Wissenschaftstheorie) 일반에 대해 요구하는 것은 두 가지다. 하나는 이러한 학문 현실의 역동성을 어떻게 설명하느냐 하는 기술적(descriptive) 문제이고, 다른 하나는 첫 번째 문제에 대한 대답을 좀 더 비판적인 시선에서 다루어 보는 규범적인(normative) 문제다. 그것은 우리가 '학문 자체'에 대해 기대하거나 혹은 부여하고 있는 통상적인 관념과 비교함으로써 우리의 학문 현실을 비판적으로 성찰하게 한다.

두 번째 문제에 대해서는 이미 여러 가지 방식으로 대답이 시도되어 왔다. 예컨대, 과학적 지식의 성장을 둘러싼 쿤(Th. Kuhn)과 포퍼, 라카토쉬(I. Lakatos) 진영의 논쟁이 그 하나의 사례이다. 쿤은 과학 혁명의 시기를 역사적으로 조명하면서 이른바 '통약불가능성(incommensurability)' 개념을 통해 과학적 지식의 성장이 합리적인 과정을 거친다고 단정해 말할 수는 없다고 주장한다. 쿤의이러한 주장은 본래 첫 번째 물음, 즉 학문의 발전과정에 대한 기술적인 해명으로부터 얻어진 것이었다. 그러나 쿤의 주장은 그저단순한 역사적 사실을 기술한 것을 넘어 커다란 논쟁을 불러 일으켰다.

라카토쉬는 만약 쿤의 이야기대로 과학 이론의 발전이 합리적인 과정을 거친 것이 아니라면, 결국 싸움판에서 목소리 큰 사람이이기는 것과 마찬가지일 것이라고 비판한다.[11] 이때 라카토쉬가과학의 현실을 말했다기보다는 과학은 어떠어떠해야만 한다는당위적인 이념을 암묵적으로 전제한 것으로 보는 편이 더 그럴 듯해 보인다. 이는 사실상 과학적 지식의 본성에 대한 우리의 기대이기도 했다. 20세기 들어와 지식의 표준 역할을 한 과학의 합리성이 무너진다면, 결과적으로는 지식의 체계로서 학문은 파이어아벤트(P. Fyerabend)가 말한 것처럼 '무엇이든 괜찮은(anything goes)', 무정부적 상황을 각오해야 한다.

새로운 (융합) 기술과 지식이 쏟아지는 오늘날에는 어떨까? 학문연구가 과거 그 어느 때에 비해 시장의 영향력을 많이 받는 오늘날어떤 지식을 학문적 지식이라고 불러야 할까?

쿤이 촉발한 논쟁에 앞서 학문을 당위적인 관점에서 이해했던 사람 중 한 명은 후설이다. 말년의 저작『유럽학문의 위기와 선험적 현상학(Die Krisis der europaeischen Wissenschaften und Die transzendentale Phaenomenologie)』에서 후설은 당시 그가 목도한 유럽 문화의 위기를 유럽 인간상을 지탱해 온 이성의 위기로 규정하면서 그 증거로 학문의 위기를 거론한다. 후설이 말한 학문의 위기는 학문이 일종의 상대주의나 회의주의의 위협에 직면해 있고, 또 그것에 굴복할 수도 있다는 현실에 대한 진단이었다. 이를 통해 그가 분명히 하고자 했던 것은 학문은 그 본성상 보편타당한 진리를 지향해야 한다는 요구였다. 돌이켜 생각해보면, 후설의 진단은 이후 포스트모던의 문화나 앞서 말한 파이어아벤트의 말을 고려할 때 미래를 예견한 듯한 말이었다. 오늘날 일부 자연과학 연구자들이 포스트모던적 학문 문화에 대해 강한 비판을 내 놓는 것은 포스트모던 문화가 학문 연구에서 공공연히 상대주의를 옹호하는 것처럼 보이기 때문이다.[12]

후설이 보여주는 이러한 규범적이고 목적론적 관점은 학문의 발전을 설명하는데 매우 설득력 있는 모델을 제공한다. 비록 우리가 오류를 범하기는 하지만 새로운 지식의 발견을 통해 진리를 향해 나아가고 있다고 말할 수 있기 때문이다. 이런 점에서 규범적 관점은 확실히 '학문은 모름지기 어떠해야 한다'는 우리의 직관적인 느낌에 잘 들어맞는다.

그러나 이러한 규범적 관점이 새로운 탐구 영역의 등장으로 인해 유동하고 있는 학문 현실도 잘 설명할 수 있는지는 불분명하다. 규범은 대체로 보수적이며 그래서 새로운 지식 분야에 대해서도 보수적이기 쉽기 때문이다.[13] 분명 학문의 규범적 기준을 먼저 설정하고, 그것을 토대로 학문 현실을 평가하는 것은 학문 현실로부터 규범을 이끌어내는 작업보다는 더 용이한 길인지 모른다. 그러나 그 경우 피할 수 없는 것은 그 규범이 자의적이며 독단적일 수 있는 위험이다. 그것은 오히려 학문 현실을 제대로 반영하지 못하는 프로크루스테스의 침대가 될 수도 있다.

이런 점들을 고려할 때 후설의 학문이론이 가진 장점은 그의 학문이론이 보여주는 규범성이 방법론적이라는 데 있다. 그런 점에서 반증주의자인 포퍼가 제시한 학문의 발전 모형과 유사하다고 말할 수 있다. 다만 포퍼의 논의와는 달리 우리가 최종적으로 도달할(수 있는) 객관적이고 보편타당한 진리가 실제로 존재하는가의 문제는 고려의 대상이 아니다. 포퍼는 객관적인 지식의 세계가 실재한다는 이른바 '제3세계 논변'을 제시함으로써 형이상학적 입증부담을 끌어안았다. 만약 그런 제3세계가 실재한다면, 우리가 발견해야 할 진리가 이미 정해져 있다는 뜻이 된다. 이는 오늘날 수많은 학문들에서 이루어지고 있는 탐구의 다양한 시도들 중 상당수가 무의미한 길을 걷고 있다는 뜻이 될 수도 있다. 이는 학문적 탐구 활동을 지나치게 제약함으로써 학문의 발전 과정을 제대로 설명하지 못하게 한다. 무엇보다 진리가 미리 정해져 있다는 생각은 우리가 살고 있는 세계를 결정론적으로 보게 만드는 약점도 갖고 있다.

그에 반해 후설의 학문이론이 말하는 '이성의 목적론'은 특정한 가치나 실질적인 내용을 전제하지 않은 목적론이라는 점에서 방법론적이라고 보아야 한다. 그것은 도달해야 할 진리의 내용이나 그런 진리가 실재하느냐의 여부를 묻는 형이상학적 논란을 우회한, 학문적 탐구 행위의 동기를 설명하는 형식적 목적론이다. 그런 점에서 학문의 발전에 대한 후설의 목적론적 관점을 우리는 좀 더 유연하게 해석할 필요가 있다. 그것은 한편으로는 (방법론적으로) 규범적 역할을 수행하면서도 오늘날의 역동적인 학문 현실을 설명하기 좋은 프레임을 제공한다.

베르탈란피가 일반체계이론을 제시한 것도 비슷한 맥락에서 해석할 수 있다. 그는 다양한 학문 분과 이론들을 관통하는 어떤 보편적이고 구조적인 특성이 있다고 주장한다. 그의 주장이 맞다면 그러한 공통 특성은 우리가 지식의 체계로서 학문을 이해하고 분류할 수 있게 하는 좋은 기준점이 될 것이다. 그러나 베르탈란피는 개별 이론들이 도달해야 하는 진리(지식)에 관해서는 어떤 형이상학적 주장도 하지 않는다. 후설과 베르탈란피의 학문이론적 전략의 공통점은 그들의 이론이 방법론적으로만 규범적 역할을 수행한다는 데 있다. 그리고 이는 그들의 기획이 수학적 사고방식에 뿌리를 내리고 있기 때문이다.

수학이 후설과 베르탈란피에게 중요했던 이유는 우선 수학이 이론의 형식적 구조들을 묘사하는 데 적합하다는 점에서 일종의 존재론적 역할을 하기 때문이다. 예를 들어 탐구 대상들을 분류하는 작업을 생각해보자. 대상들을 범주적으로 분류하는 작업은 어떤 이론에서건 중요한 과제이다. 이러한 분류 작업에는 전체와 부분 혹은 집합적 포함관계들 그리고 각 범주들 사이에 논리적 위계에 관한 내용들이 전제되어 있다. 이러한 작업들은 본질적으로 수학적 사고를 필요로 한다. 물론 이때의 수학적 사고는 논리적 사고의 다른 이름이다. 20세기 초 수학 기초론의 발전사가 보여주듯 수학적 사고와 논리적 사고는 동근원적이다. 그런 생각은 후설과 베르탈란피에게서도 마찬가지였다. 때문에 그들의 학문이론을 이해하는데 있어 수학의 학문이론적 의미를 살피는 일은 필수적이다.

학문이론(Wissenschaftstheorie)은 거칠게 말해서 일종의 메타이론으로서 개별 분과 학문들에 대한 이론이다. 후설은 이를 '이론들에 대한 이론'이라고 규정한다. 학문이론을 기술적인 측면에서 고찰하면, 개개의 이론들 사이의 공통점과 차이를 추출해내는 것이지만, 규범적인 관점에서 보면, 하나의 이론이 학문적 이론으로서 갖추어야 하는 조건들에 대한 이론이기도 하다. 이렇게 이론들 자체에 대한 이론이라는 점에서 후설과 베르탈란피는 자신들의 기획, 즉 현상학과 일반체계이론을 하나의 '보편이론'으로 생각할 수 있었다. 물론 그것은 만학의 여왕으로 군림했던 전통 철학이 취했던 방식과는 전혀 다른 의미였다.

전통 철학이 세상의 기초 개념들에 대한 해명과 참된 지식의 조건을 탐구하는 것으로서 보편이론의 지위를 겨냥했다면, 후설과 베르탈란피는 우선 형식적이고 논리적인 측면에서 학문 일반의 구조적 특징에 주목한다. 이러한 문제의식은 앞서 말했던 것처럼 수학이라는 형식적 언어에 대한 두 사람 모두의 공통적인 인식에서 기인한다. 물론 베르탈란피와 후설 사이에는 엄연한 차이도 있다. 베르탈란피가 체계 개념의 확장에 초점을 맞춘 반면 후설은 그러한 형식적이고 구조적인 특성과 함께 기초 개념들의 본질적인 구분(분류) 문제에도 힘을 기울였기 때문이다. 그런 문제의식은 철저하게 의미론적인 것이었다. 학문이론의 관점에서 보면 베르탈란피의 체계이론에 비해 후설의 현상학이 좀 더 전통 철학의 문제의식에 가깝다. 후설이 수학의 기초 문제를 다루다가 마침내 심리학주의와 대결하게 된 과정 역시 이러한 문제의식에서 이해할 때 좀 더 분명해진다.

4. 심리학주의와의 대결과
그 학문이론적 함축

20세기 전반부 독일 철학에서 가장 주목할 만한 사건 중 하나였던 심리학주의와 후설의 대결은 당시 지성계의 상황을 이해할 때 그 전모를 이해할 수 있다. 당시 젊은 철학자들이 후설의 『논리연구』에 매료되고 또 후설과 함께 이른바 '현상학적 운동'을 전개한 것은 역설적이게도 철학이 그만큼 위기에 처해 있었기 때문이다. 수학은 물론 자연과학의 눈부신 발전 그리고 자연과학의 방법론을 차용한 새로운 사회과학들의 등장은 만학의 여왕이라고 불리었던 철학의 역할과 위상을 위축시켰다. 오늘날 우리 사회에 회자되고 있는 인문학의 위기는 사실 이 시기로부터 유래하는 것이라고 봐도 무방하다.

심리학주의의 기본적인 입장[14]은 모든 인식 현상은 심리적 활동이므로, 심리학이야말로 인간의 지적 활동을 해명하는 가장 기초적인 학문이라는 것이다. 오늘날의 관점에서 보더라도 이러한 입장은 상식적으로 들릴 만큼 매력적이다. 특히 최근 뇌과학이 인간의 인식 문제나 심지어 윤리적인 문제에까지 확장해나가는 것을 보면 심리학주의의 기본 테제는 설득력이 있다. 학문적 활동이라는 것이 사실 인간 정신의 지적 작업인 한 인간의 마음을 탐구하는 심리학이 매우 기초적일 것이라고 생각하는 것은 자연스럽다. 그런데 문제는 이러한 문제의식을 가진 심리학의 탐구 방법이다.

당대 심리학주의는 자연과학적 방법을 차용한다. 분트를 중심으로 한 실험심리학은 그런 운동의 선두에 서 있었다. 인간의 마음을 다루는 학문인 심리학이 자연과학 쪽으로 이동하고자 했던 것은 지난 시간 동안 자연과학의 성공이 빚어낸 결과였다. 자연과학의 성공은 인간의 마음을 탐구하는 방법에 있어서도 '객관성'이라는 표준이 필요하다는 것을 극적으로 보여주었다. 오랫동안 인간의 마음, 즉 주관성은 객관적인 탐구가 불가능한 영역으로 간주되어 왔었다. 누가 타인의 마음을 들여다 볼 수 있겠는가! 그래서 고대는 물론 근대에 이르기까지 심리학적 탐구는 주로 내성적(introspection) 방법, 즉 자기 관찰의 방법을 사용해왔다.

데카르트가 명석 판명한 지식에 도달하기 위해 사용한 방법이나 로크(J. Locke) 이후 영국 경험론의 인지심리학적 탐구 역시 다르지 않았다. 심리학적 연구자는 자신의 마음을 관찰한 것을 토대로 타인의 마음을 미루어 짐작하고, 그 타인이 고백(보고)하는 대로 믿는 수밖에 없었다. 나의 마음에 관해서는 내가 제일 분명하게 알 수 있을 것이라는 통속 심리학적 믿음 역시 이러한 내성적 방법에 대해 힘을 실어주었다. 그러나 실험심리학이 등장하면서 심리학적 탐구 방법에도 혁신이 시작되었다. 비물질적이라고 여겨져

왔던 인간 마음의 세계를 객관적으로 관찰할 수 있는 기법들이 도입된 것이다.[15]

당대 독일에서 심리학주의가 광범위하게 확산될 수 있었던 것은 심리학주의의 운동이 일종의 혁신으로 여겨졌기 때문이다. 인간의 마음, 나아가 정신세계에 대해서도 '객관적'으로 탐구할 수 있다는 믿음은 철학을 비롯한 인문 분야의 학문들에게 새로운 가능성을 제공하는 것처럼 보였다. 그러나 후설이 보기에 이러한 전략은 위에 있어야 할 것을 아래로 옮겨 학문의 체계 전체의 올바른 위상을 뒤죽박죽으로 만들어 놓는 잘못된 선택이다. 후설은 이를 '잘못된 토대 이동의 오류(메타바시스metabasis의 오류)'[16]라고 불렀다. 학문의 전 체계를 지탱하는 기저에는 모든 학문적 지식들이 안전하게 의지할 수 있는 엄밀하고 타당한 지식들이 자리 잡고 있어야 하는데, 심리학주의자들이 선택한 경험과학적 방법은 그 자체로 엄밀하지도, 또 타당성을 보장하기 어려운 가설적 지식들이었기 때문이다.

앞서 이야기 한 후설의 책 제목, 『데카르트적 성찰』이 암시하듯 후설이 생각했던 현상학적 기획의 기본 모델은 데카르트의 꿈, 즉 철학이 모든 개별 학문들의 이론적 토대의 구실을 할 수 있게 정비하는 것이었다. 여기에 심리학주의와 후설의 문제의식이 충돌하는 대목이 있다. '철학의 역할이 과연 무엇인가?'하는 것이다. 오랫동안 철학은 모든 개별 학문들의 기초가 되는 학문의 역할을 자임해왔다. 철학사적으로는 제1철학(prima philosophia, Erste Philosophie)이라는 명칭이 바로 철학의 위상을 말해주는 표현이었

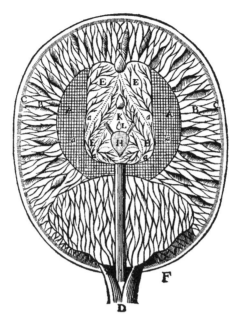

데카르트의 미완성 논문 「인간(Treatise of Man)」(1664)에 수록된 인간의 뇌 드로잉

다. 하지만 근대과학이 발전하면서 사정이 달라진다. 이 세계에 대한 추상적이고 관념적인 철학적 지식이 아니라 경험적이고 실질적인 과학적 지식이 성장하면서 철학적 지식과 철학적 탐구 방법 자체에 대한 비판적 반성이 시작된 것이다.

칸트의 이성 비판은 철학과 여타 경험과학의 위상을 둘러싼 논쟁에 일종의 변곡점이기도 했다. 칸트가 『순수이성비판』을 통해 분명하게 선언한 것은 경험적 방법을 통해 이 세계를 탐구하는 것은 경험과학의 할 일이며, 철학은 그런 경험과학적 지식을 포함한 모든 지식의 가능성 자체를 탐구하는 일을 한다는 역할 정리였다.

얼핏 칸트의 이런 정리는 철학이 모든 개별 과학의 기초를 탐구하는 중요한 일을 맡는 것처럼 보이게 했지만 그 대가로 이 세계에 대한 직접적인 탐구에 관해서는 경험과학에 자리를 내 주어야 한다는 것을 뜻했다. 논란은 종결되기보다는 오히려 증폭되었다. 개별적인 경험적 지식보다 논리적으로 앞선다는 의미에서 이른바 '선험철학(Transzendentale Philosophie)'이 철학의 정체성을 규정함으로써 철학의 위치가 배후(meta)의 학문이 되었지만, 이 배후의 의미가 무엇인지가 선명하지 않았기 때문이다. 그리고 지식의 가능성을 탐구한다는 것 역시 무엇을 의미하는지도 여전히 모호했다.

만약 칸트가 설정한 구획기준을 모든 사람들이 받아들였다면 개별 경험과학은 배후에 있는 철학에게 이러저러한 경험적 탐구가 학문적 지식의 기준을 만족시키는지 자문을 구해야 옳다. 그렇게 모든 학적 지식은 철학적 반성과 비준을 얻어야 했다. 하지만 현실은 그렇지 않았다. 물리학과 화학 그리고 생물학 등에서 새롭게 쏟아져 나오는 경험적 지식들은 철학에 자문을 구하기보다는 가설적 추측과 경험적 입증이라는 새로운 방법을 통해 독자적인 지식체계를 구축해나갔다. 결국 시간이 지나면서 철학의 역할은 모호해졌고, 무엇을 탐구하는 학문인지도 불분명해졌다. 말 그대로 철학의 '정체성 위기'였다.

철학의 할 일이 무엇인가라는 물음은 개별 분과 학문들이 독립해가면서 자연스럽게 제기될 수밖에 없는 물음이었다. '거의 모든 것'에 대한 탐구였던 철학에서 자연에 관한 탐구들이 자연과학으로 독립하고, 사회적인 것에 대한 탐구들이 사회과학으로 독립해

나갔다. 그리고 심리학도 그런 독립의 대열에 합류했다. 말하자면 아주 자연스럽게 철학이 전문적으로 탐구하는 영역이 무엇인가 라는 물음이 제기된다.

20세기가 시작할 무렵 오스트리아의 비엔나에 모인 일군의 학 자들, 예를 들면 한스 한(H. Hahn)이나 오토 노이라트(O. Neurath) 그 리고 모리츠 슐릭(M. Schlick) 같은 인물들은 철학의 역할을 과학적 지식을 정교화 하거나 낡은 철학의 오래된 헛소리들을 치유하는 임무만이 있을 뿐이라고 말한다. 베르탈란피의 박사학위 논문 지 도교수였던 모리츠 슐릭은 1930/31년에 발표한 글, 「철학의 전회 (Die Wende der Philosophie)」에서 근대 철학이 과학적 방법을 수용하 기 위해 애쓴 흔적을 거론하며 이렇게 말한다.

"철학의 이러한 특별한 운명이 이렇게 자주 묘사되어 왔 고 탄식되어 왔던 탓에 그런 논의 자체가 초점을 잃어버리 고 말았다. 조용한 회의주의와 (철학의 임무로부터) 은퇴 만이 유일하게 적절한 대응이라고 여겨질 정도였다. 2000 여 년의 경험은 체계들의 혼란을 종식시키고 철학의 운명 을 변화시키기 위한 노력이 더 이상 진지하게 여겨질 수 없는 국면에 이르렀음을 보여주고 있다."[17]

초기 비트겐슈타인(L. Wittgenstein)의 철학에 영향을 받은 논리실 증주의자들은 엄격한 실증주의의 원리 아래서 경험적으로 입증 불가능한 형이상학적 주장들을 무의미하거나 심지어 철학적 질병으로까지 보았다. 당시의 이러한 지적 상황은 전통 철학의 의미와 역할에 대한 근본적인 회의였다고 말할 수 있을 것이다. 혁신이 필요한 것은 분명했다. 그리고 그 혁신의 시작은 슐릭이 상황의 심각성을 말하기 전 두 세대 전에 이미 심리학에서 일어났다.

분트를 필두로 한 심리학주의는 이러한 시대적 분위기에서 새로운 가능성을 보여주는 것처럼 보였다. 인간의 마음과 정신을 객관적으로 해명할 수 있으리라는 희망을 보여주었기 때문이다. 특히나 19세기 후반 이후 신경생리학의 발전으로 인간 정신과 뇌 사이의 관계에 대한 논의들이 발전하기 시작했고, 생물학의 발전은 인간 정신을 더 이상 창조주의 선물이 아닌 진화의 과정에서 얻어진 산물로 보는 시선들도 늘어났다. 간단히 말해 인간 정신도 경험적이고 '과학적'으로 탐구될 수 있는 대상이라는 것이다. 이렇게 새로이 일신하는 과학적 심리학은 더 이상 지적 생산성이 없는 낡은 전통 철학을 대체할 유력한 후보처럼 보였다. 인간의 경험이 다양한 외적 자극들과 어떤 관계에 있는지, 그리고 그런 경험들을 통해 어떤 경험들을 갖게 되는지 등을 그저 어떤 철학자의 반성적 성찰에 의해서가 아니라 다양한 실험을 통해 객관적으로 파악할 수 있으리라는 희망이 생긴 것이다. 모든 개별 과학을 이론적으로 정초할 수 있다고 주장한 심리학주의는 심리학에게 비춰진 새로운 희망이 빚어낸 산물이었다.

심리학주의는 넓은 의미의 자연주의(Naturalism)의 한 형태이다. 자연주의의 일반적 특징은 문제가 되고 있는 현상을 설명하기 위해 어떤 형이상학적 원리에 의지하지 않고, 말 그대로 자연적으로 설명 가능한 원리에 의지하려는 것이다. 그렇다면 수학이나 논리학의 경우에는 어떨까? 수학적 지식이나 논리적 원리들도 자연적으로 설명이 가능할까? 예컨대 "1+1 = 2"라는 명제의 타당성이 사과 한 개와 배 한 개를 더하면 과일 두 개가 되므로 타당하다고 말할 수 있을까? 이런 류의 설명은 어딘가 자연스럽지 못하다.

일반적으로 어떤 이론의 기초를 문제시 하는 인식론적 분석은 해당 이론의 타당성을 묻는다. 그리고 그러한 물음에는 대개 타당성의 원천에 대한 물음이 포함되어 있다. 만약 심리학주의가 모든 개별 학문들의 기저에 심리학이 자리 잡고 있다고 주장하려면 그러한 인식론적 물음들에 대해 대답을 해주어야만 했다. 그리고 실제로 심리학주의의 관점에서 대답들이 시도되었다. 예를 들어 우리가 논리적 원리로 받아들이는 모순율의 타당성은 믿음과 믿지 않음이라는 심리적 상태가 함께 양립할 수 없는 것과 같다고 설명하는 것이다.[18]

후설은 심리학주의의 이러한 접근은 보편타당한 지식을 탐구하려는 모든 학문의 기반을 허무는 일이라고 간주한다. 이는 후설이 지식의 체계 혹은 학문의 체계를 (어떤 의미에서는 여전히) 데카르트적 모델에 따라 이해하고 있었기 때문이기도 하다. 더군다나 후설이 그의 학문적 여정을 수학에 대한 탐구에서 시작했다는 것도 무관하지 않다. 데카르트의 지식 체계 모델, 같은 의미에서 학문 체계의 모델은 기하학적이다. 기하학적 지식들의 위계적 특성은 공리연역체계에서 잘 드러난다.

기하학적 정리들은 몇몇 자명한 공리들로부터 순수하게 연역되어 나온다. 따라서 기하학적 정리의 확실성과 타당성은 결코 공리의 확실성과 타당성을 넘어설 수 없다. 비유적으로 말하자면 건축물의 토대가 되는 기저부분은 그 위에 세워진 어떤 구조물보다 안전하고 견고해야 한다. 대표적인 논리적 원리인 모순율의 타당성은 양립하지 않는 인간의 심리적 사실에 의지한다는 심리학주의의 주장은 그런 의미에서 완전히 잘못된 것이다. 후설에 따르면 그와 같은 심리적 판단은 결코 모순율과 같은 논리학의 원리처럼 자명하지 않기 때문이다. 이때의 자명함 혹은 후설의 표현을 따르면 근원적인 명증성은 기하학 체계의 공리처럼 자기 자신을 입증할 필요 없이 타당한 것으로 받아들여질 수 있는 근거이다. 모순율은 그 자체로 자명하기 때문에 별도의 입증을 필요로 하지 않는다. 그러나 심리학이 모순율보다도 그 근원적인 자명함이라고 제시한 믿음과 반믿음 사이의 양립불가능성은 사실 그렇게 자명하지 않다. 우리의 심리 상태가 늘 자명하지는 않다. 도리어 혼란스러울 때가 많다.

후설이 보기에 자연주의를 견지하는 심리학주의의 잘못은 불확실한 것으로 확실한 것을 정초하려는 시도에 있다. 심리학적 탐구는 주어진 사실들을 설명하기 위해 가설을 세우고, 그것을 입증하고자 한다. 자연과학적 연구에서 일반적인 이러한 방법은 '가설'이라는 표현이 단박에 드러내듯 주어진 사실을 설명하기 위해 어떤 원리를 '추정'하는 것이다. 후설에 따르면 이렇게 '불확실한' 가설적 지식이 모순율과 같은 논리적 원리를 정초한다는 것은 말이 되지 않는다. 심리학주의는 거꾸로 해야 맞는 주장을 하고 있는 것이다.

『논리연구』의 I권에서 후설은 심리학주의를 차근차근 논파하고, 글의 말미에 학문 체계 전반에 적용될 수 있는 논리적 이론체계 모형(후설의 표현을 따르자면, '순수다양체론Mannigfaltigkeitslehre')에 대한 연구의 가능성을 시사한다. 그것은 이후 후설 현상학 전체를 관통하는 '엄밀한 학으로서의 철학'이라는 이념의 싹이자 철학의 역할에 대한(비록 명료하지는 않았지만) 하나의 비전이었다. 후설이 보기에 '진정한' 철학의 역할은 철학이 보편학의 역할을 수행할 수 있을 때 비로소 가능한 것이었다.

5. 논리학과 인식론:
메타이론으로서 학문이론의 토대

후설이『논리연구』를 통해 심리학주의를 비판한 것은 사실 자기비판이기도 했다. 왜냐 하면『논리연구』를 출간하기 이전에는 그 자신이 심리학에서 새로운 가능성을 보았기 때문이다. 학문적 삶을 수학에서 시작한 후설은 당대 수학의 커다란 문제를 심리학적 방법을 사용해서 해결할 수 있으리라는 기대를 갖고 있었다. 수학 역시 인간 지성의 활동이므로 심리학적 탐구가 중요한 실마리를 제공할 것이라고 믿은 것이다. 이러한 생각은 사실 그가 나중에 비판하게 될 심리학주의와 어느 정도는 유사한 것이기도 했다. 그런 의미에서 후설의『논리연구』는 치열한 자기비판이었다. 그러나 다른 한편으로 후설이 이렇게 자기비판을 감행하고 전향한 데는 그러한 작업 과정에서 모종의 문제의식이 점점 더 선명해졌기 때문이었다. 바로 보편학의 문제였다. 그리고 그 문제는 심리학적 논의만으로는 해결할 수 없었다.

1890년대 후설이『산술의 철학』에서 해명하고자 했던 중요한 문제는 수 개념, 특히 집합적 의미의 '다수' 개념이 우리에게 어떻게 생겨나는지였다. 당시 수학계의 상황을 생각하면 후설의 시도는 매우 야심찬 것이었다. 기하학의 산술화가 진행되면서 수학 전체의 이론적 완결성이 수론의 논리적 정합성에 의지해 있다는 생각이 확산되고 있었기 때문이다. 따라서 수 개념을 해명하고자 한 후설의 연구는 수학 전체를 지탱하는 가장 기초적인 개념을 해명하려는 시도였다. 그런데 어떤 개념의 기원을 해명하는 문제는 기본적으로 인식 심리학의 문제이다. 후설이 자신의 문제를 이러한 방향으로 설정하게 된 것은 당대 가장 영향력 있는 학자 중 한 명이었던 브렌타노 때문이었다.

브렌타노는 지향성(Intentionality) 개념을 중심으로 심리학을 새로운 관점에서 정초하고자 했다. 비록 그의 문제의식이 심리학을 혁신해야 한다는 시대적 요구를 따른 것이기는 하지만 당시 심리학계의 지배적인 경향이었던 경험심리학과는 달랐다. 경험심리학이 자연과학적 방법론을 추종한데 반해 브렌타노는 물질적 현상과 심리적 현상 사이에는 근본적인 차이가 있다고 보았다. 브렌타노가 주목한 것은 중세 인식론의 지향성 개념이었다.

브렌타노가 중세 철학의 지향성 개념에 새로운 해석과 활력을 부여한 것은 지향성 개념에 대한 연구가 인식론의 오래된 문제들을 해결하는 실마리를 제공할 것이라고 보았기 때문이다. 인식론의 오래된 수수께끼란 정신적 존재인 주관이 그와는 완전히 이질적인 존재인 대상(즉, 객관)에 대해 어떻게 알 수 있는가 하는 문제였다. 데카르트는 그의 유명한 방법적 회의를 통해 정신(사유실체)

프란츠 브렌타노

과 물질(연장실체)은 완전히 이질적이라는 결론을 내릴 수밖에 없었다. 이 이분법은 곧바로 하나의 수수께끼를 낳고 말았다. 우선 그렇게 이질적인 두 영역이 어떻게 상호관계를 맺어 '인식'이라는 결과를 내 놓는가? 또 설사 어찌어찌해서 인식 주관이 대상을 인식했다고 해서 그 인식이 실제로 존재하는 세계를 정확히 묘사하는 것인지를 어떻게 확인할 수 있는가? 이 두 문제는 적어도 데카르트가 남겨준 이원론의 관점에서는 대답하기 어려운 문제였다. 해법은 둘 중의 하나로 보였다. 많은 데카르트의 후예(이른바 데카르트주의자)들이 그랬듯이 인간 정신도 사실은 물질로 이루어졌다고 봄으로써 이원론을 해소시켜버리든가, 아니면 라이프니츠(G. W. Leibniz)로부터 시작해 마침내 독일관념론이 선언했던 것처럼 우리가 물질이라고 부르는 것들이 사실은 정신적인 존재라고 봄으로써 이분법의 경계를 소거하는 방법이었다.

브렌타노는 데카르트가 남겨준 인식론의 문제를 풀 수 있는 길이 심리학에 있다고 보았다. 이는 한편으로 자연스러운 생각이었다. 인식 현상 자체가 심리적 현상이기 때문이다. 따라서 심리학을 안전한 반석 위에 올려놓는 일이 선결과제가 된다. 그는 우선 대상을 범주적으로 구분한다. 인식 주관 혹은 우리 의식 너머에 있는 바깥의 대상과 그런 대상과 관련되어 있는 의식 내부의 대상이 그것이다.

우리가 창문 너머로 바람에 흔들리는 나무를 보고 있다고 생각해보자. 우리가 보고 있는 나무는 저 바깥에 있는 바로 '그' 나무인가? 아니면 우리의 감각기관을 통해 들어온 감각 정보를 재구성해서 보고 있는 나무인가? 내가 지각하고 있는 나무가 바깥의 '그' 나무와 동일하다고 말할 수 있을까? 심지어 어두운 저녁 무렵이라면 나무의 본래 색깔과 내가 현재 지각하고 있는 색깔은 완전히 다를지도 모른다. 그럼에도 나는 바깥의 '그' 나무를 온전히 지각하고 있다고 믿는다. 이번에는 눈을 감고 방금 전에 본 나무를 다시 떠올려보자. 이 기억 속의 나무는 바깥에 있는 '그' 나무인가, 아니면 조금 전에 눈을 떴을 때 본 나무인가? 이처럼 우리가 경험을 통해 대상을 인식한다는 것은 대단히 복잡한 현상이다.

브렌타노의 우선적인 목표는 물리적 대상이 아니라 심리적 현상으로서의 대상이었다. 사실 우리는 '대상'이라는 개념을 매우 부주의하게 사용한다. 심리적 현상으로서의 대상을 보면서 우리 바깥의 대상에 관해 말하기 때문이다. 브렌타노는 그 두 종류의 대상을 구분함으로써 우리 의식이 대상과 관계하는 방식에 주목하게 된다. '지향성', 즉 그 무엇 '에로 향해 있음'이 바로 그것이다. 지향성은 어떤 것이 우리에게 대상으로 주어질 수 있게 하는 조건이다. 이제 의식과 대상 사이의 지향적 관계를 해명하는 일이 새로운 과제로 주어진다.

브렌타노는 심리학을 경험심리학(발생적 심리학)과 기술적(descriptive) 심리학으로 나눈다. 경험심리학은 우리의 경험과 의식 체험의 인과적 원인을 추적함으로써 우리의 경험과 의식 현상을 해명하고자 한다. 경험심리학은 그런 의미에서 가설적 추정과 실험적 확증이라는 방법론을 사용한다. 가설을 세우고 실험을 통해 그 가설을 확증하는 방법은 경험과학 일반의 방법론이기도 하다. 분트가 심리학을 실험실로 끌고 들어가며 심리학을 경험과학이라고 선언한 것은 그 때문이기도 하다. 그러나 브렌타노가 보기에 그런 경험심리학은 결코 필연적인 인식에 도달할 수 없다. 가설과 실험적 확증은 언제나 '그럴 듯해 보이는 개연성'만을 주장할 수 있을 뿐이다. 반면 우리의 의식 현상 자체에 대한 내적 인식은 자명하고 필연적일 수 있다. 예를 들어 우리가 어떤 색깔을 떠올릴 때는 반드시 공간(면)을 필요로 한다. 그 반대도 마찬가지다. 따라서 색깔과 연장은 '반드시(필연적으로)' 서로 동반하는 현상이다.

브렌타노는 이러한 탐구를 기술적 심리학이라고 불렀다. 기술적 심리학의 방법은 우리 의식 현상들의 내적 상관관계를 어떤 가설도 없이 '있는 그대로' 기술함으로써 그 상관관계를 확정하는 것이다. 후설은 현상학적 탐구의 선구자였던 브렌타노를 통해 일종의 전환점을 맞이하게 된다. 비록 나중에 의식현상에 대한 브렌타노의 분석이 정교하지 못했음을 비판하기는 하지만 그가 브렌타노의 유산 상속자라는 사실은 부정할 수 없다.

브렌타노와 그의 또 다른 제자였던 슈툼프(C. Stumpf)의 영향 아래서 후설은 그의 교수자격 논문이기도 했던 「수 개념에 관하여」와 그것을 확대 연구한 『산술의 철학』의 작업을 진행해나간다. 수학적 인식을 기술 심리학적인 관점에서 해명하고자 한 기획이었다. 후설이 주목했던 것은 감각적 지각 작용 자체를 대상으로 하는 '더 높은 층의 작용'이었다. 가장 원초적인 수로서 개수를 세는 작용을 생각해보자.

눈앞에 있는 사과를 하나, 둘, 셋 세어나간다. 그 다음에는 이렇게 대상과 직접 만나는 작용들 자체를 대상으로 하는 더 높은 수준의 추상 작용이 가능하다. 다시 말해 사과를 일일이 세어나가는 작용과 그런 작용 자체를 반성적 시선에서 다시 고찰하는 의식 체험이 모두 가능하다. 이 더 높은 단계의 추상 작용은 사과를 세는 경험에서나 나무를 세는 경험에서나 동일하게 등장할 수 있다. 이렇게 더 높은 층에서 추상화하고 이념화 하는 작용을 통해 우리는 하나의 수 개념에 도달할 수 있고, 그런 작용들을 지속적으로 반복해 나간다고 가정할 경우 개수를 세는 작용으로는 결코 도달할 수 없는 커다란 수를 구성하는 것도 가능해진다.

이러한 과정을 현상학적 표현으로 바꾸어 말하자면 직관적으로 대상이 충족되는 기초적인 작용들 자체를 다시 대상으로 삼는 더 높은 층의 작용들이 수를 구성하는 작용을 가능하게 하는 것이다. 이와 같은 분석은 의식 작용들의 인과관계를 분석하는 경험심리학적 방식이 아니라 의식 작용들의 상관관계를 '있는 그대로' 드러내는 기술심리학적 방식을 통해 가능하다.

수학의 근본 문제들에 대한 연구는 당시 수학의 상황이 그랬듯이 논리학의 발전과 무관할 수 없다. 자연스럽게 후설의 문제의식은 수학을 포함한 논리학 전체로 확장되어 간다. 그런데 후설은 여기서 일종의 딜레마에 빠진다. 그것은 수학을 비롯해 논리학의 명제들이 갖고 있는 필연적이고 보편타당한 성격을 어떻게 해명하느냐였다. 비록 브렌타노는 기술심리학이 다루는 의식의 상관관계의 해명은(경험적 인과관계를 분석하는 것과 달리) 어떤 가설도 설정하지 않으므로 필연성을 확보할 수 있으리라 보았지만, 그 결과 수학과 논리학 명제들의 타당성이 우리의 의식 작용에 의지해 있는 셈이 된다. 후설도 처음에는 우리 의식 작용에 대한 반성적 성찰이 수학과 논리학의 명제들의 타당성을 해명해줄 수 있으리라 생각한다. 하지만 결과적으로 후설은 이 문제를 완전히 해결하지는 못했다. 바꾸어 말하면 자기 자신을 설득하지 못한 것이다.

반심리학주의 진영, 예를 들면 볼차노(B. Bolzano)나 프레게(G. Frege) 같은 플라톤주의자들의 입장에서 보기에 수학과 논리학적 명제의 타당성을 인식 주관의 의식 작용으로 소급시키는 것은 오류이다. 심리학적 관점에서 어떻게 설명하든 그것은 결국 수학이나 논리학의 대상들이 인식 주관이 만들어낸 구성물이며 그런 한에서 객관적이고 필연적인 지식이라고 말할 수 있는 근거가 없다. 그것은 마치 불완전한 존재가 완전한 대상을 만들어내는 것과 같다. 수학과 논리적 명제의 보편타당성을 주장할 수 있기 위해서는 수학적 대상들과 논리적 명제들이 플라톤의 이데아처럼 인식 주관과는 독립적이어야 한다. 물론 이러한 플라톤주의적 입장은 다시금 오래된 수수께끼에 시달려야 한다. 인식 주관이 자신과는 아무런 관계도 없이 독립적인(초월적인) 대상을 어떻게 인식하는가? 더욱이 수학이나 논리학의 대상들은 감각 기관에 주어지는 대상들도 아닌데 말이다. 후설은 이 문제를 다루면서 기존의 자기 입장으로부터 선회한다. 그러나 이러한 선회의 성격은 모호했다.

후설이 보기에 수학과 논리적 명제의 타당성을 심리학이 정초할 수 있다고 주장하는 것은 확실히 문제가 있었다. 그러나 그렇다고 해서 심리학적 접근 방법을 포기할 수도 없었다. 그런 추상적 대상들이 인식 주관을 초월해서 자기만의 세계에 존재한다는 형이상학적 실체론을 받아들이는 것은 결국 인식론의 수수께끼를 방치하자는 제안 외에 다름 아니기 때문이다. 이 모호한 상태가 『논리연구』 I권과 II권에서 나타난 논리학과 심리학 사이의 인식론적 긴장관계를 노출시켰고, 결과적으로 『논리연구』 II권이 출간되었을 때, 『논리연구』 I권에서 심리학주의와 싸웠던 투사로서의 후설을 기억하는 사람들에게는 후설이 다시 심리학주의로 돌아간 것으로 보였다.

『논리연구』 I권을 통해 후설은 당대 사람들에게 철저한 '반심리학주의자'로 인식되었다. 그가 논리학 명제들의 타당성은 결코 우리의 의식 작용에 의존하는 것이 아니라고 주장했기 때문이다. 그러나 『논리연구』 II권에서는 추상적인 대상들(여기에는 당연히 수학적 대상들과 논리의 기초적인 명제들이 포함될 텐데)이 어떻게 우리의 의식 작용들로부터 연원하는지를 분석하는 것처럼 보였던 것이다.

앞서 말했듯 이러한 비판은 사실 후설 스스로가 자초한 것이기도 했다. 『논리연구』 II권에 등장하는 연구들의 핵심적인 아이디어는 이미 1894년 「기초 논리학에 대한 심리학적 연구」에서 내보였던 것들이었다. 그러나 후설의 이러한 연구가 일반적으로 공유되지는 못했다. 따라서 『논리연구』 I권에서 후설이 심리학주의를 공격했을 때, 사람들이 후설을 반심리학주의자로 간주하는 것은 당연한 일이었다. 게다가 철학의 적극적인 역할에 대해 갈증을 느끼고 있던 학자들에게 후설의 심리학주의 논박은 분명한 하나의 돌파구처럼 보였다. 그런 탓에 후설이 다시금 (기술) 심리학적 분석을 도입했을 때, 회의적인 반응이 나왔던 것이다. 그러나 분명한 것은『논리연구』I과 II 사이에서 후설이 입장을 바꾼 것은 아니라는 사실이다.

사실 후설의 기획은 두 마리의 토끼를 함께 잡는 것이었다. 심리학적 접근, 특히 자연화된 경험 심리학적 방법은 수학이나 논리적 인식의 타당성을 정초하지 못한다. 그러나 수학이나 논리적 법칙에 대한 인식이 어떻게 가능한지를 해명하는 일은 심리학적 연구와 무관할 수 없다. 후설은 이 두 방향의 문제의식을 함께 고려해야만 인식론의 수수께끼를 풀 수 있으리라 믿었다. 어떤 종류의 인식이든, 인식은 인식 주관의 작용을 빼놓고는 설명될 수 없다. 그러나 그렇다고 해서 모든 인식의 타당성이 주관의 심리적 작용에 의지해 있는 것은 아니다. 이 두 가지 사실을 후설은 하나의 이론 안에서 설명하고 싶었다. 그것은 플라톤주의와 같은 객관주의와 관념론과 같은 주관주의의 대립을 우회할 수 있는 돌파구를 찾아내야 가능한 일이었다. 후설은 브렌타노의 유산이기도 한 '지향성' 개념이 그 돌파구를 만들어줄 수 있을 것이라고 믿었다.

*

『논리연구』를 출간한 이후 후설은 자신의 작업이 당대의 학문 상황에서 특별한 의미가 있다는 것을 분명하게 깨달았다. 1890년대 자신이 노력을 기울였던 수학의 기초 문제, 나아가 논리학의 기초를 다루는 작업이 사실은 학문 전체의 기초를 다루는 작업이라는 생각이 분명해졌기 때문이다. 그러나 수학과 논리학은 형식적인 분과다. 개별 과학들의 실질적인 내용들은 전혀 다른 문제였다.

생명의 문제를 다룰 때, 논리학이나 수학은 그런 탐구 과정에서 사용되는 개념과 판단들 사이의 형식적 관계에 관해서는 규범적인 역할을 수행한다. 그러나 그 개념들과 판단의 실질 내용과는 무관하다. 그것은 임의로 정의되거나 경험적 탐구를 통해 확정될 수 있는 내용들이지 수학이나 논리학이 관여할 사항은 아니다. 수학과 논리학은 그런 개념과 판단들 사이의 관계에만 관여하다. 따라서 개념을 구성하거나 판단의 실질적인 내용들은 전혀 다른 맥락에서 다루어져야 한다.

후설의 문제의식이 수학과 논리학을 넘어 학문 일반으로 확대되어 나가자 이 내용적인 문제를 어떻게든 다루어야 했다. 후설은 이러한 과제를 '존재론(Ontologie)'의 문제로 간주하였다.

6. 메타이론으로서 존재론의
문제와 일반체계이론

후설은 존재론이라는 개념을 시공간적인 세계에 무엇이 존재하는가를 묻는 전통 철학의 물음이라기보다는 무엇이 대상으로 주어질 수 있는지에 대한 물음으로 다루었다. 후설은 존재론을 형이상학에서 꺼내 학문이론적 관점에서 풀어쓴다. 그런 점에서 후설은 브렌타노의 제자이자 자신의 선배 연구자였던 알렉시우스 마이농(A. Meinong)의 대상론(Gegenstandeslehre)의 문제의식을 이어받고 있다.[19] 이러한 문제의식은 후설 자신의 학문 개념과도 관련이 있다. 그에 따르면, "모든 학문은 존재자를 겨냥한다. 그것을 인식하고 그에 관한 참된 언명을 하는 것이다."[20] 후설은 존재자의 개념에 대해서도 그것이 그저 우리가 경험하고 있는 이 세계에 존재하고 있는 것만이 아니라, 우리의 추상적인 사유 속에서 타당성을 갖고 있는 것들에 대해서도 존재자의 지위를 부여한다. 그래서 이렇게 말한다.

"만약 우리가 실재의 개념을 온갖 경험의 단위들인 자연
적인 실재들로부터 끌어낸다면, '세계 전체'나 '자연 전체'
라는 말은 곧 실재하는 모든 것을 가리킬 것이다. 하지만
그것을 존재자 전체와 동일시하고 절대화시키는 일은 곧
바로 모순이 되고 말 것이다."[21]

후설의 이러한 주장을 이해하기 위해서는 당시 학문 지형도로 다
시 돌아갈 필요가 있다. 앞서 살핀 것처럼 19세기 말엽부터 20세기
초엽에 이르기까지 이른바 정신과학(Geisteswissenschaft)의 학문성
에 대한 문제는 뜨거운 이슈였다. 그것은 무엇보다 정신과학의 탐
구 대상이라 할 수 있는 지각이나 기억의 대상은 물론 특정한 관념
과 같은 정신적 구성물들의 존재론적 지위와 관련이 있다. 경험 심
리학이 당대의 상황에서 주목받았던 이유는 그런 정신적 구성물
들 혹은 심적 현상들을 자연과학적 방법으로 탐구할 수 있다고 주
장했기 때문이었다. 그것은 넓은 의미에서 보면 환원주의였다.

물론 당시의 환원주의는 아직 모호했다. 비록 분트가 심리학을
실험실로 끌어들인 장본인이기는 했지만, 정작 그의 입장은 여전
히 보수적이었다. 그는 우리의 지각과 같은 경험적으로 관찰 가능
한 현상들에 대해서는 경험과학적 탐구가 가능하지만 높은 수준
의 지적 대상들이나 자기의식, 나아가 반성적 의식에서 주어지는
대상과 같은 높은 수준의 지적 현상들은 과학적 탐구가 어렵다는
점을 잘 알았다. 그럼에도 분트의 후예들 사이에서는 인간의 심적
현상을 자연과학적으로 탐구할 수 있으리라는 믿음이 광범위하

게 확장되었다. 그 경우, 기억의 대상이나 반성적 의식의 대상으로 주어지는 것들의 대상성 혹은 그런 대상들의 존재론적 지위는 결국 영국 경험론의 전통, 특히 흄(D. Hume)이 그랬던 것처럼 실재의 파생물 정도로 격하되고 만다.

예를 들면 용은 하나의 파생적 존재이다. 신화나 전설에 나오는 용은 몇몇 실재하는 동물들의 특성들로 짜 맞추어진 상상의 존재이다. 그런 존재를 실제로 존재하는 대상이라고 말하지는 않는다. 비슷하게 정신과학이 탐구하는 대상들, 민족정신이나 역사의식과 같이 하나의 이름을 붙여 불리는 대상들, 더 나아가 개인들의 공동체인 '사회'마저도 일종의 파생 대상으로 간주될 수 있으며 그렇다면 그런 파생 대상들을 탐구하는 학문들 역시 실제로는 존재하지 않는 것들을 탐구하는 학문들이 될 것이다. 실증주의자로서 사회학을 반석 위에 높고 싶었던 콩트(A. Comte)가 사회적 사실은 더 이상 환원될 수 없는 것이라고 주장했던 것은 사회학이라는 학문이 독립적인 분과이기 위한 가장 중요한 존재론적 출발점이었을 것이다. 만약 사회적 사실이 개인들의 심리적 사실로 환원될 수 있다면, 사회학이라는 학문도 심리학으로 환원될 수 있을 것이기 때문이다.

그래서 후설은 이렇게 말한다.

"현상학자가 지각이나 기억과 같은 심적인 상태로서 '체험이 있다'고 말할 때, 그때의 '있다'라는 말은 수학에서 '있다'고 말할 때와 똑같은 것이다."[22]

후설에 따르면 정신과학이 탐구할 수 있는 대상들의 존재론적 지위는 수학적 탐구 대상들의 존재론적 지위와 같다. 그래서 수학적 탐구 대상의 존재론적 지위를 인정할 수 있다면, 정신과학의 탐구 대상에 대해서도 마찬가지의 태도를 보여야 할 것이다. 그런데 이러한 태도는 단지 위기에 빠진 정신과학에 위태로운 동아줄을 내려주는, 그저 위기를 벗어나기 위한 임기응변적 대응이 아니었다.

모든 개별 과학은 이러저러한 방식으로 세계를 탐구한다. 그런 탐구를 통해 우리는 이 세계에 관한 진리들을 수집하고 각각의 탐구 영역의 특성에 맞게 체계화한다. 이때 각각의 개별 과학들의 탐구 영역은 전체 세계의 부분 영역이라고 보아야 할 것이다. 왜냐하면 세계는 각각의 탐구 영역들을 가진 개별 과학이 탐구하는 존재자들의 총체이기 때문이다. 그런 의미에서 후설은 "개별 과학은 일종의 존재론이다"[23]라고 말한다.

개별 과학들이 각각 고유한 존재 영역을 갖고 있는 탐구라고 할 때, 이 존재론들에 대한 순수한 일반 이론을 생각할 수 있다. 다시 말해 물리학이 탐구하는 대상들이 있고, 생물학이 탐구하는 대상들이 있다고 해보자. 이들 학문들이 독자적인 탐구 영역을 갖기는 하지만 그 탐구 대상들은 다시 하나의 범주 안에 묶일 수 있다. 모두 물질적 사물들에 대한 탐구이기 때문이다. 이렇게 개별 분과 학문들을 일종의 존재론이라고 할 때, 그 존재론들을 다시금 상위에서 포섭하는 더 큰 존재론을 생각할 수 있는데, 후설은 이를 영역 존재론(Regionale Ontologie)라고 부른다. 영역이라는 개념은 대상들을 분류할 수 있게 해주는 범주들 중 최고 유개념을 의미한다.

'사물', '생명' 등의 개념들이 '영역(Region)'이라고 말할 수 있다. 따라서 영역 존재론이란 그런 최고 유개념 아래 묶인 대상들에 관한 일반 이론이라는 뜻이다.

후설의 이러한 개념 이해는 전통 철학의 '존재론'과는 사뭇 다르다. 전통 존재론은 '참으로 있는 것'에 대한 탐구 혹은 '존재하는 것(존재자)들을 존재하게 하는 그 어떤 것'에 대한 탐구라는 점에서 형이상학적이다. 반면 후설의 존재론 개념은 다르다. 개별 분과 학문들이 각각 존재론들이다. 이러한 개념적 변화는 전통적인 형이상학적 존재론에 대한 거부라는 현대 철학의 특징과 연관시켜 이해할 수 있다.

20세기 초 오스트리아와 영국을 중심으로 한 분석 철학 진영이 가장 분명한 공격 대상으로 삼았던 철학적 입장이 바로 형이상학적 존재론이었다. 자연과학의 방법론에 매료되어 있던, 그리고 베르탈란피의 지도교수였던 모리츠 슐릭이 속한 비엔나 학파가 전통 철학을 신랄하게 비판한 것이 대표적이다. 비엔나 학파의 사람들에게 영감을 주었던 초기 비트겐슈타인(L. Wittgenstein)이나 그 이후 에이어(A. J. Ayer) 같은 논리실증주의자들은 전통 형이상학을 일종의 (철학적) '질병'으로 규정하기도 하였다. 전통 형이상학에 대한 거부는 시대적 경향이었다.[24]

후설의 존재론 개념은 전통적인 형이상학적 존재론과는 다르다는 점에서 당대의 반형이상학적 입장과 부분적으로 중첩되는 면모를 갖고 있다. 그러나 이른바 실증주의자들의 입장과 후설의 입장 사이에는 부분적인 동질성만으로는 감출 수 없는 커다란 차

루트비히 비트겐슈타인

이가 있다. 당대의 실증주의자들이 주로 환원주의에 기대어 철학의 과학성 혹은 후설식의 표현으로 바꾸자면 철학의 '학문성'을 거부하고, 개별 분과 학문들에 대한 학문으로서 제1철학의 가능성을 완전히 거부한 데 반해 후설은 철학의 진정한 역할은 제1철학이며 그 가능성을 의심하지 않았다는 점에 있다. 그런 점에서만 본다면 당대 실증주의자들과 후설은 정반대의 입장에 서 있다고 할 수 있다.

다만 '오직 우리에게 주어진 것으로부터만 출발한다!'는 방법론적 관점에서 보면 후설과 실증주의자들의 거리는 멀지 않다. 그래서 후설은 자신이야말로 진정한 실증주의자라고 말하기도 했다. 후설이 의식 현상에 주어진 것으로부터 출발했다면, 경험론의 전통에서 선 실증주의자들은 감각에 주어진 것으로부터 출발한다는 점에서 다르다. 후설은 이러한 감각 실증주의에 대해서는 철저하게 비판적이었는데, 그 이유는 물론 그들의 환원주의적 성격이 정신과학의 학문성을 위협한다고 보았기 때문이다.

후설의 생각에 따라 개별 분과 학문들을 일종의 존재론으로 본다면, 그런 존재론들에 대한 존재론, 바꾸어 말하면 존재론들 일반에 관한 이론이 가능한지를 물을 수 있다. 앞서 살핀 바와 같이 후설은 이에 대해 두 가지 접근 방식을 제시한다. 하나는 각각의 이론들의 '형식'에 관련된 논리적인 연구로서 형식 존재론(Formale Ontologie)이고, 다른 하나는 그런 형식에 채워지는 내용을 가진(material) 개념들의 상관관계에 대한 연구로서 '순수한' 영역 존재론(Regionale Ontologie)이다. 영역 존재론에 '순수'하다는 표현을 붙인 것은 그 탐구가 경험적이지 않다는 것을 의미한다. 이 두 존재론은 개별 경험과학의 여러 이론들에 대한 메타이론들이다. 같은 맥락에서 우리는 이 두 존재론을 메타 존재론이라고 부를 수 있다.

후설이 이 두 존재론을 '이론들에 관한 이론'으로 볼 수 있었던 하나의 이유는 그 두 존재론의 뿌리가 모두 수학으로부터 온 것이기 때문이다. 그리고 이는 후설의 존재론과 베르탈란피의 일반체계이론을 연결시킬 수 있는 고리이기도 하다. 베르탈란피는 자신의 일반체계이론을 소개하면서 그 다양한 탐구 목표들 가운데 하나로서 체계과학에 대해 이렇게 말한다.

"광의적으로 말해서, 내용상으로는 분리할 수 없지만 의도적으로는 구분할 수 있는 세 가지의 중요한 측면을 지적할 수 있다. 첫째, '체계과학'으로서 구분되어지는 측면이다. 예를 들면 다양한 과학(…) 속에 담긴 체계의 탐구와 이론이 여기에 속하고 또한 모든(혹은 정의된 하위 계열의) 체계들에 적용될 수 있는 원리의 골격으로서, 일반체계이론이 이에 속한다."[25]

베르탈란피가 일반체계이론으로 염두에 둔 것은 "모든 체계들에 적용될 수 있는 원리의 골격"이었다. 베르탈란피에 따르면, 전통 과학들은 "관찰된 우주의 요소들을 서로 격리시키려고 노력한다."[26] 이는 근대 이후 과학적 탐구의 패러다임을 형성한 분석적

탐구방식을 의미한다. 그에 반해 체계이론은,

　"구성요소들뿐만 아니라 그들 간의 상호관계도 이해해
야만 하는 필요성에 직면한 사실을 배우고 있다. 다시 말
해서 세포내의 효소의 상호작용, 많은 의식적·무의식적 정
신과정의 상호작용, 사회체계의 구조와 역학관계 등이 그
것이다. 이것은 우리가 관찰된 우주를 그 자체로, 그리고
그 독창적인 형태로서 많은 체계를 탐색해야 한다는 것을
의미한다."[27]

이러한 새로운 패러다임으로서 체계과학의 최종적인 목표는 체
계철학이다. 베르탈란피에 따르면, 체계철학은 "하나의 새로운
과학적 패러다임으로서의(이는 전통적인 과학의 분석적·기계적·일반적
인과 패러다임과는 대조적인 것이다)'체계'가 소개됨으로서 나타난 사
상과 세계관의 재정향문제다."[28]

　우리는 후설과 베르탈란피의 이론에서 하나의 공통된 문제의
식, 즉 개별 과학들 너머 그 개별 과학들 전체를 일관된 하나의 시
선에서 탐구할 수 있는 메타이론을 정초하고자 하는 문제의식을
발견하게 된다. 비록 다루는 방식이나 탐구의 내용은 상이하다고
할지라도 후설과 베르탈란피가 의도한 메타이론의 기능과 역할
은 유사하다고 할 수 있다. 그리고 이는 애초 우리의 문제의식, 즉
개별 학문들 내적 상관관계를 파악함으로써 협업의 가능성을 타
진할 수 있게 해주는 것과도 무관하지 않다.

체계이론을 소개하는 자리에서 베르탈란피는 이렇게 말한다. "아무튼 우리는 모든 분야의 지식에서 유래되는 복잡성, 즉 '전체' 나 '체계'에 직면하여, 이를 해결해야 한다. 이것은 과학적 사고에의 근본적인 재교육을 의미한다."[29] 이러한 근본적인 새로움을 요구하는 태도는 후설의 현상학이나 베르탈란피의 일반체계이론에서나 공통적이다.

베르탈란피에 따르면 세계를 탐구하는 개별 과학들은 그 대상 영역의 특수성에 적합한 이론들을 발전시켜왔다. 그 이론들은 고유한 체계를 갖는다. 그것은 대상 영역의 특수성에 대응한 것이기도 하다. 물리적 대상들의 체계와 생물학적 대상들의 체계는 다르다. 생명 없는 물질과 생명체의 차이에 대응한 것이기도 하다. 이는 후설이 개별 과학들을 각각의 존재론으로 본 것에 비유할 수 있다. 그런데 베르탈란피는 후설과 비슷하게 이러한 개별 체계들 일반에 관한 이론을 제안한다. 다양한 이론 체계들이 모두 '체계'라는 점에서 동일하며, 각각의 고유한 체계들을 범주적으로 포섭하는 더 일반적인 체계에 관한 이론이 가능하다는 것이다. 이는 후설이 개별 분과과학들에 대한 메타이론으로서 영역 존재론을 생각한 것과 같다.[30]

후설의 존재론과 베르탈란피의 일반체계이론을 학문이론적 관점에서 보면 그 두 이론은 한편으로는 개개의 탐구 영역의 고유성을 인정하면서도 동시에 그렇게 상이한 체계(혹은 존재론)들을 관통하는 공통점 내지는 불변항에 대한 탐구였다고 말할 수 있다. 그들이 이런 생각에 도달할 수 있게 해준 동기는 무엇이었을까?

우리는 그 실마리를 당시 수학의 발전에서 찾을 수 있다.

★

다소 지루할 수도 있는 수학의 기초 문제로 넘어가기 전에 미리 짚고 넘어가야 할 문제가 있다. 후설의 현상학적 학문이론과 베르탈란피의 일반체계이론의 거시적인 공통점은 두 이론이 모두 개별 분과이론들에 대한 메타이론이라는 점이다. 이때 두 이론 모두 추상적 대상들 혹은 정신적 구성물들에 대한 탐구를 하나의 학문 영역으로 인정하는 데 주저하지 않는다는 것이다. 이는 우리가 학문을 주어진 사실에 대응하는 이론 체계라고 할 때, '사실'이라는 매우 까다로운 논의를 함축하고 있다. 우리는 무엇을 사실이라고 말할 수 있을까? 감각 경험을 통해 주어지는 사실들만을 사실이라고 해야 할까? 아니면 이른바 '정신적 사실'이라고 부르는 것들도 사실이라고 해야 할까?

얼핏 전통 인식론의 골치 아픈 문제를 소환한 것처럼 보이지만, 이는 오늘날 인간 삶의 중요한 요소인 기술적 문화 환경에서 중요한 의미를 갖고 있는 문제기도 하다. 앞서 후설의 논의에서 그리고 베르탈란피의 논의에서도 짐작할 수 있듯이 추상적인 정신적 구성물들이 하나의 학문적 탐구 대상이 될 수 있다면, 이른바 버추얼 리얼리티나 메타버스와 같이 기술적(technical)으로 구현된 세계의 대상들에 대한 탐구도 하나의 학문이라고 말할 수 있을까? 후설과 베르탈란피의 이론의 기조대로라면 대답은 긍정적이어야 할 것이다. 하지만 그것은 학문의 경계를 너무나 느슨하게 하는 것은 아닐까? 무엇보다 경험론적 전통의 학문이론에서 금과옥조처럼 여기는 오컴의 면도날을 너무 무디게 하는 것은 아닐까?

버추얼 리얼리티나 메타버스의 세계와 같이 기술적으로 구현된 세계는 '실재'하는 세계는 아니다. 따라서 전통적인 학문 혹은 과학의 개념에서 보자면, 그러한 일종의 '허구적 세계'에 대한 탐구는 학문이라고 보기 어렵다. 그러나 학문의 기준을 그렇게 엄격하게 함으로써 얻는 이익이 무엇인지도 불분명하다. 게다가 그러한 기준은 너무 좁거나 편협해서 실제 학문 현실을 제대로 반영하기 어려워 보인다. 예컨대 신화의 세계에 대한 연구를 생각해보자. 신화에 등장하는 인물이나 대상들은 허구적 대상들이다. 따라서 그런 대상에 대한 탐구는 허구적 존재에 대한 탐구일 뿐이다. 그럼에도 우리는 그런 신화적 대상에 대한 탐구가 무의미하다고 하지는 않는다. 그래서 신화학이 가능하다.

신화적 대상은 그 자체로는 허구적 대상일 수 있으나 그 대상은 인간 삶에 대해 실질적인, 경우에 따라서는 인과적이라고 말할 수도 있는 영향을 미칠 수 있다. 인간의 삶과 실천적인 연관을 갖는다는 점에서 신화의 대상은 화용론적 실재성을 갖는다. 이를 조금 더 확장하면, 지속 가능한 버추얼 리얼리티 세계 속 임의의 대상에 대한 탐구를 일련의 학문적 행위라고 볼 수 있는 근거가 생긴다. 신화가 화용론적 실재성을 갖는 이유는 그것이 많은 사람들에게 공유되는 의미론적 지시체를 갖고 있기 때문이다. 디지털 네트워크의 세계 속에서 지속성을 갖고 많은 사람들에게 공유될 수 있는 의미론적 대상들에 대한 탐구 역시 동일한 인식론적 근거를 가질 수 있다.

이러한 논의는 본질적으로 소설이나 예술 창작 행위에 대한 메타이론들을 학문 일반의 목록 안에 포함시킬 수 있는가라는 문제와 연관되어 있다. 전통 인식론이나 좁게 이해된 과학 개념은 오늘날의 학문 현실을 담아내기가 어렵다. 후설이나 베르탈란피의 이론이 갖고 있는 학문이론적 유연성은 새로운 기술적(technical) 탐구 영역이나 탐구 행위에 대한 인식론적 근거를 제공할 수 있다. 그것은 또한 학문 간 장벽을 넘어서 협업을 가능케 하는 실마리이기도 하다.

7. 메타이론의 토대로서 수학의 기초 문제

앞선 논의로 되돌아가 보자. 후설이 『논리연구』 I권에서 심리학주의에 대해 날카롭게 비판한 것은 자기비판이 담겨 있었기 때문이다. 우리에게 수 개념이 어떻게 생겨나는지를 묻는 후설의 문제의식은 분명 심리학적이었고, 그 자신이 고백한 것처럼 심리학만으로는 수학적 명제들의 보편적 타당성을 정초할 수 없다.[31] 하지만 그렇다고 해서 수학이나 논리적 명제의 보편타당성을 위해 볼차노와 같은 이른바 플라톤주의자들이 말하듯 수학적 대상을 인식 주관과 완전히 독립한 어떤 초월적 실재로 받아들이는 것도 문제였다. 그것은 수학적 인식, 나아가 논리적 원리에 대한 인식 자체를 수수께끼로 만드는 것이기 때문이다.

철학사에서 실재론과 관념론 사이의 오래된 논쟁과 연관이 있는 이 주제야말로 나중에 후설이 근대 철학사를 비판적으로 검토하게 한 주제였다. 인식 대상이 인식하는 주관과 무관하게 초월해서 존재한다면, 더욱이 감각적 경험에는 주어질 수 없는 수학적 대상과 같은 추상적인 대상에 대한 인식은 어떻게 가능한가? 인식하는 주관과 완전히 이질적인 대상이 인식 주관에게 주어질 수 있을까? 반면 만약 그런 대상들이 경험에 주어진 일부의 감각 자료들을 추상화해서 우리가 '만들어낸' 대상이라면 그런 대상에 관한 지식이 보편타당하다는 것이 어떤 의미가 있을까?

이러한 딜레마적 상황이 후설로 하여금 자신의 야심찬 프로젝트였던 『산술의 철학』을 본래 기획했던 것에서 중단하게 만들고 말았다. 후설은 이 딜레마를 해결하기 위해 수학의 기초 문제를 넘어 논리학, 나아가 인식론 전체로까지 문제를 확장하게 된다. 결국 후설은 철학적 문제를 다루지 않은 채 문제의 근원에 도달할 수 없다는 결론에 도달한다. 따라서 철학을 혁신하려는 후설의 현상학적 기획은 수학의 문제로부터 시작했다고 보아야 한다. 후설 현상학을 이해하기 위해서는, 그리고 베르탈란피의 일반체계이론과 후설 현상학의 교점을 이해하기 위해서도 그들의 수학적 구상을 좀 더 살펴보는 일이 중요하다.

학문사적 관점에서 보자면 수학의 기초 문제에 대한 후설의 관심이 철학, 특히 보편학을 지향하는 철학으로 확장된 것을 그저 한 개인의 취향에 따른 우연으로 보기는 어렵다. 당시 수학은 급격한 성장과 발전의 대가를 톡톡히 지불하고 있는 중이었다. 수학, 그 중에서도 기하학은 오랜 세월동안 학문적 이론 체계의 전형으로 여겨져 왔다. 자명한 공리들로부터 순수하게 논리적인 연역에 따라 정리들을 이끌어내는 기하학적 체계의 우아함은 모든 지식 체계의 형식적 모범이었다. 게다가 근대의 과학 혁명은 세계를 수학적으로 기술하는 방법을 찾아낸 결과였다. 따라서 수학은 적어도 원리적으로는 모든 이론과학들의 기저에 놓인 토대학문의 역할을 수행하고 있었다.

그런데 만약 수학의 이론적 기초가 불안하다면 어떻게 될까? 다시 말해 수학이 엄밀한 의미에서 '이성적'인 학문이라고 말하기 어렵다면 어떻게 될까? 마치 도미노가 무너지듯이 수학에 의지해서 자신의 법칙들을 정립했던 모든 자연과학 역시 위기에 처하게 된다. 후설이 수 개념을 비롯해서 수학의 기초 문제에 관심을 가졌던 것은 가장 이성적이라고 여겨지던 학문의 위기를 구해내고자 했던 야심찬 시도였다. 그런 의미에서 후설이 현상학적 기획을 통해 철학을 엄밀한 학으로 혁신하려고 계획했던 것은 후설의 문제의식이 그가 학자로서의 삶을 시작한 이래 일관된 것임을 보여준다. 후설은 수학의 기초를 공고히 하고자 출발했지만 이내 수학을 넘어 인식론 일반으로 확장되었고 그 결과 그가 찾아낸 돌파구가 바로 현상학이었다.

*

수학사가인 모리스 클라인(M. Klein)은 19세기와 20세기 초반을 가리켜 인간 이성의 역사에서 재앙의 시기라고 불렀다.[32] 당시 자연과학의 발전 상황을 생각한다면 의외의 진단이라고 할 수 있었지만 적어도 수학의 상황만큼은 그렇게 말할 만했다. 만약 수학이 신뢰 위기에 빠진다면 수학을 방법론으로 사용하는 자연과학으로도 그 불이 번질 것은 뻔했다. 게다가 그런 상황은 역설적이게도 수학의 비약적인 발전이 초래한 것이었다.

"1800년까지 수학은 매우 역설적인 상황에 처해 있었다. 물리적 현상을 설명하고 예측하는 데 있어서의 수학의 성공은 최상의 기대 이상이었다. 한편, 많은 18세기의 사람들이 이미 지적하였듯이, 그 거대한 체계는 논리적인 기초를 갖고 있지 못하였고, 따라서 수학이 옳은 것이라는 아무런 확신이 없었다. 이 역설적인 상황은 19세기 전반까지 계속 이어졌다."[33]

먼저 수학이 자명한 진리의 체계임을 의심하게 만든 사건은 비유클리드 기하학의 발전으로부터 시작되었다. 아주 오랜 세월 동안 유클리드 기하학의 체계는 연역적 이론 체계의 전형으로 간주되었고, 자연스럽게 그것은 공간에 대한 유일한 진리로 여겨져 왔다. 그러나 비유클리드 기하학의 발전은 유클리드 기하학이 공간에 대한 그저 '하나'의 해석에 불과하다는 것을 보여주었다. 유클리드 기하학이 지난 2000년 동안 누려왔던 독점적인 지위를 내 놓아야 하는 상황이 되었던 것이다. 그것은 동시에 우리가 알고 있는 수학적 지식들이 논리적으로 아무런 문제가 없는 것인지를 되묻게 만들었다.

한편 대수와 해석학의 발전은 기하학의 문제들을 대수적으로 처리할 수 있는 길을 열어주었다. 그것은 곧 기하학이 대수학으로

비유클리드 기하학을 창시한 니콜라이 로바쳅스키

환원될 수 있다는 것을 의미했다. 예컨대, 데카르트가 공간을 좌표계로 해석할 수 있는 방안을 발견함으로써 모든 공간이 일종의 순서쌍(예를 들면, 삼차원 공간은 $[x, y, z]$으로 표현할 수 있는 점집합들의 체계가 된다. 이 점집합들을 대수적으로 처리하는 것은 어렵지 않다. 따라서 과거라면 원을 다루기 위해서는 그림을 그려야 했지만 좌표계로 해석된 공간 위에 $x^2+y^2=r^2$이라는 함수식으로 처리가 가능해진 것이다. 게다가 기하학을 대수적으로 처리하는 것의 장점은 기하학적인 문제를 논리적인 관점에서 좀 더 엄밀하게 처리할 수 있다는 것이었다.

비유클리드 기하학으로 인해 기하학의 논리적 엄밀성에 대한 의구심이 커질 때 기하학을 대수적으로 처리할 수 있게 된 것은 기하학을 논리적으로 좀 더 엄밀하게 증명할 수 있는 새로운 길이 열렸다는 것을 의미했다. 물론 미적분과 같은 해석학의 발전, 연산 개념에 대한 새로운 이해 등은 수학만이 아니라 물리학의 발전도 가속화시켰다. 자연스럽게 수 개념 자체를 어떻게 이해해야 하는지도 문제가 되었다. 좌표 평면은 실수 집합들의 곱($R \times R$)으로 표현 가능하고, 더 나아가 실수의 성질을 알게 되면 많은 문제들이 해결될 뿐만 아니라 새로운 발견들도 이끌어낼 수 있을 것이기 때문이다. 결국 수학의 많은 문제들이 수론의 문제로 귀착되게 된다.

그러나 기하학에서의 상황은 수론에서도 다시 한 번 반복되었다. 대수(algebra)와 해석학(analytics)의 발전은 수학의 탐구 영역을 크게 확장시켰지만 그 대가로 수학의 확실성을 의심하게 만드는 상황을 더욱 악화시켰다. 예를 들어 극한의 개념을 생각해보자.

무한히 0으로 가까이 다가가지만 0은 아닌 어떤 것이 도대체 무엇인가? 또 제곱을 했는데도 음수가 되는 수(허수, imaginary)는 또 어떻게 설명할 수 있는가?[34] 그런 문제들은 비유클리드 기하학이 공간이 휘어져 있다고 말함으로써 사람들을 혼란스럽게 만들었던 것처럼 수학의 이론적인 토대가 과연 이성적인지를 되묻게 만들었다. 그리고 결정적으로 칸토르(G. Cantor)가 무한의 문제를 수학 안으로 끌어들임으로써 상황은 정점에 이르게 된다.

우선 칸토르는 수의 문제를 집합의 문제로 바꾸어 생각할 수 있음을 보여주었다. 수 1은 집합 {1/1, 2/2, 3/3 …}의 이름이라고 생각하면 된다. 즉, 수는 집합이다. 집합론을 연구하면서 칸토르는 과감하게 실무한을 도입한다. 고대 그리스 이래로 실무한, 다시 말해 시작도 없고 끝도 없는 무한은 인간의 상상력이 만들어 낸 허구로 간주되어 왔다. 실무한을 받아들이면 논리적으로 많은 문제가 야기되었기 때문이다.

그러나 칸토르는 거침이 없었다. 수의 문제를 집합론으로 정초하면서 실무한 개념을 도입한 것이다. 그 실익은 분명했다. 예컨대 같은 무한이지만 더 크고 작은 무한을 구별할 수 있고(예를 들면 실수의 무한은 정수의 무한보다 크다), 그에 따라 무한끼리 연산을 할 수 있게 됨으로써 수의 체계를 차근차근 확장시켜 나가는 것이 가능해졌기 때문이다. 특정한 연산 개념을 잘 정의하면 자연수라는 작은 무한으로부터 정수, 유리수 그리고 실수라는 점점 더 큰 무한집합으로 확장해나갈 수 있는 것이다. 그 경우 우리는 수 개념을 집합 개념으로 재정의하는 것이 가능해진다.

무한집합들의 성질에 관한 칸토르의 발견은 사람들이 오랫동안 실무한을 기피하게 만든 경계심, 유한한 인간 이성이 무한의 문제를 다루다보면 분명 어디선가 사달이 날 것이라는 걱정을 마침내 현실로 만든다. 집합론에서 받아들인 명제들 사이에 모순이 드러나기 시작한 것이다. 개념적으로 '세상에서 가장 큰 전체집합'을 생각해보자. 이 전체집합은 과연 세상에서 가장 큰 전체집합일까? 만약 우리가 어떤 전체집합은 부분집합들로 이루어질 수 있다[*]는 생각을 받아들이기만 한다면 '그' 가장 큰 전체집합은 결코 '가장 큰 전체집합'이 될 수 없다. 왜냐 하면 가장 큰 전체 집합의 '부분 집합들로 이루어진 집합'은 '그 가장 큰 전체 집합'보다 클 것이기 때문이다. 언제나 부분집합들로 이루어진 멱집합이 원래의 집합보다 크다.

우리가 멱집합이라는 개념을 허용하기만 하면 곧바로 '전체 집합'이라는 개념이 흔들려버린다. 그러면 멱집합이라는 개념을 포기해야 할까? 흔히 집합론의 역리라고 불리는 모순들이 집합론의 이론 체계 내에 웅크리고 있었던 것이다.[35] 수학의 심층부에 이렇게 모순이 웅크리고 있다는 사실은 수학을 가장 안전한 이성적 이론체계라고 믿어왔던 사람들에게는 당연히 충격이었다. 후설의 『산술의 철학』은 이러한 시대적 상황에서 기획된 작업이었다.

결과적으로 후설은 수학의 가장 기초적인 문제인 수와 집합의 문제로부터 출발해 논리학의 문제로 이행해간다. 후설은 1890년대 자신이 수학의 이론적 기초를 문제시하면서 자연스럽게 논리학의 문제로 넘어가게 되었다고 회고한다. 후설이 『논리연구』I권의 말미에 언급한 순수 다양체론은 사실상 형식 체계의 증명이론이었다. 그것은 힐베르트의 공리연역체계이론과 유사하게 어떤 연역적 이론 체계의 무모순성과 완전성에 관한 연구였다. 흔히 초수학(metamathematics)이라고 불리는 이런 연구로 후설이 의도했던 것은 모든 개별 학문의 이론 형식 일반에 관한 논리적인 연구였다.

비록 후설이 이후 현상학적 논의에 천착함으로써 그에 관한 논의를 발전시킬 수 없었지만, 그의 후기 작품인『형식논리와 선험논리』에서도 그 주제가 여전히 반복되는 점에 비추어보면 후설은 그 문제를 포기하지 않았음에 틀림없다. 후설 철학 전체의 주제와 연관하면 이는 당연한 것인지도 모른다. 학문사적 관점에서 수학과 논리학의 문제는 모든 개별 과학의 이론 형식과 형식적 방법론 일반의 문제와 관련이 있기 때문이다. 철학 혹은 현상학의 근본적인 과제 중 하나가 개별 과학을 정초하는 문제였으므로 후설이 그 문제의식을 포기하지 않았으리라는 것은 어렵지 않게 짐작할 수 있다.

8. 학문이론의 형식적 근거: 다양체론과 형식 존재론

1906/1907년의 한 강의에서 후설은 학문이론과 관련하여 수학의 의미가 무엇인지를 묻는다. 후설에 따르면 학문이론 혹은 좀 더 일반적인 표현을 따라 과학철학은 하나의 바퀴로 움직이는 체계가 아니다. 그것은 한 쌍으로 이루어진 두 바퀴의 체계이다. 하나는 의미론이고, 다른 하나는 대상론이다.[36] 후설 현상학의 관점에서 의미론과 대상론은 모두 지향성 이론과 관련이 있다. 다만 의미론이 의미 지향(Bedeutungsintention), 좀 더 좁게 말해서 의미 부여와 의미 충족의 문제와 밀접한 관련이 있다면, 존재론의 문제는 오직 대상 자체의 문제에 초점이 맞추어져 있다. 그래서 앞서 말한 것처럼 후설은 대상론을 존재론이라고 불렀다. 그리고 후설은 대상론으로서의 존재론을 다시 형식 존재론과 영역 존재론으로 나눈다.

이러한 후설의 구분은 학문 간 융합의 문제에 대해서도 시사점을 갖는다. 융합의 문제에서 (나중에 다시 살펴보겠지만) 대상들을 가리키는 개념들은 하나의 플랫폼 구실을 한다. 즉 서로 이질적인 탐구 영역을 연결시키는 매개 고리 역할을 한다. 인간의 신체는 물리학, 신경생리학 그리고 행동과학 등을 연결시키는 고리로서 일종의 플랫폼이다. 이렇게 대상들이 다양하면서도 학문 영역에 중첩적으로 걸쳐 있을 때, 그 대상은 동일한 대상이며 서로 다른 의미를 가진 대상이기도 하다. 하나의 개념이 어느 대상 영역에 속하느냐에 따라 그 의미는 달라질 수 있다. 이러한 사정이 후설이 형식 존재론과 영역 존재론을 구별함으로써 얻고자 했던 학문이론적 틀이라고 할 수 있다.[37] 우리는 이러한 틀을 토대로 이론 간 혹은 학문 간 융합의 가능성을 타진해볼 수 있다.

후설은 수학을 일종의 대상론으로 간주한다. 그것은 수학이 대상들의 형식에 관한 이론으로 기능할 수 있기 때문이다. 그런 의미에서 후설은 수학을 가장 넓은 의미에서 형식 존재론으로 이해한다. 후설은 『논리연구』 I권의 마지막 장을 이러한 연구 과제를 설명하는 데 바친다. 거기서 그는 순수 논리학의 가장 높은 수준의 과제로 순수 다양체론을 제안한다.[38] 후설의 다양체론은 그 목표와 과제를 생각하면 형식주의의 관점에서 수학적 증명 이론을 다룬 힐버트(D. Hilbert)의 공리연역체계이론과 대동소이하다.[39] 두 이론 모두 형식화된 이론의 무모순성과 완전성의 문제를 다루었기 때문이다.

학문이론적 관점에서 순수 다양체론의 목표는 "가능한 이론들의 본질적인 유형들을 확정적으로 형태 짓고 그것들 상호 간의 법칙적 관계를 탐구하는 것"[40]이다. 후설이 자신의 현상학적 기획에서 이론의 형식과 그 논리적 완전성에 무게 중심을 두었던 이유는 (학문적) 이론을 연역적 모형에서 이해했기 때문이다.[41] 후설에 따르면 학문 혹은 학문적 이론은 '간접적 매개 과정을 통한 앎의 체계화'이다. 따라서 학문은 근거를 통한 정당화에 의한 인식의 체계적 통일체이며 그런 한에서 학문은 철저하게 논리적이다.[42] 따라서 형식화된 이론의 무모순성과 완전성[43]에 대한 연구는 학문이론적 관점에서 일종의 사전 작업에 해당하는 것이었다.

『논리연구』I권에서 후설은 순수 논리학의 과제를 다음의 세 가지로 제시한다.[44]

첫째, 이론 일반을 위한 순수 의미 범주와 순수 대상 범주 그리고 그것들의 법칙적 복합체의 확정.

둘째, 이러한 개념들을 통해 근거를 제시할 수 있는 법칙과 이론들의 추구

셋째, 이러한 이론으로부터 가능한 이론 형식에 대한 이론으로의 이행

이때 가능한 이론 형식들을 가리켜 후설은 '다양체(Mannigfaltig-keit)'라고 불렀다. 따라서 다양체에 관한 이론으로서 순수 다양체론은 이론들의 형식 체계에 관한 메타이론이다. 1887/88년 겨울 학기에 개설한 한 강의에서 후설은 "만약 우리가 이러한 엄밀한 개념으로 학문을 생각해본다면, 모든 학문들 중에서 제일의 것은 수학이리라는 점은 확실하다"고 말한다.[45] 그리고 1901년 괴팅겐 수학자 협회에서 열린 초정 강연에서 "수학은 그 최상의 이념에

따라 이론에 관한 이론(Theorienlehre), 즉 가능한 연역 체계들 일반에 관한 가장 일반적인 학문"이라고 말한다.[46] 후설의 다양체론은 수학이 이론에 관한 이론으로 (물론 오직 형식적인 관점에서) 기능할 수 있기 위한 작업이었다.

당시 다양체 개념은 이중적으로 사용되고 있었다. 칸토르는 집합(Menge) 개념과 다양체 개념을 혼용하기도 했는데[47], 후설은 이를 좀 엄격하게 규정한다. 즉, 후설에 따르면,

（칸토르가 사용하는 다양체 개념은) "리만(Riemann) 과 여타 기하학 이론에서 응용되고 있는 개념과 합치하지 않는다. 그에 따르면 다양체는 단순히 하나로 되는 원소들의 총합일 뿐 아니라 그 어떤 정렬된 원소의 총괄이기도 하다. 다른 한편으로 그저 하나가 되는 원소뿐 아니라 연속적으로 연관되어 있는 원소들의 총괄이다. 이 둘은 서로 무관한 것이 아니다. 연속체(Kontinuum)의 개념에는 가장 넓은 의미의 순서에 관한 어떤 것이 들어 있기 때문이다."[48]

인용문에서 확인할 수 있듯이 다양체 개념은 기하학적 의미에서, 그리고 집합이라는 의미에서도 사용되고 있었다. 본래 다양체 개념은 1854년 리만이 그의 교수 취임 강연 때 쓴 논문, 「기하학을 기초짓는 가정들에 관하여(Über die Hypothesen, welche der Geometrie zugrundeliegen)」에서 시각화되지 않는 n차원의 수학적 공간을 가리

베른하르트 리만

키기 위해 사용하였다. 공간(Raum)이라는 개념이 일상적으로 3차원의 공간을 특정하여 사용되기 때문에 n차원의 공간에 다른 이름을 붙인 것이다.

해석학의 발전에 따른 기하학의 산술화를 고려할 때, 기하학적 공간 역시 대수적 구조(혹은 넓은 의미의 논리적 연산의 구조)를 가진 어떤 영역(추상적 의미의 공간)으로 간주될 수 있다. 이 경우 다양체는 어떤 특정의 공리체계가 규정하는 공간이 된다. 리만이 다양체 개념을 사용한 것은 공리체계의 규정에 따라 공간의 성격이 달리 규정된다는, 일종의 확장 가능성 때문이었다.

예를 들어 우리가 한 점으로부터 다른 점으로 이행해가는 과정을 공리를 통해 규정하면, 그것은 곧 1차원 다양체로부터 2차원 다양체로 확장하는 것이다. 이와 동일한 방식으로 우리는 n차원의 다양체로 확장해나갈 수 있다. 이때의 다양체는 하나의 수학적 공간으로 우리가 그것을 시각적으로 혹은 직관적으로 이해할 수 있느냐의 문제는 고려되지 않는다. 이러한 확장에서 중요한 것은 보다 높은 차원의 공간(영역) 가변성이 그보다 낮은 차원의 가변성을 통해 구성된다는 것이다.[49] 여기서 우리는 후설이 개수로부터 실수 및 복소수로 나아가는 수 영역의 확장 문제와 관련해서 리만의 아이디어로부터 많은 영향을 받았으리라는 것을 짐작할 수 있다.

리만의 작업이 비유클리드 기하학과 유클리드 기하학을 통일적인 관점에서 다루고 논리적으로 보다 엄밀하게 정초하기 위한 것이었다는 점을 고려할 때, 기하학만이 아니라 수학의 모든 이론 전체를 엄밀한 공리 연역 체계로 재구조화하는 작업을 생각할 수 있다. 앞서 언급한 힐베르트의 공리연역체계이론에 관한 메타이론적 작업이 바로 그것이다. 후설의 다양체론 역시 마찬가지의 목표를 가지고 있었다. 이러한 작업을 후설은 인식론적 관점에서 다음과 같이 말한다.

"전적으로 상이한 두 사태 영역에서 확정된 이론들이 그형식에서 완전히 일치한다는 점을 알게 된다. 왜냐하면 두 영역이 근본 명제들로부터 출발하고, 비록 내용적으로는 상이한 의미를 갖지만 형식적으로는 완전히 동일한 구성인 근본 개념으로부터 출발하기 때문이다."**50**

이를 이론 간 융합의 관점에서 보자. 융합적 연구는 서로 다른 이론들이 하나의 문제를 푸는 데 함께 기여하는 협업이라고 할 수 있다. 그것이 그저 우연에 의한 것이 아니라면, 협업하는 이론들 간에는 모종의 근친성이 있음에 틀림없다. 물론 첫 번째는 협업의 플랫폼으로서 공통의 개념 혹은 문제 영역일 것이겠지만 다른 하나는 해당 이론들을 관통하는 논리적 구조이다. 이론의 논리적 구조는 단순히 형식 언어로 번역되는가 그렇지 않은가의 문제를 넘어 기초적인 가정들로부터 이론적 정리에 이르는 설명적 과정과 관련이 있다. 이러한 부분이 (추후에 살펴보겠지만) 융합이 용이한 경우와 어려운 경우를 구분하게 한다. 유사한 형식적 구조를 가진 이론들 사이의 융합이 용이하다는 것은 어렵지 않게 짐작할 수 있다. 같은 맥락에서 우리는 일종의 보편학을 꿈꾸었던 베르탈란피가

'체계' 개념을 수학적으로 정식화하고자 하는 문제에 관심을 가진 이유를 짐작할 수 있을 것이다. 형식적 혹은 구조적 동일성은 협력의 공통 문법일 수 있기 때문이다.

*

후설은 자신의 현상학이 목표로 하는 '엄밀한 학으로서의 철학'이 논리적으로 흠결이 없는 이론이기를 꿈꾸었을 것이다. 순수 다양체론이라는 순수 논리학의 과제는 후설의 그러한 생각을 가장 분명하게 보여주는 개념이었다. 다양체론에 대한 연구를 통해 후설은 모든 이론 체계 일반을 담아낼 수 있는 보편적인 이론 형식이 가능하다고 보았을 것이다. 그러한 프로젝트를 염두에 두며 후설은 이렇게 말한다.

> "한 이론적인 분과, 예컨대 수리물리학적 분과 혹은 더 간단히 순수 기하학(물론 순수 산술과 같이 해석학적인 분과를 말한다.)과 같은 분과는 어떤 증명의 체계로 해소되며, 이는 원초적인 추론들의 체계로 해소된다. (…) 법칙으로 이행해 감에 있어 우리는 분과의 특정한 개념들을 무규정적인 변항(Variablen)들을 통해 대치해야 한다. 진리들인 공리들에서 등장하는 개별적인 명제들은 바로 그 변항들에 의해 진리 형식들로 된다."[51]

후설의 이러한 언급은 기하학을 해석된 체계가 아니라 순수하게 형식화된 체계로 번역함으로써 당시 수학의 위기를 벗어나고자 했던 힐베르트의 형식주의(Formalismus)와 같은 노선에 있음을 짐작하게 한다. 그러나 후설이 단순히 형식주의에 동조하기만 한 것은 아니다. 무엇보다 형식주의는 일반적인 의미의 진리의 문제에 대해 관심을 두지 않기 때문이다. 반면 후설은 그런 진리의 문제가 반드시 해결되어야 한다고 믿었다. 그것은 수학과 학문이론으로서의 철학 사이의 차이에 대비되는 것이기도 하다. 후설이『논리연구』I권의 말미에서 수학자들의 작업은 진리의 문제에 관한 한 불충분하다고 말한 것도 같은 맥락이다.

다만 그러한 순수한 형식성이 갖는 장점 또한 분명하다. 후설이 다양체론을 포함한 수리논리학을 학문이론적 관점에서 형식적 존재론이라고 말한 것은 그것이 내용을 추상한 채 오직 논리적 형식만을 다루는 이론이라는 점에서 모든 대상을 포괄할 수 있기 때문이다.

> "집합과 수 개념의 가장 적절하게 확장된 일반성을 논구할 때, 그리고 그것들의 의미를 규정하는 원소 내지는 '단위(Einheit)' 개념을 논구할 때, 우리는 집합론 그리고 수론이 대상 일반 혹은 무엇-일반이라는 공허한 우주(Leeruniversum)에 관계한다는 것을 인식하게 된다."[52]

이러한 형식적 존재론은 그것이 오직 형식만을 다룬다는 점에서 보편적이지만 대신 그 대가로 내용을 추상해야만 한다. 따라서 개개의 학문들과 구체적이고 직접적인 연관을 갖지는 않는다. 후설이 형식적 존재론과 영역 존재론을 구별한 이유도 여기에 있다.

> "따라서 소위 형식적 영역(formale Region)은 실질적 영역들(materiale Regionen)에 대해 (영역들에 대해 단적으로) 상응하는 것이 아니다. 그것들은 본래 영역이 아니라, 영역들 일반의 공허한 형식이다. 그것들은 모든 영역들을 그 영역들의 모든 내용적으로 특수한 본질들과 나란한 것이 아니라 오히려 (비록 다만 형식화된 것이기는 하지만) 자신 아래에서 포섭한다."[53]

후설의 형식 존재론은 오늘날 모든 학문 분과 이론체계들이 (명시적이든 암묵적이든 방법론적으로 사용하고) 전제하고 있는 논리학의 가장 확장된 버전이라고 이해할 수 있다. 앞서 말했듯이 개별 분과 이론들에 대한 메타이론으로서 온전한 학문이론이 되려면, 단순히 형식만으로는 부족하고 그 실질적인 내용들을 다룰 수 있는 영역 존재론이 보완되어야 한다.

앞서 말한 것처럼 후설의 이러한 생각은 베르탈란피가 개별 이론들을 관통하는 어떤 보편적 체계에 관한 이론이 가능하다고 믿었던 것과 구조적으로 동일하다. 베르탈란피 역시 개별 이론들을 관통하는 체계 개념이 존재한다고 믿었기 때문이다. 이때의 체계는 물론 수학적으로 구조화될 수 있는 것이다. 다시 말해 베르탈란피가 구상한 일반체계이론, 더 나아가 체계과학은 후설의 학문이론과 아주 유사한 다른 버전이라고 말할 수도 있을 것이다.

9. 영역 존재론과 일반체계이론 그리고 에를랑겐 프로그램

순수 논리학의 최종적인 과제로서 순수 다양체론은 이론 형식 일반에 관한 이론으로 엄밀한 이론 체계가 갖추어야 할 논리적인 조건들에 관한 연구이다. 따라서 이론의 형식에 관한 논리적이고 수학적인 작업이다. 때문에 개개 분과 이론들의 실질적인 탐구 내용과는 무관하게 오직 논리적 형식에만 관계한다. 어떤 현상을 설명하는 원리가 '만약 P라면 Q이다'와 같은 조건문의 형식으로 되어 있고 실제로 P가 일어났다는 것이 확인될 경우, 우리는 Q 사건이 일어날 것이라고 예측할 수 있다. 이때 논리적 형식만이 문제라면, P와 Q의 내용이 무엇이든 상관없다. 물론 이러한 작업만으로 개별 과학들의 이론적 토대를 공고히 할 수는 없다. 학문적 탐구가 내용 없는 형식으로만 이루어질 수는 없기 때문이다. 이론의 논리적 형식 문제는 후설이 말했듯 철학의 과제라기보다는 논리학의 과제이다.

학문이론적 의미의 대상론 혹은 존재론의 관점에서 좀 더 중요한 분야는 영역 존재론이다. 그리고 이 문제는 앞선 절에서 다루었 듯 지식의 분류 문제와 관련이 있다. 근대 철학자들이 분류 문제에 열심이었던 이유는 봇물처럼 터져 나온 새로운 지식들의 체계를 재구성함으로써 세계를 탐구하는 일을 좀 더 효율적으로 하고, 잘 못된 믿음들을 제거하기 위함이었다.

16세기로부터 19세기에 이르기까지의 시기는 과학의 역사에서 가장 역동적인 시기였다. 이른바 과학 혁명 이래로 개별 과학들은 지속적으로 전문화되었다. 게다가 과학 지식의 성장은 거의 지수 적으로 이루어졌다. 그것은 거의 수수께끼와 마찬가지였다. 과학 은 어떻게 그렇게 성장할 수 있었는가? 그 필수적인 조건은 무엇 인가? 과학적 지식과 철학적 지식의 차이는 무엇인가? 이런 질문 들에 대답하기 위해 철학자들은 우선 지식을 분류하고자 했던 것 이다. 근대 철학사에서 지식의 본성을 무엇으로 볼 지를 둘러싼 논 쟁이 뜨거웠던 것은 당연한 일이었다.

후설 역시 그런 분류 프로젝트가 중요하다는 사실을 잘 알고 있 었다. 그는 학문의 분류는 학문이론의 가장 중요한 과제이며, 그 런 한에서 현상학적 탐구의 도움으로 그 과제를 완수해내고자 했 다. 한 강의에서 그는 이렇게 말한다.

> "가장 이상적인 것은 아마 이럴 것이다: 세계에 관한 보 편적 학문(물론 철학의 근본적인 개념들의 혁신을 전제로 해서)이 현실의 구체적인 세계의 체계와 논리적으로 일관 되게 구체적인 개별 과학들로 분류되는 것."[54]

이러한 과제를 위해 후설은 먼저 과학을 두 개의 그룹으로 나눈다. 형상적(eidetische) 과학 혹은 본질과학(Wesenswissenschaften)이 한 부류이고, 다른 하나는 경험과학 혹은 사실과학(Tatsachen-wissenschaften)이 한 부류이다. 본질과학은 다시 두 부류로 나뉘는데 형식과학과 실질(내용을 가진, material)과학이 그것이다. 이때 실질과학은 개별 경험과학의 이론적 기초이기도 한 형상적 존재론이다. 후설의 표현을 따르자면, "모든 경험과학은 형상적 존재론에서 자신의 본질적인 이론적 토대를 갖는다."**55**

본질과학에 대한 논의를 앞선 절의 논의와 연관시키면 형식과학은 형식 존재론, 실질과학은 영역 존재론에 해당한다. 영역 존재론은 개별 경험과학들을 이론적으로 정초하는 메타이론이라는 점에서 우리가 일상의 경험에서 만나는 실제 물리적 대상들이 아니라 개념적 사유 혹은 본질직관을 통해서 만날 수 있는 대상들에 관한 이론이라고 할 수 있다. 예를 들면, 생명과학의 경우, '생명'은 가장 중요한 핵심 개념이다. 따라서 생명을 어떻게 정의하느냐의 문제는 생명과학의 범위를 결정하는 중요한 과업이다. 그런데 이를 경험과학적 탐구라고 할 수 있을까?

현장에서 만나는 대상들은 '생명'의 개별 사례들이지, 생명 그 자체는 아니다. 도리어 생명 개념은 개개의 경험과학적 탐구가 이론적으로 체계화될 수 있기 위한 원리적인 작업이다. 따라서 그것은 개개의 경험과학적 탐구와는 다른 차원에서 접근되어야 한다. 그런 의미에서 생명 개념 자체는 생명과학 일반을 아우르는 가장 추상적이고 이론적인 논의가 될 것이다. 후설은 이러한 작업을 영역 존재론의 탐구라고 본 것이다.

학문 간 융합 혹은 이론들 간의 협업에서 기초 개념에 대한 일치된 정의는 무엇보다 중요하다. 기초 개념에 대한 이해가 다를 경우 사실상 두 이론 간의 접점 혹은 플랫폼 구실을 할 수 있는 노드가 없는 것과 마찬가지기 때문이다. 생명에 관한 논의에서 자연과학적 논의와 인문학적 논의가 협업할 수 있기 위해서는 생명을 바라보는 패러다임의 공유지점이 필요하다. 후설의 영역 존재론이 바로 이런 문제의식에 닿아 있다.

형식에 관한 이론으로서 형식 존재론이 수학에 가깝다면, 영역 존재론은 개별 경험과학들이 사용하는 이론적 개념들의 실제 내용을 '경험적 차원'에서가 아니라 '개념적 차원'에서 다룬다. 때문에 후설은 이를 본질과학이라고도 불렀다. 이러한 작업이 수행되려면 개별 과학에서 다루어지는 개념들에 대한 엄밀한 정의와 분석이 수행되어야만 한다. 이러한 분석 작업은 해당 개념이 그 개념을 다루는 전체 탐구 영역에서 어떻게 이해되고 있는가에 대한 분석 작업을 필요로 한다. 이러한 작업을 통해 해당 개념이 관련된 탐구 영역에서 갖고 있는 공통의 특성과 각 탐구 영역에 고유한 차이들이 드러날 수 있을 것이다. 예를 들어, 앞선 생명 개념의 경우에도 생화학자의 관점에서 생명 개념이나 인문학자의 생명 개념이나 생명이라는 점에서는 차이가 없지만, 실제 탐구 현장에서는 상이한 의미를 가질 수 있다.

이러한 공통점과 차이에 주목함으로써 서로 상이한 학문 분과지만 더 큰 범주에서는 하나의 영역에 묶이는 일종의 위계적 분류 작업이 가능해진다. 후설은 학문이론적 관점에서 이러한 분류 작업이야말로 학문 체계 전체를 체계화하는 작업으로 이해한다. 이렇게 이론 체계 일반의 공통점과 개별 이론 간의 차이에 주목하는 방식을 우리는 베르탈란피의 일반체계이론의 작업에서도 확인할 수 있다.

우선 베르탈란피는 체계과학의 탐구 방식을 크게 두 가지 방식으로 설명한다. 그 하나는 "획득 가능한 모형 중의 하나를 선택하고, 체계의 정의를 확정한 후, 이의 결과로 나타나는 이론을 엄밀하게 끌어내는 방식"[56]으로 일종의 연역적 방법이며, 다른 하나의 방식은 귀납적인 접근법으로 "여러 과학에서 실제로 일어나고 있는 문제로부터 출발하여 체계적 시각의 필요성을 보여주고, 다소간 성실하게, 또 설명적인 예들 속에서 이를 발전시키는 방법"이다.[57]

베르탈란피 자신은 두 번째 전략을 취한다. 분명 전자의 방식이 훨씬 더 수학적이다. 그런 의미에서 좀 더 엄밀할 수 있지만 그것은 학문 탐구 현장의 구체적인 현실을 반영하기 어렵다. 반면 후자의 방식은 다소 기술적(descriptive)이고 귀납적이어서 수학적이라고 말하기 어려운 부분이 있지만 개별 학문들의 현실을 직접적으로 반영한다는 장점을 갖는다. 더욱이 베르탈란피는 귀납적 방식으로 얻어진 이론적 구조물들을 수학적으로 재정식화 함으로써 체계에 관한 일반 이론으로 확장시킬 수 있다고 보았다.

베르탈란피가 좀 더 수학적인 연역적 방법이 아니라 귀납적 방법을 선택한 이유는 후설이 형식 존재론과 영역 존재론을 나눈 것에 유추해 이해할 수 있다. 형식 존재론이 집합론적이고 논리적 형식에 관한 이론이므로 좀 더 엄밀한 방식이기는 하지만 개별 탐구 영역들이 다루는 실제 대상들에 관한 내용은 공허한, 그 개념 그대로 순수하게 '형식'에만 관련된 이론이다. 반면 영역 존재론의 경우에는 개별 경험과학의 이론적인 개념들을 실질적으로 다루므로 베르탈란피가 생각한 기술적이고 귀납적인 방식과 유사하다고 할 수 있기 때문이다.

여기서 주목해야 할 것은 후설의 영역 존재론이나 베르탈란피의 일반체계이론의 귀납적 접근법에도 여전히 수학적인 아이디어가 작동하고 있다는 점이다. 우리는 그 아이디어를 1890년대 다양한 기하학들을 통일하고자 했던 펠릭스 클라인(F. Klein)의 에를 랑겐 프로그램(Erlangen Programm)에서 찾을 수 있다.

1872년 펠릭스 클라인은 당대의 다양한 기하학을 특징짓고 분류하는 작업에서 특별한 아이디어를 제시한다. 그는 그 아이디어에 '에를랑겐 프로그램(Erlangen Program)'이라고 이름 붙였다. 당시 비유클리드 기하학은 이미 과학계의 중심에 등장하기 시작했다. 하지만 그들 사이의 논리적 관계는 여전히 모호했다. 그런 상황에서 클라인은 매우 단순하면서도 대담한 제안을 내 놓는다. 핵심은 모든 종류의 기하학을 사영 기하학과 군론(group theory)을 중심으로 통일하는 것이었다.[58]

수학에서 군은 통상 이항연산이 정의되어 있는 상태에서 네 가지의 공리를 만족시키는 집합을 가리킨다. 즉 해당 연산에 대해 닫혀 있어야 하고, 교환법칙과 결합법칙이 성립하고, 항등원과 역

펠릭스 클라인

원을 갖고 있어야 한다. 간단히 말해 군은 특정 연산이 정의된 대수적 구조를 가진 집합이다. 클라인은 군의 개념을 기하학으로 끌어들임으로써 다양한 기하학을 통일적인 시선에서 다룰 수 있을 것이라고 본 것이다. 이것이 클라인이 생각한 에를랑겐 프로그램의 핵심이었다.

예컨대 도형의 회전이나 이동은 일종의 연산 개념으로 이해할 수 있다. 그러면 기하학적 공간이 특정한 대수적 구조를 갖는다고 판단할 수도 있으며 '공간-변환의 군'이라는 아이디어를 얻을 수 있다. 이는 우리가 수학적 공간과 기하학들을 대수적으로 다룰 수 있음을 함축한다. 더욱이 기하학들의 구조적 특성이 서로서로 비교될 수 있게 됨으로써 기하학들 간의 위계적 관계를 밝힐 수 있다. 유클리드 기하학은 아핀 기하학보다 제한적이고, 아핀 기하학은 사영 기하학보다 제한적이다. 이러한 관계는 정수가 유리수에 그리고 유리수가 실수에 포함되는 관계에 유비될 수 있다.

후설은 영역적 존재론의 관계를 생물학적 의미가 아니라 논리적 의미에서 유와 종 사이의 관계라고 말한다. 좀 더 구체적인 영역은 그보다 추상적인 영역에 포함되는 것이다.[59] 물론 이때의 포함관계는 집합적 포함관계라기보다는 범주적 일반화에 의한 포섭 관계에 가깝다. 높은 수준의(추상적) 본질은 좀 더 낮은 수준의 본질에 토대를 두고 있고, 좀 더 일반적인 본질은 보다 특수한 것들에 (내포적으로) 포함되어 있다고 할 수 있다.

이러한 위계적 구조는 클라인의 프로그램에서 기하학의 위계적 구조와 다르지 않다. 앞서 말한 예에서 유클리드 기하학은 아핀 기하학의 특수한 사례인데, 유클리드 공간의 특성을 보여주는 합동 변환은 아핀 변환의 한 유형이기 때문이다. 아핀 기하학과 사영 기하학 사이의 관계도 마찬가지다. 그래서 아핀 기하학은 사영 기하학의 특수한 사례이지만 그 반대는 성립하지 않는다. 이러한 일반화는 영역적 본질의 일반화와 동형성(isomorphism)을 갖는다. 빨강은 색의 특수한 사례이지만 그 반대가 아닌 것과 마찬가지다.

클라인의 프로그램에서 위계적 일반화의 핵심 개념들은 '변환'과 '불변량'이다. 이때 우리는 변환을 일종의 연산으로 이해할 수 있고, 그에 따라 두 개념은 모두 연산 개념과 관련이 있다. 예를 들어 생각해보자. 어떤 기하학적 특성들은 공간 변환에 의해 변화한다. 한 삼각형의 한 변의 길이는 닮음 변환을 통해 길이가 달라진다. 반면 어떤 성질들은 변환에도 불구하고 변하지 않는 것들이 있다. 각은 닮음 변환에서 변화하지 않는다. 클라인은 기하학적 성질들이 변화하지 않고 남아 있는 변환들을 가리켜 '공간 변환들의 주군(principal group)'이라고 불렀다.

클라인에 따르면 우리는 이러한 불변적 성질들에 의해 어떤 공간이든, 또 어떤 기하학이든 특징지을 수 있다고 말한다. 다시 말해 그것들은 기하학을 분류하는 인덱스가 되는 것이다. 유사한 방식으로 우리는 영역 존재론들을 분류할 수 있다. 예를 들어 우리는 좀 더 구체적인 영역들로부터 보다 추상적인 영역들로의 일반화에도 변하지 않는 것들을 물을 수 있고, 그렇게 불변의 것들을 영역 존재론을 분류하는 인덱스로 사용하는 것이다.

베르탈란피가 '체계' 개념을 매개로 모든 이론들을 분류하고,

더 높은 수준에서 통일하는 체계 과학을 꿈꾸었던 것도 마찬가지 맥락에서 이해할 수 있다. 기하학을 체계화하고 통일하는 것이 가능하다면 그 방법이 모든 학문 영역으로 확장될 수 없는 이유가 무엇인가? 적어도 후설과 베르탈란피는 그 가능성을 믿었다. 아니 좀 더 정확히 말해 엄밀한 이론과학이고자 한다면 그래야 한다고 믿었다.

베르탈란피는 자신의 일반체계이론을 소개하는 자리에서 일반체계이론이 무엇을 목표로 하는지를 다음과 같이 설명한다.

① 자연과학과 사회과학의 여러 분야에는 통합을 향한 일반적인 경향이 있다.
② 그러한 통합은 체계에 관한 일반이론에 집중되어 있다.
③ 그러한 이론은 비물리학적 과학 분야에서 정밀이론을 도출하는 주요한 수단이 될 것이다.
④ 과학이 전 세계를 '수학적'으로 관통하는 통일적인 원리들을 개발함으로써, 이 이론은 우리로 하여금 과학을 통일시키고자 하는 목표에 좀 더 접근시켜줄 것이다.
⑤ 이것은 과학적 교육에서 우리가 크게 필요로 하는 통합으로 이끌어줄 수 있다.[60]

후설의 현상학적 존재론이나 베르탈란피의 일반체계이론에는 모두 당시 수학 연구의 아이디어들이 흔적으로 배어 있다. 비록 후설의 현상학 혹은 베르탈란피의 일반체계이론을 수학적 탐구와 단순하게 동일시 할 수는 없지만, 수학적 발상이 갖고 있는 함축적 의미는 기억해 두어야 한다. 후설이나 베르탈란피가 일종의 보편적 이론을 목표로 삼을 수 있었던 것은 다양한 학문 분과의 여러 이론들을 관통하는 보편적 구조에 주목했기 때문이다. 그리고 그것은 사실상 수학이 대상을 분류하는 방식과 무관하지 않다.

실제로 후설은 자신의 현상학이 '의식 체험에 관한 수학인지'를 스스로 묻는다. 그리고 그 대답을 유보한다.[61] 유보의 이유는 분명하다. 현상학적 연구의 시작 단계에서 우리의 의식 체험을 수학적 체계나 집합으로 기술하는 것은 일종의 선입견일 수 있기 때문이다. 무엇보다 그러한 선입견은 후설이 말한 현상학의 방법론적 원칙으로서 '무전제성의 원리'에 배치된다. 그것은 현상학적 탐구의 방향을 오도할 수 있는 위험을 갖고 있다. 그러나 만약 우리가 의식 체험에 대해 연구를 완성했을 때, 그것을 수학적으로 엄밀하게 기술할 수 있고, 그러한 기술이 우리의 의식 체험을 분석할 수 있는 효과적인 수단으로 작용할 수 있다면 의식 체험의 집합을 수학적 대상으로 간주하는 것도 가능할 수 있다. 후설이 자신의 대답을 유보한 까닭은 거기에 있다.

베르탈란피의 경우에 체계 개념을 수학적으로 기술하는 것은 더더욱 중요한 문제였다. 수학적으로 정의된 체계는 학문이론적 관점에서 두 가지의 요구, 즉 엄밀성과 보편성을 모두 만족시킬 수 있기 때문이다. 다양한 종류의 기하학을 통일적인 관점에서 분류하고, 나아가 통합하고자 했던 클라인의 에를랑겐 프로그램의 의도처럼, 후설이나 베르탈란피는 개개의 학문 분과들이 갖고 있는 고유성은 보존하면서 동시에 그 각각이 학문이라는 보편 개념에 포섭될 수 있는 구조를 파악하고자 했다. 이러한 문제들 중 하나는 세계 개념과 관련이 있다. 분명 우리는 하나의 세계 안에 살고 있지만, 개개의 학문 분과들이 다루는 영역들은 '독립적'인 의미를 갖는 부분 세계들이다. 그 독립성과 고유성이 한 학문 분과가 다른 분과로 환원되지 않는 이유를 설명한다. 똑같이 지구의 표면과 관련이 있는 두 학문이지만 지리학이 지질학으로 환원되지는 않는다. 그러나 그렇다고 해서 그것이 존재론적으로 서로 무관한 두 세계가 존재한다는 것을 의미하지도 않는다. 학문들은 모두 '이' 하나의 세계에 관한 탐구들이기 때문이다. 그래서 전체로서의 '세계'와 학문 영역에 대응하는 '주제화된' 부분 세계들 사이의 위상적 문제를 해명하는 것 또한 보편적 학문이론이 풀어야 하는 과제일 것이다.

10. 보편학과 개별 과학:
부분 세계와 전체 세계의 위상적 딜레마

후설 현상학과 일반체계이론에서 중요한 역할을 맡고 있는 수학적 사고방식은 학문적 탐구 언어가 가진 중요한 측면을 부각시킨다. 너무 당연하게 들리는 이야기지만, 바로 '합리적'이어야 한다는 요구다. 이 합리성은 학문적 탐구가 해당 탐구자들은 물론이고 지성을 사용하는 모든 사람들에게 공통적으로 인정받기 위한 조건이다. 그러나 이는 얼핏 매우 느슨한 조건처럼 보인다. '합리적'이라는 말이 '지성을 가진 사람들이 납득할 수 있는'이라는 의미라면, 학문과 학문적 자격을 갖지 못한 일상의 담론과 차이가 없어 보이기 때문이다. 그런 점에서 학문적 탐구의 합리성은 다시 두 가지 동시적 요구로 강화되어야 한다. 그 하나는 '논리적'이어야 한다는 것 그리고 다른 하나는 '객관적'이어야 한다는 것이다. 수학이 근대 이래 모든 자연과학적 탐구의 공통 언어가 될 수 있었던 것은 그런 합리성의 조건을 만족시키기 때문이다.

수학적 언어만큼 명료하고 객관적인 언어도 없다. 그런 의미에서 수학은 모든 이론적 탐구 언어의 구문론이라고 말할 수 있다. 물론 수학적 언어의 이러한 성격이 학문적 탐구의 모든 것을 말하지는 않는다. 앞서 살핀 것처럼 수학적 언어는 형식만을 다룰 수 있기 때문이다. 동일한 형식의 문장이라고 하더라도 그 문맥에 따라 다른 의미를 가질 수 있는 것처럼, 설령 다양한 체계들 내에서 수학적 동형성을 추출해낼 수 있는 공통점들이 있더라도 그것이 모두 동일한 의미를 지닌다고 말할 수는 없다.

이러한 의미론적 차이는 동일한 대상을 다른 학문 영역에서 다룰 때 드러난다. 따라서 학문 현실을 더 정확히 반영하기 위해서는 구문론의 보편성과 의미론적 다양성의 두 관점이 모두 고려되어야만 한다. 우리가 이러한 두 관점을 균형 있게 유지할 수 있다면, 환원주의를 받아들이지 않고서도 보편이론이 가능하다는 것을 생각할 수 있게 된다. 더욱이 이러한 접근은 세계 개념이 본래적으로 갖고 있는 구조적 수수께끼를 이해할 수 있는 실마리를 제공한다.

그 수수께끼는 어떻게 서로 다른 이질적인 영역들이 '하나의 세계'라고 불릴 수 있는가 하는 것이다. 개별 학문들이 다루는 탐구 영역들은 그 자체로 독립적인 세계라고 불릴 만하다. 물질의 세계와 생명의 세계, 또 정신과 의식의 세계는 각각 독립적인 원리가 지배하는 것처럼 보이기 때문이다. 그래서 경우에 따라서는 각각의 세계들을 지배하는 질서와 원리가 서로 충돌하는 것도 보게 된다. 그럼에도 불구하고 그 세계'들'은 모두 하나의 세계의 부분집합들이다. 바로 이 '하나'의 세계 자체가 바로 수수께끼다.

만약 모든 것을 포함하는 총체로서의 세계가 분명히 있다면, 그 세계 전체를 지배하는 질서와 원리를 생각하는 것은 자연스럽다. 바로 이러한 형이상학적 추리가 우리를 환원주의로 유혹한다. 그러나 그러한 형이상학적 추리만큼이나 명백한 현상적 경험은 개개의 부분 세계들을 통일적으로 이해하게 해주는 원리가 다른(아마도 더 기초적인 세계라고 여겨지는) 영역으로 환원되지 않는다는 것이다. 새로운 대상이 창발하고, 새로운 질서가 창발함으로써 기존의 설명적 프레임으로 설명되지 않는 이질성들을 어떻게 하나의 세계 안에서 담아내느냐는 학문이론적 관점에서 반드시 풀어야 하는 수수께끼였다. 앞선 논의에 따라 이러한 문제는 세계의 논리적 통일성을 설명하는 구문론적 관점과 영역 세계의 다양성을 설명하는 의미론적 관점을 균형 있게 유지할 때 해결될 수 있다. 우선 구문론적 문제부터 시작해보자.

*

총 여섯 연구로 되어 있는 『논리연구』 II권의 세 번째 연구를 후설은 '전체와 부분' 사이의 논리적 관계를 분석하는 일에 바친다. 이는 개념들 간의 논리적 관계를 해명하기 위해서였지만 동시에 학문 일반에 대한 메타이론의 문제의식과도 교차하는 부분이 있다. 좀 더 정확히 말해서 전체와 부분 사이의 관계에 대한 연구(mereology)는 다양한 영역의 과학 이론들 일반을 다루려는 메타이론의 관점에서는 반드시 필요한 논의였다. 무엇보다 개개의 이론들이 다루는 학술적 개념들 사이의 상관관계를 해명하자면, 일반 개념과 특수한 개념들 혹은 개별적인 개념들과 그것들을 포함하는 상위의 개념들이 서로 간에 논리적으로 어떤 관계에 있는지를 해명해야 하기 때문이다.

예를 들어 빨강이나 파랑과 같이 우리가 현실에서 경험하는 다양한 색깔들은 개별자들이다. 반면, '색깔 일반'은 빨강이나 파랑과 같은 개별자들을 포섭하는 일반적 개념으로서, 말하자면 전체에 해당한다. 그렇다면 부분으로서 빨강이나 파랑과 같은 개별자들과 전체로서 색 일반은 어떤 관계에 있을까? 이러한 종류의 문제들은 개별 학문 영역의 현장 탐구자들은 결코 관심을 갖지 않는 문제지만 그들이 탐구 대상을 개념적으로 다룰 때는 반드시 전제하게 되는 논리적인 문제들이다. 따라서 개별 학문들에 대한 메타이론이 개별 이론과학을 정초하는 역할을 해야 한다고 믿었던 후설은 이 문제를 짚고 넘어가야만 했다.

본래 이 문제가 후설만의 문제는 아니었다. 전체와 부분의 문제는 이미 논리학을 넘어 인식론 혹은 좀 더 좁히면 인식 심리학에서 중요한 문제로 부상해 있었다. 후설보다 연배가 높은 선배이자 마찬가지로 브렌타노에게서 수학한 마이농은 이 문제를 '대상론(Gegenstandeslehre)'이라는 주제로 천착하고 있었다. 비록 나중에 러셀(B. Russell)이나 콰인(W. v. Quine) 같은 분석철학자들에게 비아냥의 대상이 된 이론이기는 하지만, 마이농의 대상론은 이른바 보편 혹은 일반 개념의 존재 문제라는 오래된 철학적 난제를 다룰 수 있는 하나의 경로를 제공하였다.

알렉시우스 마이농

마이농이 일반 개념들 혹은 당시 논의에서 익숙한 표현을 빌려 말하자면 '높은 수준의 대상(object of higher order)'들에 대해 철학적 입장을 정리하게 된 계기는 그의 제자였던, 크리스티안 에렌펠스 (Ch. v. Ehrenfels)가 제기한 게슈탈트(Gestalt) 논쟁을 통해서였다.[62] 에렌펠스의 이야기를 따라가 보자. 누군가 바그너의 탄호이저 서곡을 변조했다고 생각해보자. 멜로디를 이루는 음들의 값은 확실히 변했을 것이다. 그렇다면 그런 개별 음들을 구성요소로 갖는 전체로서의 멜로디도 변했다고 해야 할까? 에렌펠스는 자신의 주장을 이렇게 요약한다.[63]

① 멜로디는 특정 음들의 단순 모임이거나 혹은 단순 모임 이상의 어떤 것이다.

② 만약 멜로디가 음들의 단순 모임이라면, C장조에서 연주된 탄호이저 서곡은 F#장조에서 연주된 탄호이저 서곡과는 다른 멜로디어야 한다. 왜냐하면 각각의 대응하는 음들이 두 연주에서 서로 다른 음이기 때문이다.

③ 하지만, 우리의 경험은 그 두 멜로디가 동일한 멜로디를 서로 다르게 연주한 것이라고 인지한다. 각각의 연주에서 대응하는 음들이 유사하지 않은데 말이다.

④ 결국 두 연주 사이의 유사성은 모임을 이루는 개별적인 음들의 유사성과는 다른 어떤 것이라고 말해야 한다.

⑤ 그러므로, 멜로디는 음들의 단순 모임 이상의 어떤
것이다.

에렌펠스의 주장을 정리하자면 결국 '부분들'로 환원되지 않는
'전체'의 속성을 받아들여야만 한다는 것이다. 이른바 '게슈탈트
심리학'의 시작이었다. 게슈탈트 심리학 진영의 주장에 따르면 우
리의 감각 경험은 부분들에 대한 경험의 단순 합성에 의해서 이루
어지는 것이 아니다. 감각 경험에 대한 정밀한 분석은 감각의 기계
적인 결합 이전에 이미 전체만의 고유한 특성이 있다는 것을 보여
준다. 철학적 논쟁에 익숙한 사람들이라면, 이 문제가 환원주의의
문제를 둘러싼 오랜 논쟁의 뿌리라는 것을 알 수 있다. 특히 존재론
적 관점에서 개체들의 집합인 전체를 독립적인 하나의 대상으로
간주할 것인지는 중세시대 유명론과 실재론의 논쟁부터 오늘날
의 환원주의에 이르기까지 반복적으로 제기되어 온 문제였다.

　게슈탈트 논쟁을 계기로 마이농은 자신의 철학적 태도를 수정
한다. 그는 본래 흄(D. Hume)주의자였다. 그는 경험론적 전통에 의
지해 서서 존재하는 것들은 모두 개별자 혹은 특수자(particular)들
이며 진정한 대상 역시 그런 개별자들이라고 보았다. 또한 그런 특
수자들의 존재 방식은 모두 같다고 믿었다. 하지만 마이농은 게슈
탈트 논쟁의 시기를 겪으면서 자신의 생각이 우리가 대상들을 경
험하는 의미론적 현실을 제대로 설명해내지 못한다는 사실을 깨
닫는다. 존재론적으로 이질적인 대상들을 인정해야만 한다고 본
것이다.

비록 마이농의 심리학적 이론을 비판하기는 하지만 후설 역시 논리적으로 독립적인 더 높은 수준의 대상들을 인정해야만 한다고 본다. 그가 『논리연구』 II권에서 별도의 장을 할애해서 전체와 부분 사이의 논리적 관계를 따진 것은 이 문제가 개별 이론들과 그런 이론들을 포괄하는 메타이론 사이의 논리적 관계를 해명하는데 중요하다고 보았기 때문이다. 후설은 이를 '기초지음(Fundierung)'이라는 논리적 관계로 분석해낸다. 후설에 따르면 기초지음은 다음과 같이 정의된다.

> "만약 어떤 α 그 자체가 본질 법칙적으로 오직 그 α와 어떤 μ를 결합시키는 어떤 포괄적인 통일성 하에서만 존재할 수 있다면 우리는 다음과 같이 말해야 한다. '어떤 α 그 자체는 μ를 통한 기초지음을 필요로 한다.' 혹은 'α 그 자체는 μ를 통한 보충을 필요로 한다.'"[64]

여기서 어떤 것이 다른 것에 의해 기초지어졌다거나 보충을 필요로 한다는 것은 그것이 비자립적(unselbständig)이라는 것을 의미한다. 반대로 기초를 제공하는 쪽은 제공받는 쪽에 대해 상대적으로 자립적이라는 것을 의미한다. 일반적으로 구체적인 개별자들 혹은 특수자들은 그보다 일반적이거나 추상적인 것들에 비해 더 자립적이다. 그리고 가장 구체적인 것 그리고 절대적으로 자립적인 것들이 바로 개체(Individuum)이다. 일반적이고 추상적인 것들은 상대적으로 구체적인 것들에 의해 기초지어져 있다고 말할 수 있다.

후설은 이러한 분석을 통해 논리적으로 귀결되는 여섯 가지의 정리를 도출한다.

① 만약 하나의 α 그 자체가 μ를 통한 기초지음을 필요로 한다면, 하나의 α를 포함하지만 어떠한 μ도 포함하지 않는 개개의 전체는 마찬가지의 기초지음을 필요로 한다.

② 요구되어지는 보충 없이 하나의 비자립적인 계기를 부분으로 포함하는 어떤 전체 역시 마찬가지로 비자립적이다. 그리고 그것은 그 비자립적인 계기가 함께 포함되어 있는 좀 더 상위의 자립적 전체에 대해 상대적으로 비자립적이다.

③ 만약 G가 (그것에 비해 상대적으로 자립적인) Γ의 자립적인 부분이라면, G의 모든 자립적 부분 g 역시 Γ의 자립적 부분이다.

④ 만약 γ가 전체 G의 비자립적 부분이라면, 그것은 역시 G를 부분으로 하는 모든 다른 전체에의 비자립적인 부분이다.

⑤ 상대적으로 비자립적인 한 대상은 절대적으로 비자립적이지만, 그에 반해 상대적으로 자립적인 대상도 절대적인 의미에서는 비자립적일 수 있다.

⑥ 만약 α와 β가 그 어떤 전체 G의 자립적인 부분이라면, 그것들 역시 서로에 대해 상대적으로 자립적이다.

이러한 정리들에 따르면, 만약 한 대상 영역(A)이 대상 영역(B)에 기초지어져 있고, 다시 B가 C에 기초지어져 있다면, A는 C에 의해 기초지어져 있다고 말할 수 있다(정리, ③과 ④로부터). 이렇게 기초지음의 관계는 전이적(transitive)이다. 이러한 논리적 분석들에 의지해서 후설은 "물리적 사물과 영혼은 서로 상이한 존재 영역이지만, 그럼에도 후자가 전자에 기초지어져 있고 그로부터 영혼(마음)에 관한 이론이 신체에 관한 이론에 기초지어져" 있다고 말할 수 있었다.[65]

이러한 논의를 통해 후설은 개별 학문 탐구 영역들의 구분만이 아니라 각 영역 상호 간의 의존관계도 말할 수 있게 된다. 개별 학문들의 차이를 넘어 일반적인 조망점을 마련하려는 후설에게 이러한 전체와 부분에 대한 논리적 분석이 어떤 의미를 갖고 있었는지는 새삼 강조할 필요는 없을 것이다. 후설의 논의에 따르면, 개별 분과 학문들의 탐구 영역들은 분명 그보다 더 구체적이고 자립적인 분과 이론들에 의해 기초지어져 있다. 그럼에도 기초지어진 분과들이 기초짓는 분과들로 환원되지는 않는다. 각각의 탐구 영역들은 그 자체로 고유한 자기 정체성들을 가질 수 있다.

이러한 의미에서 20세기 초반 유행했던 통일과학 운동, 더 나아가 존재자의 목록을 오직 물리적인 세계에 제한하고자 하는 형이상학적 환원주의는 적어도 후설이 보기에는 잘못이다. 후설의 분석이 갖는 탁월함은 이론들 간 의존 관계를 환원이라는 과격한 방법을 사용하지 않고서도 설명할 수 있는 길을 마련한 데 있다고 할 수 있다.

20세기 초반 환원주의가 그토록 힘을 발휘할 수 있었던 이유, 그리고 여전히 오늘날에도 환원주의가 힘을 발휘한다면 그럴 수 있는 이유는, 환원주의가 우리의 아주 자연스러운 형이상학적 가정과 결합해 있기 때문이다. 세계가 하나라는 믿음이 그것이다. 하나의 세계라면, 그 세계를 관통하는 보편적 질서가 있다고 추리하는 것은 자연스럽다. 바로 그 질서가 그 세계를 하나로 만들어줄 것이기 때문이다. 또한 그 질서는 이 세계에 참으로 존재하는 구성원들의 목록 역시 밝혀줄 것이라고 기대할 수도 있다. 생명은 결국 물질적인 것이다. 다만 우리의 과학적 지식이 복잡한 생명 현상을 물리적으로 환원해서 설명하는 데 아직 부족할 뿐이라는 양자 물리학자 슈뢰딩거의 믿음이 그토록 단호할 수 있었던 것도 아마도 그런 형이상학적 가정 때문이었을 것이다.[66]

그러나 우리가 알고 있는 또 다른 직관적인 경험은 동일한 대상이 그 대상을 둘러싼 맥락에 따라 서로 다른 의미를 가질 수 있다는 것이다. 이는 이론적인 학문의 세계에서도 마찬가지다. 인간의 윤리적 행위와 정치적 의사 결정에 관한 문제를 물리학으로 설명할 수 있을까? 두 진영 간의 먼 거리는 단순히 물리학적 지식의 발전에 대한 희망만으로는 메울 수 없다. 둘 사이에는 차이가 있다.

비록 후설의 기초지음의 관계에 따라 물질적 세계에 생명이 기초지어져 있고, 다시 그 생명에 인간의 의지적 행위와 정치적 행동이 기초지어져 있다고 하더라도, 후자가 전자로 환원되지 않는 것은 생명의 세계가 물질의 세계와는 본질적으로 다른 의미를 갖고 있기 때문이며, 윤리의 세계가 생명의 세계와는 본질적으로 다른 의미를 갖고 있기 때문이다. 하나의 대상이 다른 의미를 가질 수 있다는 것은 동일한 하나의 문장이 맥락에 따라 다른 의미를 가질 수 있는 의미론적 현상에 비유할 수 있다.

11. 지향성의 구문론과 의미론

개개의 학문 영역들은 비유적으로 말해 세계의 여러 얼굴들 중의 하나이다. 이론에 대한 구문론적 분석을 통해 전체와 부분들 사이의 형식적 의존 관계가 드러나면, 그 다음은 전체로서 하나의 세계와 그 부분 세계들 사이를 의미론적 관계가 드러나야 한다. 달리 말하자면 전체 세계와 그 세계의 여러 얼굴들로서 각 분과 학문들이 묘사하는 부분 세계들은 단순히 전체 집합과 부분 집합 사이의 포함 관계 이상의 상호 간에 의존 관계를 갖고 있기 때문이다.

그런데 어떤 의미에서 그런 얼굴들이 하나의 독립적인 존재론적 지위를 갖게 될까? 존재론적 지위라는 개념은 그저 한갓된 상상의 모습이 아니라 이 세계에 뿌리를 내리고 있다는 뜻이다. 과학이라고 이름붙일 만한 학문들은 모두 이 세계의 특수한 영역들에 대한 학문이다. 그런 의미에서 각각의 학문들은 존재론적인 자립성을 갖고 있다. 이는 물론 그 학문의 탐구대상들이 우리의 대상의식에 대해 타당성을 갖고 있다는 말로도 말해질 수 있다. 좀 더 정확하게 말하자면 그런 세계의 얼굴들은 우리가 이 세계를 구체적으로 경험하게 해주는 통로이자 방식이다.

정치학은 우리가 세계를 '정치'의 관점에서 재구성할 수 있게 해준다. 예술 역시 마찬가지다. 세계의 얼굴들은 우리가 세계를 얼마나 폭넓게 이해하는지를 보여주는 단면들이다. 만약 개개의 학문들로 특징지어지는 세계의 얼굴들이 없다면 우리는 세계 자체를 주체화할 수 없을지도 모른다. 왜냐하면 세계는 오직 이러한 얼굴들 혹은 현상을 통해서만 우리에게 의미 있게 주어지기 때문이다.

논리적인 의미에서 각각의 학문들이 탐구하는 탐구 영역들은 세계의 부분들이다. 앞서 후설의 부분-전체론의 개념을 사용한다면 세계는 자립적인 부분집합들로 이루어진 전체집합이다. 물론 이 경우의 자립성은 어떤 절대적인 의미가 아니라 상대적인 의미이다. 어느 부분 영역이 다른 부분 영역보다 상대적으로 더 자립적이고, 그 반대의 상황도 언제든 가능하다. 게다가 각각의 부분집합들 상호 간에 아무런 교집합도 없는 배타적인 집합들이 아니라는 점은 분명하다. 오히려 모든 영역들은 많은 대상들을 공통의 원소로 갖고 있다.

동일한 사물이라도 어떤 영역의 관점에서 보아지느냐에 따라 서로 상이한 대상적 의미를 갖게 된다. 이때 각각의 개별 세계 영역들은 의미론적으로 통일적이다. 후설은 이러한 사정을 설명하기 위해 '노에마적인 대상이 어떻게 주어지는가에 따른 의미(Sinn als ein noematischer Gegenstand im Wie)'[67]라는 표현을 사용한다. 이는 후설이 왜 학문 영역들을 범주적으로 구별하려고 애썼는지를 이해할 수 있게 해준다. 물론 이때에도 지향적 상관관계라는 현상학적 탐구의 대전제를 생각한다면, 대상이 주어지는 각각의 방식들은 당연히 그 대상을 인식하는 주관의 작용(operation)을 전제한다. 주관의 의미론적 작용을 염두에 두면 비로소 세계가 어떻게 다양하게 확장될 수 있는지를 이해할 수 있다.

예를 들어 앞서 에를랑겐 프로그램의 군론의 예처럼 수의 영역을 연산(operation)이라는 작용을 통해 확장시키는 경우를 생각해보자. '더하기(+)'와 '곱하기(·)'에 대해 닫혀 있는 영역이 있다고 해보자. 이 영역에 새로운 연산(예를 들면, 빼기나 나누기 같은)을 도입하면 우리는 그런 연산을 통해 새로운 수의 영역을 구성해낼 수 있다. 이처럼 주관의 작용은 대상의 의미를 구성하는 계기이다. 물론 그런 주관의 작용에 대응하는 대상의 형식적 구조는 노에마의 형식으로서 '규정 가능한 x'가 될 것이다. 이는 하나의 동일한 대상이 서로 다른 의미를 가진 대상들이 될 수 있음을 보여준다.

거리에서 쉽게 만날 수 있는 설치 미술 작품 하나를 생각해보자. 어떤 사람들의 눈에는 그것이 그저 하나의 철근 뭉치일 수도 있다. 심지어 도시 미관을 위해 치워버려야만 하는 쓰레기로 여겨질 수도 있다. 반면 또 다른 사람에게는 도시의 복잡한 구조를 연상시키는 하나의 예술 작품일 수도 있다. 우리가 일상에서 쉽게 만날 수 있는 이러한 경험에 기초해서 후설은 하나의 대상은 그것이 빚어낼 수 있는 대상적 의미의 존재 영역들에 다중적으로 얽혀 있어 서로 다른 의미를 가질 수 있지만 그 의미들은 동시에 하나의 대상으

로 합치해 들어갈 수 있다고 말한다.[68]

거리의 작품은 금속이라는 물질을 탐구하는 학문의 대상이 될 수도 있고, 예술 작품으로서의 대상이 될 수도 있다. 그 각각은 독립적인 영역의 대상들이지만 그럼에도 그 대상들은 동일한 물리적 실재, 철제 구조물을 지시한다. 후설의 개념을 따르자면, 그 철제 구조물은 구체적이고 자립적인 개체이고, 예술 작품으로서의 대상이나 금속 공학 연구의 대상은 추상적이고 상대적으로 비자립적인, 물리적인 철제 구조물에 의해 기초지어져 있는 대상들이라고 할 수 있다.

이로써 주관과 대상 사이에서 모종의 보편적 관계를 상정하게 된다. 각각의 대상이 주관에게 어떻게 주어지느냐에 따라 대상의 의미가 달라지므로 하나의 사물은 결코 그것을 경험하는 주관과 분리되지 않는다는 것이다. 후설은 이를 그의 현상학을 특징짓는 개념인 '지향성' 개념으로 설명한다. 더 나아가 그는 이렇게 말한다.

"모든 존재자, 나나 다른 누군가 생각할 수 있는 주관에게 현실적으로 존재한다고 여겨지는 모든 존재자는 그 주관과 상호 연관되어 있으며 본질적으로 그 체계적인 다양체의 인덱스다. 개개의 존재자는 실제적인 혹은 가능한 대상 소여 방식의 관념적 보편성을 함축한다. 더욱이 그것은 각각의 현실적이고 구체적인 경험들이 어떤 일관되고 지속적으로 경험하는 지향들을 충족시키는 과정을 대상소여

방식으로부터 이러한 전체적인 다양체를 구현해내는 방식
이다."**69**

한 대상의 다양한 의미가 어떻게 또 얼마나 다양하게 주어질 수 있
느냐 와는 상관없이 대상들이 주어지는 방식 자체는 지향성이라
는 구문론적 구조를 전제한다.

후설은 그의 말년의 작품, 『유럽 학문의 위기와 선험적 현상학』
에서 모든 학문적 탐구의 존재론적 기반으로서 우리의 삶의 터전
인 생활세계를 제시한다. 생활세계는 우리가 끌어낼 수 있는 모든
의미의 기반이다. 말하자면 기초지음의 관계에서 가장 기초적인,
자립적이며 구체적인 영역이다. 모든 추상적인 의미들은 이 생활
세계적 의미로부터 파생된 것이라고 말할 수 있다.

이러한 생활세계에서는 다양성이 지배한다. 후설은 이를 상대
성이라고 말한다. 철골 구조물이 쓰레기가 될 수도 있고, 예술 작
품이 될 수도 있는 것은 생활세계가 갖고 있는 의미의 다양성 혹은
상대성을 잘 보여준다. 동일한 철골 구조물이 누군가에는 별다른
의미를 갖지 않는 고철 덩어리지만 또 다른 누군가에는 사람 사는
공간의 의미를 성찰하게 하는 작품으로 주어진다. 후설에 따르면
생활세계의 존재론(대상 영역들)이 갖고 있는 이러한 상대성이 우
리가 세계 경험에서 마주하는 풍요로운 의미를 가능하게 한다. 물
론 이러한 상대성에도 불구하고 불변량, 즉 하나의 보편적 구조가
있다. 바로 그런 대상적 의미가 주어질 수 있는 선험적 근거로서
지향성이다.

이를 지향성의 구문론적 보편성이라고 말할 수 있다. 앞서 에를 랑겐 프로그램의 표현을 빌자면, 대상적 의미의 변화, 즉 변환에 도 불구하고 유지되는 불변량인 셈이다. 이러한 지향성의 구문론 적 보편성은 베르탈란피가 자신의 일반체계이론에서 모든 개별 학문들을 관통하는 '체계' 개념에 대응한다. 일상적인 경험의 대 상이나 학문적 탐구의 대상이 우리에게 주어지는 데 있어 형식적 인(구문론적인) 관점에서 보편적이라는 것은 후설이 우리 의식의 존재 방식이 지향적이라고 말하는데서 가장 분명하게 드러난다. 우리의 의식은 항상 '…에 대한 의식(Bewusstsein von Etwas)'의 형태 로 존재한다. 이때 의식에 대응하는 상관자로서 '무엇(…)'은 수학 적인 의미에서 말하자면 변항 혹은 후설의 현상학적 표현으로는 '규정 가능한 x'라고 말할 수 있다. 이 규정 가능한 x가 우리에게 특 정한 의미로 주어지는 현상에 중요한 역할을 하는 것은 의미 지향 의 측면이다. 비유적으로 말해 우리가 어떤 관심을 갖고 보느냐에 따라 대상적 의미는 달라진다.

의미론적 관점에서 우리의 관심사들은 이 세계의 대상적 의미 들을 결정하는 계기들이다. 학문적 탐구라고 해서 다르지 않다. 후설의 말처럼 생활세계가 모든 학문들의 이론적 토대가 될 수 있 는 이유는 기초지음의 관계에서 학문적 대상들의 의미는 모두 우 리가 경험하는 이 생활세계에 원천적인 뿌리를 가지고 있기 때문 이다. 대상적 의미가 주어지는 보편적 구조로서 지향성이라는 구 문론과 그때그때 대상적 의미를 변주시키는 의미론적 다양성으 로서 대상 소여 방식의 차이들은 어떻게 하나의 세계가 여러 얼굴을 가질 수 있는지를 잘 설명해준다.

　이렇게 서로 다른 얼굴로 주어지는 세계가 여전히 하나의 세계
가 될 수 있는 것은 그 서로 다른 얼굴들을 관통하는 구문론적 보편
성 덕이다. 달리 말해 세계가 여러 얼굴들을 갖지만 그 기본 골격
은 변화하지 않는다. 세계가 우리에게 주어진다는 것은 우리의 세
계 경험의 구문론적 조건이다. 즉 후설의 표현을 빌자면,

　　"세계를 경험하는 과정에서 또 그때그때 세계에 대한 구
　　체적이고 충만한 경험적 의식에서 '세계'의 존재 의미는
　　변하지 않으며 그와 함께 개별적인 경험 대상들의 불변적
　　유형들로부터 이러한 존재의미의 구조 역시 변하지 않는
　　다."[70]

이러한 구조는 베르탈란피의 체계이론에서도 동일하게 반복된
다.

12. 체계이론의 구문론과 의미론

일반체계이론을 제시하면서 베르탈란피는 체계이론이 공리적 구조를 가진다는 점을 강조한다.[71] 이는 무엇보다 앞서 살펴본 것처럼 체계 개념을 수학적으로 이해할 때 그 개념의 보편적인 적용 가능성이 가장 분명해지기 때문이다. 베르탈란피는 체계를 일상적인 의미에서 "상호관계를 맺고 있는 요소들"이라고 정의한다. 그리고 그러한 체계의 가장 단순한 사례 중 하나로서 연립미분방정식의 체계를 소개한다.[72]

예컨대, 임의의 요소들을 갖는 어떤 체계를 다음과 같이 정식화할 경우,

$$\frac{dQ_1}{dt} = f_1(Q_1, Q_2, \cdots, Q_n)$$
$$\frac{dQ_2}{dt} = f_2(Q_1, Q_2, \cdots, Q_n)$$
$$\cdots\cdots\cdots\cdots\cdots\cdots\cdots$$
$$\frac{dQ_n}{dt} = f_n(Q_1, Q_2, \cdots, Q_n)$$

여기서 임의의 요소들을 정량적으로 표시한 Q_i가 어떤 크기로 변화한다고 하더라도 그 전계열은 모든 Q의 함수가 된다. 거꾸로 말하자면, Q_i의 변화는 다른 모든 크기의 변화와 체계 전체의 변화를 수반한다. 베르탈란피에 따르면 이렇게 단순한 수학적 체계가 물리학의 동시성 운동이나 생물 군집 체계를 설명하는 방정식, 나아가 세포 작용의 동역학과 유기체 내의 경쟁 이론을 설명하기 위해 사용될 수 있다.

만약 체계 개념을 유연하게 확장할 수 있다면, 체계 개념은 대상을 탐구하는 모든 이론들에게 공통적이라고 말할 수 있을 것이다. 구문론적 관점에서 체계를 이루는 구성적 부분들은 요소, 관계 그리고 경계와 환경으로 구별해볼 수 있다. 요소(element)는 말 그대로 체계를 이루는 구성 성분들이다. 그리고 각 요소들이 특정한 상호 관계들을 가질 수 있으며, 하나의 체계는 경계를 갖고 있는 상태에서 외부 환경과 관계한다. 일반적으로 체계의 경계는 체계의 외연과 유한성을 보여주는 것이기도 하지만 동시에 외부 환경과의 상호 작용을 통해 해당 체계의 정체성을 정의하기도 한다. 예를 들어, 특정한 물질적 체계는 해당 체계 외부의 정보나 물질에 대해 선택적인 유입을 통해 해당 체계의 항상성을 유지함으로써 체계의 정체성을 보존한다. 세포가 그 예이다.

체계와 환경 사이의 상호 작용은 네 가지의 가능한 경우를 갖는다. 첫 번째는 체계가 환경에 영향을 미치지만, 그 역은 성립하지 않는 경우, 두 번째는 첫 번째 경우의 반대로 환경이 체계에 영향을 미치지만 체계는 환경에 영향을 미치지 않는 경우, 세 번째는 체계와 환경이 상호 작용하고 상호 영향을 미치는 경우 그리고 마지막으로 체계와 환경이 서로 간에 아무런 영향도 미치지 않는 경우다. 이때 체계와 환경의 경계는 관찰자가 체계의 구성적 단위를 무엇으로 이해하느냐에 따라 유동적이다. 예컨대, 고양이를 하나의 체계로 볼 경우 고양이의 몸 전체가 하나의 체계가 될 수도 있고, 고양이의 세포 하나만을 체계로 볼 수도 있다. 하나의 체계를 어떻게 정의하고, 관찰하느냐에 따라 경계는 유동하고, 그에 따라 체계와 환경 사이의 관계도 유동적이다.

구조적 관점에서 이러한 경계의 유동성은 하나의 체계와 그 체계의 하위, 혹은 상위 체계가 맺고 있는 위상적 관계에서 비롯된다. 하나의 체계는 그 보다 하위의 체계들로 나뉘어질 수 있다. 전체 집합이 부분 집합들로 재구성될 수 있는 것과 마찬가지다. 이때 부분 집합들, 즉 하위 체계들은 상호 간의 관계를 가질 수 있으며, 각각의 하위 체계들은 또한 자신보다 상위의 체계, 최종적으로는 전체 체계와 관계를 가질 수 있다. 이러한 위상적 구조에 대한 이해는 후설이 다룬 영역 존재론에서 다룬 부분전체론(mereology)의 논의와 본질적으로 동일하다. 아주 일반적으로 말해서 후설의 영역 존재론에 대한 논리적 분석과 베르탈란피를 비롯한 체계이론의 기저에 깔린 수학적 논의는 요소들의 '순서가 정의된' 정렬 집합의 위상적 구조와 유사하다고 말할 수 있다.

다만 주목해야 할 것은 체계 개념이 수학적 구조를 갖고 있다고 해서 곧바로 기계론적이고 환원주의적인 해석으로 이어지는 것은 아니라는 점이다. 오히려 사정은 반대다. 베르탈란피는 이렇게 말한다.

> "일반체계이론은 지금까지 막연하고 반형이상학적 개
> 념으로 간주되었던 '전체성'에 관한 하나의 일반 과학이
> 다. 이것이 정교한 형식을 취하게 되면, 논리 수학적 분야
> 가 될 것이다. 이것은 그 자체로서는 순수히 형식적이면서
> 도, 여러 실증과학들에 적용될 수 있는 것이다."[73]

이렇게 체계 개념을 수학적인 맥락에서 규정하면서도 베르탈란
피의 세계관 자체는 전체론적이고 유기체론적이다. 이는 그가 애
초에 생물학을 엄밀하게 정초하려고 한 목적과도 관련이 있다.
기계론적 패러다임으로는 생명 현상을 설명하기 어렵지만 반대
로 유기체적이고 전체론적 패러다임은 생명을 설명할 수 있을 뿐
만 아니라, 기계적 현상도 설명적 관점에서 포섭할 수 있기 때문
이다.

근대 과학이 기계론적인 사유로 전환되게 된 데에는 수학적 사
고의 발전과 관련이 있다. 마치 10이라는 수가 서로 다른 수들의
합으로 정의될 수 있는 것처럼, 하나의 전체는 요소들의 함수적 결
과에 다름 아니다. 따라서 전체는 요소와 그런 요소들 사이의 연산
적 관계 이상도 그 이하도 아니다. 그러나 이러한 기계론적 사고방
식이 자연 현상 전체를 설명하는 유일한 수단은 아니다. 도리어 기
계론적인 설명이 잘 적용되는 현상들이 제한적이라고 보는 편이
더 그럴 듯하다.

20세기 초반 양자 역학의 경우를 생각해보자. 양자 역학의 확률적 세계관은 근대의 기계론적이고 결정론적인 세계관과 맞지 않았다. 고전 역학의 관점에 따르자면 관찰 대상의 속도를 알면 그 위치를 결정할 수 있다. 거리는 시간과 속도의 함수이기 때문이다. 그때 그 대상이 무엇인지는 아무런 상관이 없다. 대상의 질적 특성은 고려하지 않아도 된다. 근대 과학의 추종자들은 주관의 경험과 관련이 있는 대상의 질적 특성을 고려하지 않을 때 비로소 객관성에 도달할 수 있다고 믿었다. 오직 측정 가능한 것만을 과학적 탐구의 대상으로 삼은 것은 그 때문이었다. 그러나 대상의 질적 특성을 고려하지 않아도 되는 영역 혹은 그럴 수 있는 영역은 실제 자연에서 일부에 지나지 않는다.

근대 과학은 사실상 아주 제한된 영역에서 이룬 성취를 그 성공의 방정식에 기대 세계 전체로 확대하고자 한 것이다. 그러나 20세기에 들어서면서 세계를 설명하고자 하는 근대 과학의 수학적 언어가 충분하지 않다는 것이 드러난다. 양자 역학이 그 증거들 중 하나였다. 더욱이 그것은 기계론적이고 결정론적 세계관이 가장 잘 적용되는 물리학의 분야에서의 도전이었다. 물론 양자 역학이 근대의 결정론적 세계관을 거부했다고 해서 수학이라는 언어를 거부한 것은 아니다. 도리어 수학적으로 새로운 언어를 사용함으로써 세계를 더 많이 설명할 수 있는 길을 열었다고 해야 할 것이다.

열역학적 현상을 설명하는 수학적 이론들이나 통계와 확률 이론 그리고 미시 세계의 현상들을 기술하는 수학적 언어들의 발전은 베르탈란피로 하여금 수학적인 아이디어를 유지하면서도 근대의 기계론적이고 환원주의적인 세계관을 거부할 수 있게 해주었다. 기계론적이고 환원주의적인 설명이 잘 작동하는 물질의 세계는 전체 세계의 특수한 부분 세계일뿐이다. 또 다른 세계들, 후설의 표현을 따르자면, 다른 영역에서는 그 세계들을 설명하고 기술하기에 적합한 특성들이 있으며, 그것은 단순히 물질 세계의 언어들로 환원되지 않는다. 이것이 체계이론의 의미론적 다양성을 가능하게 한다.

어떤 대상을 국부적인 체계(하위 부분 세계)의 관점에서 다룰 때와 그 대상을 포함하는 메타 체계의 관점에서 다룰 때 대상의 의미는 달라진다. 인간에 대한 연구를 세포의 차원에서 접근할 때와 사회적 존재로서 접근할 때, '인간'의 의미는 달라진다. 두 연구 모두 인간을 이해하는데 중요한 연구이지만 세포의 수준에서 이해하는 인간과 사회적 존재로서의 인간은 다른 탐구 대상이라고 보아야 한다. 다만 이러한 의미론적 다양성에도 물론 동일한 구문론적 구조, 즉, 세포든 사회의 구성 부분으로서의 인간이든 모두 체계의 관점에서 고찰될 수 있다는 점에서는 같다.

후설과 베르탈란피가 먼저 주목했던 것은 개별 학적 이론들 간의 공통점이었다. 수학적으로 표현하자면 구조적 동형성(isomorphism)이다. 이는 모든 학적 이론이 논리적이어야 한다는 요구를 생각해보면 당연한 일이기도 하다. 그러나 여기서 주목해야 할 것은 흔히 그래왔듯이 그 구조적 동형성을 일종의 환원주의를 지지하는 증거로 이해해서는 안 된다는 것이다.

많은 경우 이론의 구조적 동형성은 대상 세계의 구조적 동형성으로 전이된다. 그리고 이는 존재론적 관점에서 가장 기초적인 것으로 환원시키고자 하는 이론적 욕망을 증폭시킨다. 하나의 원리로 더 많은 것을 설명하는 이론이 훨씬 더 우아해 보이기 때문이다. 그러나 그런 환원적 태도는 자칫 프로크루스테스의 침대 노릇을 할 수도 있다. 후설이 생활세계에 관한 논의에서 힘주어 말한 것은 근대 과학의 방법론을 지지했던 철학의 잘못은 객관성이라는 이념에 충실하고자 탐구 대상의 의미론적 기반 자체를 제거해 버렸다는 점이다. 환원주의가 바로 그렇다.

*

학문 간 융합 혹은 서로 다른 대상 영역을 탐구하는 이론들 간의 협업은 일방적인 환원주의적 관점이 아니라 서로 간의 차이가 보존되지만 하나의 플랫폼 안에서 결합하는 과정에서 일어난다. 후설과 베르탈란피의 이념적 논의는 차이와 보편성이 어떻게 하나의 관점에서 고려될 수 있는지를 보여준 것이었다. 그것은 하나의 세계가 독립적이면서도 다양한 부분 세계로 나누어지는 것, 또 동일한 대상이 서로 다른 대상적 의미를 갖게 되는 의미론적 현상들과 관련을 맺는다. 이때, 지향성이나 체계 개념과 같은 구문론적 특성들은 그 다양성 일반을 관통하는 보편적 구조들이다. 이러한 보편적 구조를 기반으로 각 학문 영역들의 고유성이 차이로 등장하고, 그 차이는 대상의 의미를 다르게 주어질 수 있게 한다.

이러한 대상적 의미의 차이가 곧 학문 간 융합이나 협력을 가능하게 하는 근거가 된다. 만약 우리가 한 종류의 학문, 내지는 하나의 세계 경험 양식만을 갖는다면, 세계는 오직 하나의 방식으로만 주어질 것이며, 그에 따라서 우리가 '융합'이나 '협업'을 이야기할 필요도 없을 것이기 때문이다. 우리가 융합이나 협업을 이야기하는 것은 한 학문의 정형화된 시선에서는 보이지 않는 대상적 의미를 다른 학문에서 길어낼 수 있기 때문이다. 차이야말로 협업의 조건이다. 그런 의미에서 환원주의는 실질적인 의미에서 융합이나 협업의 이념과는 거리가 멀다.

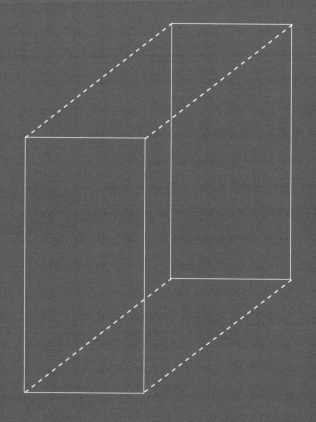

학문 간 협력의
조건들과
보편 학문이론의 가능성

1. 환원주의의 문제

후설과 베르탈란피가 과학적 이론에 대해 갖고 있는 공통점 중에 하나는 환원주의에 대한 의심이다. 앞서 후설의 영역 존재론에서 살펴 본 것처럼, 대상 영역 혹은 범주적 구별은 학문 영역의 구별에 대응한다. 그것은 대상의 본질적 특성이 다를 경우 학문 역시 그러한 차이에 대응해야 한다는 것을 함축한다. 비록 구문론적 관점에서 모든 종류의 대상 인식에서 지향성 구조를 발견할 수 있다고 하더라도 그것은 (비록 그 의미는 결코 작지 않지만) 구문론적 동형성일 뿐이다. 이는 베르탈란피의 체계 개념에서도 마찬가지다. 모든 과학적 이론들에서 체계 개념이 강력한 설명적 틀로 기능한다고 하더라도, 그것이 환원주의를 지지할 증거는 아니다. 후설의 현상학이나 베르탈란피의 체계이론은 도리어 반환원주의적 성격을 갖고 있다.

환원주의적 사고는 윌슨이 '이오니아의 마법'이라고 묘사했던 것처럼 고대 그리스로부터 시작된 학문적 탐구의 오래된 꿈이 반

에드워드 윌슨

제2부 학문 간 협력의 조건들과 보편 학문이론의 가능성

영된 지적 요구였다. 세계가 하나라면 그것을 설명하는 원리도 하나일 것이라는 생각은 일견 당연해 보이는 형이상학적 가정이었다. 이 단순한 추론의 강력함은 과학이 발전하면서 더 큰 동력을 얻었다. 1933년 노벨 물리학상을 수상한 슈뢰딩거(E. Schrödinger)는 노벨상은 수상한지 10여 년이 지나 이렇게 말한다.

"지난 백여 년 동안 깊이와 폭의 양 측면에서 다양하고 다채로운 지식 분야가 발달하면서 우리는 색다른 딜레마에 마주치게 되었다. 우리는 지금에 와서야 세계를 전체로서 온전하고 제대로 이해하는 데 필요한 믿을 만한 재료들을 얻기 시작하였지만 다른 한편으로는 누구든 자신의 매우 좁은 전문 분야를 넘어서서 세계 전체를 완전히 이해한다는 것은 거의 불가능해졌다. (…) 그 때문에 이러한 작업을 하는 사람이 웃음거리가 되더라도 여러 가지 사실과 이론들을 종합하는 작업을 시작하는 것 말고는 이 딜레마를 벗어날 길이 없다고 생각한다."[1]

물질 현상을 설명하는 보편적 원리가 생명 현상은 설명할 수 없다는 당혹감을 슈뢰딩거는 하나의 도전 과제로 이해했다. 슈뢰딩거는 "현재의 물리학이나 화학이 그러한 생물학적 사건들을 분명히 설명할 수 없다고 해서 앞으로 이들 과학이 그 문제들을 해명할 것이라는 사실을 결코 의심할 수 없다"[2]고 힘주어 말한다.

통섭을 주장한 윌슨 역시 비슷한 맥락에서 환원주의야말로 과학이 선택해야 하는 유일한 수단이라고 말한다. 윌슨은 그래서 그의 책 『통섭』에서 "이 세 영역 모두-즉, 인간 본성, 미시에서 거시로의 이행, 유전자·문화의 공진화-는 사회과학에서 심리학으로, 심리학에서 뇌과학으로 그리고 뇌과학에서 유전학으로의 가로지르기가 필요하다"[3]고 말한다.

얼핏 윌슨의 주장은 그의 특별한 개념인 '가로지르기' 때문에 환원주의가 아닌 것처럼 보일 수 있다. 그러나 윌슨의 환원주의적 입장은 그가 인과적 설명과 환원주의야말로 세계를 탐구하는 최선의 전략이라고 누누이 강조하는 데서 분명하다. 실제로 환원주의는 다양한 얼굴을 하고 있다. 호이닝겐-호이네(P. Hoyningen-Heune)에 따르면 환원주의는 네 가지 유형으로 분류될 수 있다.[4]

① 존재론적 환원: 더 높은 영역(B)과 더 낮은 영역(A)은 존재론적으로 동일하다. B의 대상들은 원리적으로 더 기초적인 A의 대상들로 이루어져 있거나, A의 대상들의 상호작용에 의해 이루어져 있다.

② 인식론적 환원: B 영역에서 필수불가결한 개념들은 A의 개념들과 '외연적으로 동치'인 관계로 재정의되거나, B를 지배하는 법칙은 A의 법칙들에서 유도된다.

③ 설명적 환원: B 영역에서 일어나는 모든 사건이나 과정을 설명해주는 메커니즘이 A 영역에 속한다.

④ 방법론적 환원: 위의 세 범주에 속하지 않는 환원주의적 문제, 예컨대 방법론적으로 환원주의를 발견법

으로 사용하는 경우

생물학을 물리학적 관점에서 통일하고자 한 슈뢰딩거나 예술은
물론이고 종교의 문제까지도 생물학적 관점에서 설명하고자 한
윌슨은 전형적인 환원주의자라고 말할 수 있다. 환원주의에 관해
윌슨은 "다른 방도로는 도저히 뚫고 들어갈 수 없는 복잡한 체계
를 비집고 들어가기 위해 채용된 탐구 전략"[5]이라고 말한다. 물론
윌슨은 "살아 있는 세포 수준과 그 위 수준들에서는 새로운 법칙
과 원리로 설명해야 하는 현상들이 존재한다"[6]고 말한다. 그런 점
에서 슈뢰딩거와 같이 소박하고 강력한 환원주의를 주장하지는
않는다. 그럼에도 그에 따르면, 환원주의야말로 적어도 지금까지
는 가장 강력한 과학적 탐구 방법이고 그런 한에서 환원주의를 포
기할 수 없다. 그리고 그의 가로지르는 '통섭'이라는 개념이 함축
하듯 학문의 전계열에서 중간 쯤 위치해 있는 생물학이 모든 학문
들이 만나 협력할 수 있는 공간이라고 말한다. 그가 생물학적 제국
주의자라는 비난을 받는 것은 그 때문이다.

윌슨이나 슈뢰딩거가 환원주의를 주장하는 이면에는 과학적
탐구의 본성에 대한 어떤 믿음이 작동하고 있다. 과학이 신비주
적인 설명으로부터 벗어나기 위한 유일한 방법은 환원주의라는
것이다. 그러나 아가찌(E. Agazzi) 같은 사람은 그들의 그런 태도,
즉 환원주의야말로 참된 과학의 정신을 부정하는 것이라고 비판
한다.[7] 대상의 범주가 다르거나 복잡성의 정도가 다르면 당연히
그에 대한 탐구 전략이나 사태를 기술하는 언어도 달리 짜여야 한

다. 아가찌는 환원주의가 아니라 열린 존재론이 필요하다고 말하며 학문 영역들이 고유한 가치를 가지면서 상호 간의 학제적 협력을 통해 "영역 간의 차이를 존중하면서 차이를 이해하는 것이야말로 존재하는 것의 놀라운 다양성과 풍요로움을 향유하게 해줄 것"이라고 말한다.

아가찌는 환원주의를 상징하는 오컴(W. Ockham)의 면도날이 자칫 수염만이 아니라 그 이상을 벨 것을 경계한다. 오컴의 면도날은 과학적 지성으로 설명되지 않는 것들, 즉 과도하게 부풀려진 것들을 제거하기 위한 것이지, 세계의 다양한 얼굴들 자체를 베어버리기 위한 것이 아니다. 그것은 도리어 세계의 온전한 모습을 해칠 것이다.

후설이 영역 존재론에 관한 논의에서 기초지음의 관계를 분석한 것도 같은 맥락에서 이해할 수 있다. 비록 생명이 물리적 토대 위에 기초지어져 있지만 환원주의자인 윌슨 스스로도 인정했듯이 생명 현상에는 생명 현상만의 고유한 법칙들이 존재한다. 그 고유한 법칙을 인정한다면, 생명 현상을 탐구하고 설명하는 방법론 역시 그 고유성을 인정 받아야마땅하다. 단순성과 우아함을 이유로 세계를 이해하는 더 좋은 방법론을 거부하는 것이야말로 과학의 정신에 위배된다고 말할 수 있을 것이다.

베르탈란피 역시 마찬가지다. 그가 생물학을 좀 더 엄밀한 과학으로 변모시키고자 했을 때 그는 전통적인 분석적 방법이 아니라 전체론적 방법이 새로운 패러다임이 되어야 한다고 주장한다. 그 이유는 무척 직관적이다. 생명은 생명 없는 기계가 아니기 때문이다. 새로운 패러다임이 어떤 대상 세계를 설명하는 더 그럴 듯한 모델을 제공한다면 그것을 거부할 이유가 없다. 생명에 관해서 왜 전체론적 모델 혹은 좀 더 강한 표현으로 유기체론적 모델이 필요한가? 그것은 근대 과학 그리고 슈뢰딩거나 윌슨의 생각을 여전히 지배하고 있는 기계론적 환원주의가 세계를 설명하는 좋은 모델이라고 보기 어렵기 때문이다. 기계론적 환원주의에 의지한 '라플라시즘', 즉 결정론적 사고 방식은 2체 문제와 같이 단순한 대상들에 대해서는 확실히 유효하다. 근대 과학은 바로 이런 점들을 실마리 삼아 이 세계에 관한 환원주의적이고 결정론적인 모델을 세울 수 있었다. 그러나 베르탈란피에 따르면 근대 과학의 한계는 바로 그 지점에서 드러난다.

그는 그 사정을 이렇게 설명한다. "예를 들어 한 개의 양자와 한 개의 전자를 포함하는 두 개의 입체 사이의 문제는 풀 수 있지만, 다수 입체의 문제에서는 어려움이 발생한다. 특히 생물학, 행동과학, 사회과학에 있어서의 많은 문제들은 새로운 개념적인 도구를 필요로 하는 근본적으로 다변수적인 문제들이다."[8] 그래서 그는 기계론적 환원주의의 선형적 인과 개념으로부터 열역학적 통계를 기반으로 하는 설명 모델로 이행할 것을 요구한다. 이 경우 2체 문제 혹은 기계론적 환원주의적 설명은 보다 포괄적인 설명 모델의 특수한 사례들 중 하나가 될 것이다.

복잡적응계(complex adaptive system)의 이론을 발전시킨 존 홀런드(J. Holland) 역시 고도로 복잡하게 움직이는 도시 생활의 체계로부터 미시적으로는 생명체의 면역 체계에 이르기까지 일련의 대상들을 탐구할 때, 전통적인 기계론적 패러다임은 한계에 부딪쳤다는 것을 강조한다.

"생태계는 도도히 흘러가며 공생, 기생, 생물학적 군비 경쟁, 의태와 같은 놀라운 상호작용의 모습들을 보여준다. 물질, 에너지, 정보가 복잡하게 서로 얽혀 돌아간다. 생태계에서도 전체는 부분의 합 이상이다. (…) 이렇게 복잡하게 변하는 상호작용을 제대로 이해하지 못한 채 생태계에서 채취하는 자원에 대해 균형을 맞추려고 드는 것은 잘해야 섣부른 행동이고 자칫하면 재앙을 불러 올 수도 있다."[9]

근대의 자연과학이 자연을 미분하고 기계론적이고 환원주의적 방식으로 탐구하고자 했을 때, 그 효과는 분명했다. 근대 자연과학의 발전이 그 효과를 증명한다. 그러나 그것이 전가의 보도일 수는 없다. 세계를 탐구하는 방법론 중 기계론적 환원주의가 옳은지 혹은 베르탈란피나 홀런드가 가정한 새로운 패러다임이 옳은지를 결정하는 것 자체가 이 책의 초점은 아니다. 그러나 최소한 기계론적 환원주의만이 유일하다고 주장해서는 안 된다는 것은 분명하다.

물론 대상의 영역이 달라짐으로써 모든 것이 다 달라져야 하는 것도 아니다. 홀런드가 복잡한 세계들을 기술하는 수학적 언어에 주목했듯이, 또 베르탈란피가 다양한 학문 영역들을 관통하는 체계 개념에 주목했고, 후설이 지향성에 주목했듯이, 인간의 학문적 활동을 관통하는 보편적인 형식이 있으리라 믿는 것은 합리적이다. 그럼에도 그런 보편적 형식은 의미론적 다양성이 보장된 세계를 통해 보완되어야만 한다.

대상 세계의 의미론적 다양성을 고려할 때, 반 프라센(van Frassen)의 화용론적(pragmatic) 설명 모델은 시사적이다.[10] 그는 과학적 탐구가 주어진 문제 현상에 대한 만족스러운 설명을 추구한다면, 오직 인과적 설명만을 고집할 이유가 없다고 말한다. 본질적인 측면에서 설명은 화용론적이기 때문이다. 환원주의를 주장하는 대부분의 입장에서 인과적 설명을 중요하게 생각하는 이유는 우리가 현실에서 만나는 복잡한 대상들이 그보다 더 낮은 수준의 대상들의 인과적 작용의 결과라고 보기 때문이다. 윌슨 역시 진정한 설명은 오직 인과적 설명이며, 그가 제안한 통섭은 "봉합선이 없는 인과관계의 망"이라고 말한다.[11] 인과적 설명만을 과학적 설명으로 제한하는 것은 반 프라센이 보기에 지나치게 편협한 태도일 뿐이다.

반 프라센은 하만(G. Harmann)의 견해에 동조하며 한 이론이 어떤 현상을 설명한다는 것은 분명 우리가 그 이론을 받아들이게 하는 좋은 증거지만 그렇다고 해서 그 이론을 반드시 받아들여야 하는 것은 아니라고 강조한다. 과거 플로지스톤의 사례가 그렇듯이 잘못된 이론으로도 문제가 되는 현상에 대한 설명은 얼마든지 가능할 수 있다. 또 빛에 관한 입자설과 파동설처럼 서로 양립하기 어려운 설명 모델일지라도 좋은 설명적 이론일 수 있다. 반 프라센에 따르면 일상의 설명은 물론이고 과학적 설명도 결국은 문맥 의

존적이다. 이러한 설명의 화용론적 성격은 우리의 학문 현실을 잘 대변한다. 동일한 세계에 대해 다양한 학문이 존재한다는 사실 자체는 세계를 이해하는 프레임으로서 설명적 이론의 화용론적 성격을 단적으로 보여주는 것이며, 그것은 또한 대상 세계를 경험하는 인식 주관의 지향성을 전제하지 않고서는 이해할 수 없는 현상이기도 하다.

이러한 점에서 앞서 말한 아가찌의 '열린 존재론(open ontology)'이라는 개념은 형식의 보편성과 내용의 다양성을 결합할 수 있는 가능한 하나의 길을 제안한다. 그것은 오늘날의 학문 현실에서는 더더욱 그럴 듯하게 들린다. 새로운 기술의 결합으로 새로운 대상들과 새로운 대상 영역들이 등장함으로써 이전의 학문적 프레임으로는 설명할 수 없는 대상들이 등장하고 있기 때문이다. 다시 말해 오늘날 과학 기술의 발전은 우리의 전통적 존재론이 훨씬 더 유연해질 것을 요구한다.

2. 과학의 전문성과 융합 연구의 필요성

2013년 11월 『허핑턴포스트』에 실린 한 기고문의 제목은 「'융합'은 과학의 새로운 혁명이 될 수 있는가(Is 'Convergence' the Next Revolution in Science)」였다. 젠틸(M. Gentil)은 이 기고문을 과학사가인 토마스 쿤(Th. Kuhn)의 '혁명' 개념을 설명하는 것으로 시작한다. 그리고 최소한 생의학(biomedical) 분야에서만큼은 융합이 분자생물학과 유전학에 이어 세 번째 혁명을 이끌 것으로 보인다고 전망한다.

그러나 바로 그런 의미에서 융합이 새로운 혁명이 될 수 있는가라는 젠틸의 물음은 다소 도발적으로 보인다. 왜냐하면 쿤의 '혁명' 개념은 마치 천동설이 지동설로 바뀌는 과정처럼 과학이 해결해야 할 문제들을 완전히 다른 시선에서 보게 만드는 급격한 변화를 뜻하기 때문이다. 다시 말해 젠틸은 과학 연구에 있어 융합의 폭발적 잠재력을 강조하기 위해 의도적으로 쿤을 인용한 것이다. 그가 자신의 기고문에서 인용한 노벨상 수상자인 필립 샤프(Ph.

Sharp)가 미국과학진흥협회(AAAS)에서 한 말은 좀 더 분명하고 구체적이다.

"융합(convergence)은 모든 과학적 탐구가 어떻게 수행될 수 있는가에 대한 폭넓은 반성이다. 그래서 미시생물학으로부터 컴퓨터 과학과 엔지니어링 디자인에 이르는 일련의 지식 토대들을 이용할 수 있게 되었다. 그것은 연구 그룹들 간의 협력을 포함할 뿐만 아니라, 좀 더 깊게 들어가서 원래는 분리되고 구별되어 보이는 분과적 접근을 통합하고 있다. 기술들, 과정들 그리고 도구들을 이렇게 하나의 전체로 통합하는 과정은 과학과 기술의 발전에 있어 새로운 경로와 기회들을 만들어낼 것이다."[12]

젠틸 역시 융합은 생의학 분야만이 아니라 다른 여러 영역에서도 새로운 변화를 이끌고 있다는 사실을 첨언하면서, "융합은 복잡한 과학적 문제를 풀어가는 새로운 시대를 대변한다"는 말로 기고문을 맺는다.

확실히 융합 혹은(융합 개념이 품고 있는 이론적 논란을 피하고자 한다면) 융복합이 학문과 연구에서 새로운 패러다임의 유력한 후보라는 사실은 논란의 여지가 없어 보인다. 실제로 우리 주변에서 일어나고 있는 기술 발전과 그로 인해 변화하고 있는 사회적 환경은 그러한 시대적 트렌드가 공허한 이야기가 아님을 보여주고 있다. 예컨대, 미디어 플랫폼의 변화나 다양한 기술적 혁신들 그리고 새롭게 등장하고 있는 뇌과학(brainscience)이나 신경윤리학(neuroethics) 등과 같은 학문 분야들은 패러다임 변동기의 역동성을 그대로 보여주고 있다.

물론 '융복합'이 과연 '새로운' 것인가? 내지는 '융합이 바람직한 것인가?'에 대한 원론적인 논의들은 여전히 유효하다. 학문의 지나친 전문화가 가져온 여러 부정적 요인들, 예를 들면 자신의 전공 지식에만 매몰된 채 사회적 가치의 문제에 대해서는 무기력한 '전문가바보'라는 표현이 가리키고 있는 사회적 현상은 이미 지난 세기의 중반부터 많은 사람들이 공감하던 문제였다. 그리고 적은 수에 불과하다고는 해도 다양한 형태의 전공 간 협력 연구들 역시 이미 오래 전부터 수행되어 왔다.

방사성동위 원소에 대한 분석 방법이 고고학이나 지질학 분야에 획기적인 발전을 가져온 일이나, 화학과 생물학의 결합이 가져온 혁신 등은 학문 간 협력의 오래된 사례이다. 그럼에도 최근의 융복합에 관련된 논의는 그런 성공의 역사를 지나간 과거로 만든다. 다시 말해 학문 간의 폐쇄적인 장벽의 문제가 오랫동안 지적되어 왔음에도 사정은 나아지지 않았다는 것이다. 그래서 좀 더 극적인 방법으로, 아예 전공의 벽을 허물자는 융합이 하나의 프로파간다(propaganda)가 된 것이다.

윌슨의 '통섭(consilence)'이 세간의 관심을 받고 '융합'이 환영을 받았던 이유는 그것이 학문 간의 폐쇄적인 장벽을 허물자는 '건전한' 운동의 캐치프레이즈로 여겨졌기 때문이다. 그러나 막상 그토록 강고한 장벽들을 어떻게 허물어야 하는가 하는 방법론적 문제에 있어서는 여전히 논란이 진행 중이다. 통섭을 주장한 윌슨은 생물학적 환원주의자로 비판받고 있으며, 또 융합의 경우에도 그 개념의 본래 뜻이 '수렴'을 의미하므로 환원주의의 유령으로부터 자유롭지 않다. 많은 사람들이 환원주의에 대해 거부감을 드러내는 이유는 그것이 학문 생태계를 위협하는 것으로 여겨지기 때문이다. 결국 통섭이나 융합에 저항하는 반론들의 초점은 학문 간 장벽을 허물자는 대의를 향한 것이 아니라 그 방법론에 대한 것이다.

사실 오늘날 다양한 학문 간 융합을 말할 수 있게 된 근거 중 하나는 디지털 기술의 발전 덕이다. 디지털 기술의 발전은 막대한 양의 데이터와 정보들을 언제든 활용 가능한 상태로 만들어 놓았다. 이는 단순히 정보 접근의 용이성만을 말하는 것은 아니다. 지식과 정보가 디지털 플랫폼에 올라타기 위해서는 새로운 기술적 표준들을 만족시켜야 한다. 극단적으로 비유하자면, 서로 다른 탐구 영역의 서로 달라보이는 언어들이 모두 0과 1이라는 이진수로 번역되어야만 한다. 그 결과 서로 다른 탐구 영역의 학자들이 지식과 정보를 교환하는 데 드는 비용과 시간은 과거와 비교할 바 없이 줄어들었다. 마치 고대의 바벨탑 신화를 새로 구축하고 있는 것처럼 보인다. 여기서 체계적인 협력은 물론이고 우발적인 협력의 가능성도 높아졌다.

디지털 기술이 가져온 변화에 대해 우호적인 사람들은 디지털 기술의 시대를 '새로운 르네상스'라고 부르곤 한다. 그러한 평가는 패러다임의 근본적인 변동을 의미한다. 마치 구텐베르크의 활판 인쇄술이 유럽의 근대를 시작하게 한 원동력이 된 것과 마찬가

대 브뤼헐(Pieter Bruegel the Elder),
「바벨탑(The Tower of Babel)」(1568, 부분)

지다. 활판 인쇄가 시작된 이래 지식은 더 이상 특정 계층의 전유물을 일 수 없었고, 지식의 광범위한 확산은 사회와 학문의 체계 모두에 근본적인 변화를 가져왔다.[13]

'새로운 르네상스'라는 비유가 상징하듯, 그리고 젠틸이 인용한 패러다임 변화라는 개념이 함축하듯, 오늘날의 학문 현실은 커다란 변화에 직면해 있다. 이 변화는 이중적인 방향에서 고찰할 수 있다. 하나는 기존의 전문화의 방법만으로는 지식 생산성이 한계에 이르렀다는 것이다. 아담 스미스(A. Smith)가 일찌감치 예언했던 것처럼 지식 탐구에서도 분업화(전문화)는 높은 생산성을 보여주었다. 그 결과 동일 분야의 전공자임에도 세부 전공의 차이가 대화의 장벽으로 작용할 정도로 전문화는 심화되었다.

하지만 이러한 전문화가 마침내 한계 생산성에 이른다. 이는 학문적 연구 문화 전반의 변화가 초래한 결과이기도 했다. 무엇보다 전문화가 초래한 경쟁 시스템은 성과 평가에 있어 연구 결과의 질보다는 연구의 양에 초점을 맞추었다. 결과적으로 새롭고 창의적인 시도는 고갈되기 시작했고 중요하지만 해결되지 않는 근본 문제들은 방치된 채, 미시적이고 사소한 연구들이 늘어나기 시작했다.

그러나 다른 한편으로 순수 학문 연구 분야의 생산성 한계와는 달리 기술적이고 공학적인 분야에서 전문화는 이제까지 보지 못한 '새로운' 연구 대상들을 세상에 내 놓았다. 예컨대, 디지털 기술의 발전은 사회적 연결 방식에 대한 새로운 플랫폼들을 제공하였다. 그렇게 새로운 경로를 통해 새로운 현상과 트렌드들이 등장했다. 기존의 이론들만으로는 새로운 현상을 다룰 수 없었다. 여기서도 새로운 시선과 새로운 접근법이 필요했다. 이러한 안팎의 변화 압력이 융합, 좀 더 일반적인 의미로는 학문 간 협력을 시대적 화두로 밀어 올렸다.

학문 간 협력의 장점은 문제가 되는 대상이나 현상을 새로운 맥락 속에 집어넣음으로써 문제를 새로운 시선에서 볼 수 있게 해준다는 것이다. 더 나아가 새로운 기술과 탐구 방법의 등장은 전통 학문의 경계마저 변화시키고 있다. 예를 들어 인간에 대한 이해도 변화하고 있다. 근대 학문이 18-19세기 동안 끊임없이 분화하면서 새로운 정체성을 확립했다면, 오늘날에는 '의공학(medical engineering)'이나 '신경윤리학(neuroethics)', '생명지구물리학(Biogeophysics)'과 같은 새로운 융합적 학문들이 등장하고 있다. 어쩌면 이는 기존의 전문화 방식으로는 포착할 수 없었거나, 탐구의 대상 목록에 오르지 못했던 현상들이 새로운 시선에 의해 학적 문제의 반열에 오르게 된 것일 수도 있다. 마치 기존의 패러다임에서는 중요했던 문제가 패러다임이 바뀌면서 사소한 문제로 변하고, 새 패러다임에서 더 중요한 문제가 새롭게 등장하는 것과 마찬가지다. 물론 무엇이 이러한 융합 현상의 진짜 원인인지는 아직 모호하다. 우리 시대는 아직 그 변혁의 과정을 통과하는 중이기 때문이다.

최소한 그러한 개념적 모호함을 잠시 접어두면, 대학이나 산업 현장에서 회자되고 있는 융합은 부인할 수 없는 하나의 현실이다. 융합은 필요하며 또 추구될 가치가 있다. 적어도 지나치게 분과화된 학문 간 장벽의 문제가 심각하다고 여겨지는 한, 융합은 최소한 우리가 부딪친 문제가 실제로 무엇인지를 제대로 반성해볼 수 있는 시도이기 때문이다. 어쩌면 꽤나 비싼 대가를 치러야 할 수 있는 시도의 이유는 샤프의 말 속에 있다. "과학의 새로운 경로와 기회들을 만들어낼 것"으로 기대되기 때문이다. 따라서 남은 문제는 방법론에 관한 것이다. 어떻게 하면 성공적인 융합을 이끌어낼 것인가?

젠틸은 이러한 융합을 가로막는 장벽으로 우선 두 가지를 꼽는다. 하나는 연구와 교육에서 있어서 전통을 고집하려는 경직된 대학의 조직 구조와 다른 하나는 새로운 연구 시도를 지원할 자금의 문제다. 샤프의 말이 순수하게 학문적 열정으로 채워진 말처럼 들리는 반면, 젠틸이 제기한 대학 구조의 문제와 연구 자금의 문제는 매우 정치적인 뉘앙스를 풍긴다. 융합은 그런 점에서 이중적이다.

최근 우리 대학들을 휩쓸고 있는 융합은 글로벌 경쟁체제에서 달리고 있는 기업과 시장으로부터 제기된 요구를 대학이 어떻게 받아내고 있는지를 보여주는 단적인 상징이다. 게다가 저출생 문제가 초래한 학령인구 감소는 대학을 구조조정하게 만들고, 그에 따라 고등교육에서 융복합의 문제는 더욱 정치적인 색채를 드러내고 있다. 얼핏 대학과 학문이 시장의 요구와 교육 당국의 직간접적 압력에 따라 움직인다는 것은 결코 바람직해 보이지 않는다.

학문의 발전과 변화는 현장의 연구자들에게서 일어난 자연스러운 과정이어야지, 톱다운 방식으로 밀어붙인다고 해서 성과를 낼 수 있는 것이 아니기 때문이다. 기업은 시장의 트렌드 변화에 빠르게 대응할 수 있으며, 또 그래야만 할 것이다. 그러나 학문은 그렇지 않다. 패션에서 복고풍이 유행한다고 해서, 학문에서도 복고풍이 유행이라는 말은 들어본 적이 없다. 무엇보다 시장의 요구에는 진리가 없다. 그러나 학문은 진리를 탐구한다. 기업은 그때그때 시장의 요구에 순응해서 돛의 방향을 바꿀 수 있지만 진리를 탐구하는 학문은 그럴 수 없다. 그럼에도 오늘날의 과학연구에 막대한 연구자금이 소요되는 학문 현실을 고려할 때 대학이 시장에 종속되어 가고 있다는 것 역시 부인할 수 없는 현실이다. 게다가 대학의 사회적 역할을 생각할 때 시장의 요구에 대해 무턱대고 귀를 닫는 일이 그리 바람직해 보이지도 않는다.

결국 오늘날 대학에서 회자되는 융합 요구에는 학문 내적 요구와 시장의 압력이 교묘하게 얽혀 있다. 다시 말해 학문적 탐구에 있어 경직된 전문화와 소통 부재라는 장벽을 허물고자 하는 내적 요구와 급격하게 재편되고 있는 대외적 (인력시장) 환경에 빠르게 적응해야 한다는 외적 압력이 '융합'이라는 키워드를 향해 수렴 (convergence)하고 있는 것이다. 그러나 대학이 시장의 요구에 발 빠르게 대응하는 것만을 목표로 하는 한, 그래서 시장에서 융합이 철지난 유행처럼 여겨지는 때가 오게 된다면 대학은 아마도 지금보다 더 큰 위기를 맞이해야만 할 것이다. 교육에서 '융합'의 문제를 다루기 어려운 까닭은 이렇게 서로 다른 방향에서 움직이고 있는 실타래들이 꼬여 있기 때문이다.

이렇게 꼬인 실타래를 풀기 위한 한 방법은 학문의 발전이 어떤 과정을 통해 일어나는지를 거시적인 관점에서 보는 것이다. 새로운 방법론으로서의 융합은 전통 학문의 위기를 뜻한다. 실제로 대학에서 이른바 전통적인 학문들은 고사 직전에 있다. 인력 시장의 요구에 부응하지 못하기도 하고, 새롭게 연구할 주제들도 별로 없어 보이기 때문이다. 사람들의 호기심을 자극하는 연구들은 새로운 분야에서 나올 뿐이다. 그래서 전통 학문의 위기는 신생 학문에게 기회를 의미한다. 이러한 변화를 거시적인 관점에서 고려할 때, 비로소 문제 해결의 실마리를 잡을 수 있을 것이다.

3. 학문 발전의 동역학적 구조: 체계이론의 관점에서 본 학문 체계의 변화

융합이든, 학문 간 협력이든 학문 연구의 새로운 패러다임은 학문 체계의 근본적인 변화를 의미한다. 이러한 변화를 진보라고 평가할 수도 있고, 또 많은 인문학자들을 비롯한 순수 이론 연구자들이 말하듯 붕괴 직전의 위기라고도 말할 수 있다.[14] 변화는 늘 이중적이다. 그 변화로 인해 파괴되는 쪽에서는 위기이고, 그 변화로 인해 새롭게 자리를 잡는 쪽에서는 기회다. 분명한 사실은 변화하고 있다는 것뿐이다. 변화는 언제든 그 비용을 지불한다. 위기와 기회라는 이름은 그 비용의 다른 이름이다. 따라서 학문의 발전을 말하고자 하는 사람이라면, 이렇게 비용이 투입되는 변화가 더 좋은 무엇인가를 지향하도록 방향을 잡는 일이 될 것이다.

우선 위기와 기회의 이중성을 좀 더 일반적인 관점에서 살펴 볼 필요가 있다. 무엇보다 학문의 변화는 사회적 변화와 무관하지 않기 때문이다. 체계 개념은 그러한 변화에 대한 좀 더 직관적인 그림을 제공한다. 베르탈란피가 말한 것처럼 체계는 구체적이고 물리적인 체계만이 아니라 사회적 현상들에도 적용할 수 있으며, 학문적 이론들 역시 하나의 체계인 한, 아주 일반적인 의미에서 이러한 위기 상황을 체계 일반의 동역학적 거동의 관점에서 살펴보는 것은 의미가 있다.

일반적으로 체계의 거동 방식을 분류할 때 사용할 수 있는 지표는 그 거동 방식이 선형적(linear)인지 혹은 비선형적(non-linear)인지이다. 이는 일차적으로 체계의 변화를 성공적으로 예측할 수 있느냐의 문제와도 관련이 있다. 어떤 체계의 변화가 선형적이라면 일정한 매개변수를 통해 정형화된 모습으로 그 변화를 모델링할 수 있다. 따라서 체계 거동의 예측이 용이하고, 우연이라고 부를 수밖에 없는 설명적 비약도 고려하지 않아도 된다. 때문에 이제까지 대부분의 설명 모델은 학문 체계의 변화를 선형적으로 이해하려고 해왔다. 그것이 학문의 발전을 합리적으로 설명할 수 있을 것이라고 보기 때문이다.

예컨대 지난 세기 초반 카르납(R. Carnap)을 중심으로 한 일군의 학자들은 과학적 이론의 발전이 가설에 대한 실험적 확증의 누적적 효과에 의해 일어난다는 모형을 제안하였다. 이들의 입장에 따르면 학문의 발전과정에서 좋은 이론과 나쁜 가설은 실험을 통해 걸러진다. 그 결과 잘 정당화된 참인 지식들이 쌓이고 거짓된 믿음들이 제거되는 과정이 모여 학문의 발전을 설명한다. 물론 다른 해석도 있다. 이론의 발전은 확증 실험보다는 반증에 의해서 일어난다고 보는 반증주의가 그것이다. 포퍼(K. Popper)에 따르면 과학의 발전과 지식의 성장은 가설적 이론들이 과감한 반증 테스트를 통과하는 과정에서 이루어진다.

이러한 입장들은 모두 과학이론의 발전과정에 대한 동역학적 모델링의 일환으로 볼 수 있을 것이다.[15] 핵심은 어떤 설명 모델이 과학적 이론의 발전을 합리적으로 잘 재구성하느냐 하는 문제였다. 그리고 과학의 발전을 일종의 선형적이고 연속적인 모델로 설명하려는 시도였다. 그에 반해 쿤은 과학혁명기를 분석하면서 이론의 발전은 연속적으로 일어나는 것이 아니라 불연속적이라고 보았다. 그 이유는 무엇보다 '통약불가능성(incommensurability)'이라는 개념이 의도한 것처럼 혁명기 이전과 이후 패러다임 간의 합리적인 비교가 어렵기 때문이다. 이런 점에서 쿤의 설명 모델은 선형적 모델의 합리성으로는 설명하기 어려우며 비선형적 모델에 가깝다.

체계이론의 관점에서 보자면 카르납과 포퍼가 과학적 이론 체계의 변화를 점진적 변화(gradual change)로 보려고 한데 반해 쿤은 급격한 변화(sudden change)로 본다. 이 때문에 실증주의나 반증주의 입장에서는 쿤이 과학 지식의 성장을 합리적으로 설명할 수 없는 것으로 만들어버렸다고 비판한다. 그러나 불연속적이고, 기존의 패러다임으로는 설명할 수 없는 새로운 질서가 출현한다고 해서 그것이 곧바로 비합리적이라고 판단해버리는 것은 조급한 일이다. 새로운 질서가 출현했다는 것이 곧 완전한 무질서 상태를 의미하는 것은 아니기 때문이다. 이는 생태계에서 일어나는 진화적 사건들에서 볼 수 있는 일이기도 하다.

흔히 혼돈이론(chaos theory)이나 복잡계이론과 같은 비선형 체계에 관한 이론들은 우리 주변에 무질서계가 대단히 많다는 점을 생생하게 보여준다. 그러나 그러한 이론들의 실질적인 의도는 그렇게 예측하기 어려운 현상들이 존재하지만 그럼에도 그런 현상을 설명할 개념틀과 적절한 수학적 언어가 있다는 것을 보여주는 것이라고 할 수 있다.

"설령 고전적 결정론이 맞는다 하더라도 카오스이론은 초기 조건의 매우 사소한 변화가 혼돈계의 거동을 심각하게 바꿀 수 있다는 것을 보여준다. 실질적인 의미에서 상세한 거동을 예측할 수 있도록 충분한 정밀도로 초기 조건을 아는 것은 일반적으로 불가능할 것이다. (…) 그러나 진화가 그런 비압축적인 과정이라는 것이 사실이라고 해서 그 예측할 수 없는 흐름을 관장하는 심오하고 아름다운 법칙들을 우리가 발견할 수 없는 것은 아니다."[16]

카우프만(S. Kaufmann)의 주장은 복잡계와 자기조직화(self-organization)에 대한 연구를 통해 비록 정확한 예측을 할 수는 없더라도 생명체의 진화와 같은 비선형 체계의 거동 양식을 설명할 수는 있다는 것이다. 게다가 아주 중립적인 의미에서 보면 진화(evolution)는 생물학적 개념의 의미를 넘어선다. 오히려 생물학적 진화는 다양한 체계들의 진화를 설명하는 일반적인 경우의 특수한 사례일 수 있다. 학문과 이론들의 변화 역시 (생물학적 환원주의의 부담 없이) 이러한 보다 일반적이고 중립적인 의미의 진화 개념에 유비해볼 수 있을 것이다.

이러한 설명 모델이 갖고 있는 장점은 학문의 발전을 좀 더 포괄적으로 담아낼 수 있다는 것이다. 카르납이나 포퍼가 말하는 선형적 구조에서는 비선형적인 도약, 예를 들면 신경과학과 윤리학의 융합 연구나 로봇 공학과 법학의 협력 연구와 같은 분야들의 발전은 개별 분과 영역의 내적 탐구 논리에서는 설명하기 어려운 돌발적이고 우연적인 변화들을 포함하고 있다. 말하자면 그것은 외부 충격으로 인해 유발된 변화다. 반면, 비선형적 도약을 포함하는 진화 모델은 한편으로는 그런 우연적이고 돌발적인 변화를 설명하고, 다른 한편으로는 한 분과학문 내부의 점진적 변화와 같은 선형적인 변화도 설명하기에 용이하다.

체계 진화를 설명하는 일반적인 범주들은 체계의 개방성/폐쇄성, 자기조직화/타자조직화, 양적 변화/질적 변화, 점진적 변화/급격한 변화, 대칭/비대칭, 질서/무질서, 평형/비평형, 선형/비선형, 가역성/비가역성, 우연/필연, 협동/경쟁 등이다.[17] 이러한 범주들은 일반적인 의미에서 체계의 거동을 설명할 수 있는 개념적 도구들이다. 이런 개념적 도구들을 활용해서 우리는 학문의 변화를 설명하는 그림을 발전시켜 나갈 수 있다. 예를 들어 이들 범주들 중에서 특히 쿤의 과학혁명의 경우처럼, 체계의 거동 방식을 새로운 질서의 등장과 관련하여 생각할 때 사용할 수 있는 범주는 개방성, 선형성, 평형성 개념들이다. 이들은 여덟 가지의 행렬식을 가능하게 한다.[18]

이 여덟 가지 경우에서 우리의 논의와 관련하여 의미 있는 구조는 네 가지 경우, ⓐ, ⓑ, ⓒ, ⓓ이다. 그 각각은 평형(Equilibrium) 구

ⓐ 폐쇄 평형 선형	폐쇄 비평형 선형	폐쇄 평형 비선형	ⓓ 폐쇄 비평형 비선형
개방 평형 선형	ⓑ 개방 비평형 선형	개방 평형 비선형	ⓒ 개방 비평형 비선형

조, 준평형(Quasi-equilibrium) 구조, 활성(Active), 혹은 (일리야 프리고진의 표현을 따르면) 소산(dissipative) 구조 그리고 혼돈 구조(Chaos structure)에 해당한다.

체계의 진화와 관련해서 이러한 구조들은 일종의 주기성을 보인다. 즉 아무런 변화가 없는 평형 구조로부터 변화가 시작되는 준평형 구조를 거쳐 새로운 구조들이 등장하는 활성 구조가 되고, 여기서 변화의 정도와 강도에 따라 완전한 무질서로 가든지 완전히 새로운 창발적 질서가 등장하기 전 단계로서의 혼돈 구조로 진행하든지이다. 혼돈 구조를 거쳐 체계 진화의 다음 단계로 이행할 때, 새로운 창발적 질서가 체계 내에서 자리를 잡고 사실상의 변화가 없는 안정적인 단계는 다시 평형 구조의 단계라고 볼 수 있다.

$$E_1 \Rightarrow Q_1 \Rightarrow A_1 \Rightarrow C_1 \Rightarrow E_2 \Rightarrow Q_2 \Rightarrow A_2 \Rightarrow \cdots$$

이러한 주기적 성격은 각각의 이론들, 혹은 개개 이론들의 메타 구조로서 특정 학문 분과의 변화에 대한 직관적인 설명 모델을 제공

일리야 프리고진

한다. 쿤의 과학 혁명의 구조에서 등장하는 정상 과학으로부터 위기를 거쳐 새로운 정상과학이 등장하는 과정은 위에서 제시한 체계의 진화 모형으로 포섭할 수 있다. 과학 혁명의 주기적 성격 역시 체계 진화의 주기성으로 설명할 수 있다. 일반적으로 한 체계가 혼돈의 국면에 이르게 되었을 때 취할 수 있는 거동은 새로운 단계의 질서가 창출되고 보다 높은 수준의 평형 단계로 나아가거나, 아니면 체계가 붕괴되어 버리는 것이다. 앞서 들었던 예를 활용한다면, 화학 혁명기에 연금술은 이론의 체계를 유지하지 못하고 붕괴해버렸지만 근대 화학은 새로운 질서체계를 가진 이론으로 진화했다고 말할 수 있을 것이다. 20세기 초반의 양자 역학에 대해서도 마찬가지로 설명할 수 있을 것이다. 고전 역학의 언어로는 설명할 수 없는 미시 세계의 현상들은 하나의 혼돈 상황을 만들어냈지만 결국에는 양자 역학이라는 새로운 설명 모델로 진화하였다.

이론과 그런 이론들의 전체로서 특정 학문 체계의 거동 방식과 관련한 논의와 함께 다루어져야 하는 문제는 체계의 거시적인 거동 방식을 설명하는 것만이 아니라 개개의 체계 내부에서 일어나는 미시적인 변화를 설명할 수 있느냐 하는 것이다. 물론 이 문제를 앞서 이야기 했던 것처럼 전체 체계와 그 하위 체계의 구조적 동형성에 의지해서 고찰한다면 미시적인 변화 역시 설명해낼 수 있다. 그것은 마치 프랙탈(fractal) 도형이 국부적인 영역과 전체에서 반복하는 것과 유사할 것이다. 다만 이러한 설명 방식은 직관적이기는 하지만 이론 내부에서 실제로 어떤 일이 일어나는지를 구체적으로 묘사해주지는 못한다는 단점을 갖는다. 이러한 문제를 해결하기 위해 가능한 하나의 방법은 모형화(modeling)이다. 모형화는 가설에 대한 확증과 유사한 인식론적 기능을 수행한다.

우리가 어떤 대상을 아직 구체적으로 이해하지 못하고 있을 때, 그것의 모형을 만들어 봄으로써 그 대상을 보다 잘 이해하게 되는 경우가 있다. 곤충의 움직임을 이해하기 위해 로봇을 만들어서 실제로 곤충의 움직임을 시뮬레이션해보는 일이나, 규모가 큰 건축물의 견고함을 위해 모형을 만들어서 시험해보는 것이 바로 그런 경우에 해당할 것이다. 이론들의 메타 체계로서 학문을 규모가 큰 건축물에 비유하는 것은 이런 경우에 매우 구체적이고 직관적일 것이다.

그런 점에서 홀런드의 모형은 우리의 논의에 시사적이다. 그가 진화하는 복잡계를 일반적인 수준에서 설명하기 위해 제안한, 이른바 에코(Echo) 모형이 얼마나 설득력 있는 모델인지는 아마도 지속적인 사후 연구를 통해 입증될 것이다. 우리의 논의와 관련하여 좀 더 중요한 것은 그가 그런 모형을 고안해내기 위해 전제한 복잡적응계의 일반적인 속성과 진화의 메커니즘이다.

홀런드는 복잡적응계를 이해하고 기술할 수 있는 네 가지 속성과 세 가지 메커니즘을 제시한다.[19] 네 가지 속성은 집단화, 비선형성, 흐름, 다양성이며 세 가지 메커니즘은 꼬리표 달기(tagging), 내부 모형 그리고 구성단위이다. 만약 우리가 체계이론의 관점에서 이론과 이론들의 메타 체계로서 학문 체계의 변화를 설명하고자 한다면, 홀런드가 제시한 속성과 메커니즘으로도 설명이 가능해야 할 것이다. 그리고 실제로도 가능해 보인다. 예컨대 이론의 생성과 변화에 대해 우리는 다음과 같이 모형화해볼 수 있을 것이다.

설명 모형: 이 세계에 대한 일련의 경험적 지식들은 그 지식이 부딪치고 있는 문제와의 관련성에 따라 '꼬리표'를 갖게 되고, 이러한 꼬리표를 통해 분류되고 집적됨으로써 '집단화'하게 된다. 이렇게 집단화된 지식들은 다른 지식들과는 구별되는 경계를 갖게 됨으로써 일차적인 정체성을 획득하게 된다. 경계를 통해 정체성을 갖게 된 지식들은 위상적(예를 들면, 보다 일반적인 것과 특수한 것의 구별, 근본적인 것과 말단의 것의 구별 등) 구조를 가짐으로써 각각의 '구성적 단위'의 역할을 하게 된다. 이렇게 정체성을 갖

게 된 체계는 그 체계가 부딪치고 있는 당면의 문제 혹은 그와 유사한 문제를 해결하기 위한 알고리듬(내부 모형)을 형성한다. 그 과정에서 해당 체계는 끊임없이 내·외부적으로 정보의 '흐름'에 노출됨으로써 적응적 행위를 하게 된다. 이러한 적응적 행위들은 '다양한' 하위 체계(이론들)을 산출한다. 그리고 때때로 기존의 내부 모형으로 예측하지 못하는 내·외부의 변화(비선형성)가 일어날 경우 그 체계는 체계 진화의 주기성을 따라 변화하게 될 것이다.

물론 이러한 설명 모형이 우리가 선택할 수 있는 유일한 선택지인 것은 아니다. 만약 더 좋은 범주들이 있다면, 그 범주들로 이론과 학문의 체계를 설명할 수도 있을 것이다. 여기서는 이와 같은 방식으로 이론이나 학문 체계가 변화해가는 역동성을 설명할 수 있는 가능성이 있다는 것만을 확인하면 충분할 것이다.

앞선 논의들을 토대로 우리는 이 세계의 특정 영역을 설명하는 이론이나 학문이 어떻게 역동적으로 변화해가는 지를 모델링해 볼 수 있다. 어떤 학문 영역이 평형 상태에 있다면 그 학문과 이론들은 큰 변화 없이 반복적인 문제 풀이 알고리듬을 작동시키는, 따라서 특별한 발전이 없는 상태에 머물 것이다. 그러나 새로운 발견이나 새로운 지식과 기술의 등장은 그런 학문을 준평형 상태로 이행시킴으로써 변화가 시작되고, 경우에 따라서는 혼돈의 시기를 거쳐 다음 레벨의 단계로 진화해나가는 역동적인 과정을 밟게 될 것이다. 이러한 변화의 과정은 특정 단계에서는 선형적(예를 들면 귀납주의나 반증주의의 모델처럼)이겠지만, 특정 국면에서는 비선형적(예를 들면 쿤의 과학 혁명 모델처럼) 과정을 거치게 될 것이다.

*

이제 이러한 논의를 토대로 오늘날의 학문 현실을 생각해보자. 오늘날의 학문 현실은 안팎으로 강한 변화 압력을 받고 있다. 영향을 주고 있는 요인들의 폭은 대단히 넓다. 학문 연구자들의 인프라로서 대학 사회의 구조적 변화, 기업 연구 시스템의 발전, 연구비의 정책적 분배, 지식의 상품화와 경쟁 시스템, 새로운 기술의 발전 및 지식 소통 플랫폼의 변화, 나아가 인구 구성비의 변동과 직업의 변화 등등 수많은 사회적 요인들이 변화의 외부 압력으로 작용한다. 그리고 그러한 외부 압력에 대응하기 위해 전통적으로 가장 중요한 지식 생산 플랫폼이었던 대학은 현재 빠르게 변화하고 적응 중이다.

오늘날 우리가 겪고 있는 학문의 위기/기회 현상을 체계이론의 일반적인 논의에 비춰보면 학문 체계가 활성 구조 상태에 들어서서 새로운 질서가 창출하기 위한 혼돈 구조로 이행하고 있다고 볼 수 있을 만 하다. 향후 어떤 변화들, 예를 들어 어떤 학문들이 역사의 뒤안길로 사라지고, 어떤 새로운 학문들이 등장할 것인지를 예측하는 일은 쉽지 않다. 그것은 고도로 복잡한 생태계의 미래를 예측하는 것과 다르지 않기 때문이다. 그럼에도 학문의 경우에는 어떤 규범적인 의도, 즉 학문을 수행해가는 인간의 선택이 중요한 역할을 한다는 점에서 방향성만큼은 가늠해볼 수 있을 것이다.

4. 학문 발전의 양상과 구조적 여건들

오늘의 현실을 이해하기 위해 과거를 살피는 역사적 고찰은 현재 상태의 재구성은 물론이고, 변화의 근본 동기를 이해한다는 점에서 의미가 있다. 후설은 이러한 분석 방식을 통해 학문의 위기를 진단하였다. 그는『유럽 학문의 위기와 선험적 현상학』에서 학문이 어떤 동기로부터 출발했는지 밝힌다. 학문의 근원적인 이념에 비추어 볼 때, 당대의 위기를 이해할 수 있다고 보았기 때문이다. 그에 따르면 19세기 후반 그리고 20세기 초반의 '삶의 위기' 혹은 정신적 문화의 위기는 학문의 위기로부터 초래된 것이고, 다시 그 학문의 위기는 학문이 인간 삶의 문제로부터 유리되었기 때문이다.

다시 후설의 초기 문제의식으로 되돌아가 보자. 후설이『논리연구』에서 당대의 주도적인 흐름이었던 심리학주의를 비판하고, 이후 철학의 혁신을 말했던 이유 중 하나는 실증주의와 상대주의 때문이었다. 상대주의는 학적 지식의 보편타당성을 위협하는 것으로 보았고, 실증주의는 학문과 삶의 윤리 문제에 책임이 있다. 사실 『유럽 학문의 위기와 선험적 현상학』에서 후설이 진단한 유럽 학문의 위기와 삶의 위기 문제는 초기 문제의식의 연장선에 있다고 할 수 있다. 그리고 어떤 의미에서는 오늘날에조차 후설의 분석은 여전히 유효하다. 상대주의의 문제는 근대적 패러다임을 거부한 포스트모던 문화의 기조이며, 실증주의는 오늘날 대중들의 인식을 지배하는 과학주의와 크게 다르지 않기 때문이다.

포스트모던 사회에서 지식의 운명을 예견했던 리오타르(J. F. Lyotard)의 이야기에 주목해보자.

"19세기 말부터 그 징조가 축적되어 왔던 과학적 지식의 '위기'는 기술 발전과 자본주의의 팽창의 결과인 과학의 우연한 증가에 기인하는 것은 아니다. 이 위기는 지식의 정당성 원리의 내적 침식으로부터 유래한다. 이 침식은 사변적 게임 속에서 일어나고 있으며, 또한 이 침식은 각각의 과학이 자기 위치를 찾아야 하는 백과전서적 골격을 이완시키면서 과학을 해방시킨다."[20]

리오타르의 분석은 근대 과학은 스스로를 위협할 동기를 자신 안에 갖고 있었다는 것이다. 근대 과학이 중세를 낡은 과거로 만들수 있었던 이유는 엄밀한 정당화의 요구였다. 후설이 『유럽 학문의 위기와 선험적 현상학』에서 근대 지성사를 성찰하면서 데카르트를 통해 분명히 하고자 했던 것은 엄밀한 정당화의 요구였다. 실제로 근대 과학은 실증적 정당화 요구를 통해 성공 가도를 달릴 수 있었다. 그러나 그러한 실증적 요구는 정작 과학 담론 자체를 정당화하지는 못한다. 과학 담론 자체는 실증적으로 정당화되는 것이 아니라 선험적이거나 사변적으로 정당화되어야 한다. 담론은 실험적으로 입증되거나 수학적으로 증명되는 것이 아니기 때문이다. 따라서 근대 과학이 실증적 정당화의 요구를 엄격하게 고집하지만, 과학 담론 자체는 정당화할 수 없다는 자기모순에 빠지고 만다. 이것이 리오타르가 20세기 후반부에 다가올 포스트모던 사회의 지식의 운명에 대한 예언이었다. 그리고 그 예언은 많은 부분에서 실현되었다.

과학의 비판정신이 근대라는 새로운 시대를 열었지만, 그 비판정신은 자기 자신을 향한 시험대이기도 해서 그 어떤 지식도 원리적으로는 보편타당하다는 것을 주장할 수 없게 되었다. 과학적 지식의 역사는 새로운 발견의 역사이기도 하지만 동시에 오류 수정의 역사이기도 하다. 과학적 비판 정신에 따르면 지식은 언제든 수정될 수 있다. 모든 지식은 잠정적이다. 리오타르의 분석처럼 과학의 정당성 요구는 분명 낡은 형이상학적 거대 담론을 해체하는 데 결정적인 역할을 했지만, 동시에 자기 자신을 끊임없는 시험대에 올려놓음으로써 상대주의를 피할 수 없게 한다.

물론 이러한 상대주의가 모종의 불확실성만을 강요하는 것은 아니다. 상대주의는 개방적이다. 오직 어느 하나의 입장만이 진리를 주장할 수 있는 것은 아니기 때문이다. 이러한 개방성은 학문들 간의 협력과 융합을 용이하게 하는 구실도 한다. 마치 쿤이 패러다임의 변화를 정치적 변화의 과정에 비유했던 것을[21] 융합이라는 우리 시대의 새로운 패러다임에도 유비해볼 수 있을 것이다.

어떤 정치 집단이 그 권력을 배타적으로 행사한다면 그것은 억압적이다. 그 권력이 인정하고 수용할 수 있는 양식만이 허용되고, 그렇지 않은 것들은 일탈, 심지어 규제의 대상이 될 수도 있다. 중세시대에는 '신앙'이 학문적 지식을 판단하는 기준이었다. 신앙의 원칙에 위배된다면 그 지식은 거짓이거나 위험한 것이 된다. 갈릴레이가 재판정에 서게 된 이유다. 근대 과학이 객관성이라는 이념을 내세우고 종교로부터 벗어나려고 한 이유도 바로 여기에 있다. 어떤 권력이 지식 탐구에 억압을 가할 경우 지식의 성장을 기대하기 어렵다. 후설이 고대 그리스에서 학문의 근원적인 동기를 찾은 것은 우연이 아니다. 비록 후설이 주목하지는 못했지만 그리스에서 인간 지성이 꽃을 피울 수 있었던 하나의 이유는 민주주의를 통치의 원리로 삼았기 때문이다.

민주주의에서는 어느 누구도 독점적인 권력을 행사하지 않는다. 권력은 오직 합의에 의해서만 정당화된다. 과학의 비판정신이 작동하는 방식 역시 그렇다. 모든 지식은 비판적 시험대에 올라야 하고, (사회적으로 인정받은) 적절한 권위를 가진 사람들에 의해 그 지식은 시험받는다. 그리고 그 시험을 통과한다면 잠정적인 지식의 지위를 갖는다. 고대 그리스에서 학문이 발전할 수 있었던 이유는 민주주의라는 정치적 제도가 지식의 성장에 유리하게 작동했기 때문이다. 핵심은 개방성이다. 누구나 지식에 접근할 수 있고, 또 누구나 의문을 제기할 수 있으며 정당화를 요구할 수 있는 시스

크리스티아노 반티(Cristiano Banti)
「대심문관 앞에 선 갈릴레오(Galileo facing the Roman Inquisition)」(1857)

템이 갖추어져 있을 때 학문의 발전을 기대할 수 있다.

정치 제도가 학문의 발전에 영향을 준다는 생각은 오늘날 새로운 학문 패러다임으로서 융합에도 시사적이다. 융합의 본질적 한계는 없다. 새롭게 등장하는 시도가 어떤 의미에서든 가치가 있다면, 그 새로운 시도를 배제할 이유가 없다. 이러한 변화는 전통적인 본질주의적 학문 개념으로부터 벗어날 것을 요구한다. 전통 학문들 간의 경계는 모호해지고, 이질적인 결합은 언제든 가능하다.

근대는 새로운 학문들의 시대였다. 중세시대의 낡은 구분으로는 설명할 수 없는 새로운 지식들이 등장했기 때문이었다. 근대의 이론가들이 지식의 분류와 학문의 분류에 그토록 열심이었던 이유도 거기에 있었다. 오늘날 우리가 학문 간 협력이나 융합을 강조하는 것은 그런 의미에서 역사적인 데자뷰이다. 근대 과학이 설정한 학문 간 경계는 이제 낡은 것이 되고 있다. 문제는 이러한 변화 자체를 바라보는 시선이다. 앞서 말했던 위기/기회의 문제는 어느 한 쪽의 입장에 설 것을 요구한다. 전통 학문의 패러다임 속에서 현실을 보면 위기이고, 새롭게 등장하는 지식 영역에서 현실을 보면 기회다. 이 이중성을 낡은 질서로부터 새로운 질서로 이행해가는 과정, 즉 체계의 활성 구조 상태라고 볼 경우, 위기/기회라는 이중성이 빚어내는 혼란은 새로운 질서가 창출하기 위해 투여되는 기회비용으로 보아야 한다.

쿤의 정치적 비유가 의미가 있는 것은 학문 자체 혹은 학문을 수행하는 연구 집단 역시 사회를 구성하는 요소라는 점이다. 특히 오늘날과 같이 지식 기반 사회에서 학문의 사회적 경제적 역할을 고려할 때, 학문의 발전은 사회의 발전과 그 궤를 같이 한다. 따라서 학문 간 협력이나 융합과 같은 새로운 지식 패러다임을 고찰할 때도 학문 체계를 둘러싼 사회 문화적 요소들을 고려해야만 한다. 학문의 순수성을 말할 수는 있으나 그것은 이미 낡은 모델이 되었다. 오늘날 수많은 연구자들이 국가나 기업의 지원 없이 순수한 지적 탐색을 할 수 있을까? 연구에 들어가는 막대한 연구비용들을 개인들이 감당할 수 있을까? 지식 생산을 위한 기업 간 혹은 국가와 기업, 국가와 국가 간의 다양한 컨소시엄은 일반화되었다.

이러한 현실적인 여건들로부터 순수하게 자유로운 학문적 연구는 점점 더 손에 꼽히는 사례가 되고 있다. 그것은 아마도 커다란 비용이 필요하지 않은, 그래서 오직 고요한 시간과 충분한 자료만 있다면 연구가 가능한 일부의 연구자들의 전유물이 되어갈 것이다. 물론 그나마도 점점 더 어려운 일이 되어 가고 있다. 자료들은 디지털화되고 그 자료에 대한 접근권 자체가 다양한 종류의 비용을 요구하고 있기 때문이다. 연구의 규모가 커질수록, 또 그 연구 결과의 파생 효과가 클수록 순수한 학문 연구를 찾기는 어렵다. 이러한 혼종(hybrid)은 단순히 학문만의 문제만이 아니라 디지털 사회 일반의 구조적인 현상이기도 하다. 따라서 오늘날 새로운 지식 패러다임으로 거론되고 있는 융합 혹은 학문 간 협력의 문제 역시 이러한 사회 문화적 구조 요건들에 대한 이해를 전제하지 않으면 안 된다.

학문의 발전과 사회 구조 변동 사이의 관계를 다시 후설과 베르탈란피의 시대, 19세기말과 20세기 초로 돌아가 보자. 그 시기는 프랑스 혁명이라는 정치 혁명과 자본주의와 산업혁명의 여파로 사회 전반이 변화하던 시기였다. 유럽 각 나라의 대학들은 민족 국가의 경쟁 체제 아래서 새로운 인적 자원들을 사회에 공급하기 위해 혁신하던 시기였고, 빠르게 산업화되는 과정에서 사회 구조는 근본적인 변화를 겪어야 했던 시기이기도 했다. 새로운 학문들이 등장했고 기존의 학문들은 변화 압력에 노출되었다. 심리학의 발전과 철학의 위기, 이른바 정신과학(Geisteswissenschaft)의 새로운 모색과 시도들이 그렇다.[22]

유려한 문체로 19세기 학문 지형도를 분석한 화이트헤드(A. N. Whitehead)의 이야기는 오늘날의 학문 상황을 이해하는데도 여전히 시사적이다. 그는 19세기 말 지식 생산성의 폭발적인 증가를 당시 과학 발전의 내부가 아니라 외적 상황 변화에서 고찰한다. 그것을 그는 '발명 방법의 발명'이라는 말로 압축한다. 그리고 그 방법의 발명이야말로 낡은 문명의 기초를 파괴하였다고 진단한다.[23] 화이트헤드가 말한 발명 방법의 발명은 사실 산업혁명 이후 공장에서 발생하는 문제를 해결하는 절차적 과정을 합리화한 것이었다. 인지심리학적 관점에서 문제 해결 과정의 도식은 이렇다.

문제 발견→문제 정의→해결책의 모색→실행→평가

산업혁명의 후발주자였던 독일은 이 방법을 발전시키고 확산시킴으로써 영국이나 프랑스에 뒤쳐져 있던 격차를 단박에 극복해버린다. 주목할 것은 이러한 문제 해결 방법이 단순히 공장에서 일어나는 문제들을 합리적으로 해결하는 것만이 아니라 과학 탐구의 지식 생산성을 폭발적으로 증가시킬 수 있었다는 것이다. 과학적 탐구 역시 일종의 문제해결 과정, 쿤의 표현을 빌자면 퍼즐 풀이이기 때문이다. 과학은 마치 공장에서 그랬던 것처럼 전문화(분업화)되기 시작했고, 전문화된 영역 안에서 문제를 찾아내고 그 문제를 합리적이고 체계적으로 풀어가는 절차적 과정이 합리화됨으로써 지식의 생산성은 폭발적으로 증가했다.

이러한 과정에는 우리가 주목해야 하는 또 다른 특징은 과학적지식의 성장이 기술의 발전을 이끄는 것이 아니라 기술의 발전이과학적 탐구를 고무하고 있다는 것이다. 물론 이것이 오직 19세기만의 일은 아니다. 갈릴레이가 망원경을 통해 달 표면을 본 것이나현미경의 등장이 미시 세계에 관한 지식을 늘려준 것처럼 기술의발전과 지식의 성장 사이에는 밀접한 상호작용이 있다. 그러나 19세기 이후 과학적 지식이 기술에 영향을 미치는 것과 그 반대로 기술의 발전이 지식 탐구에 영향을 미치는 규모는 과거와 달라졌다.전통적으로는 지식의 발전이 기술 발전을 고무하는 경우가 많았다면 오늘날에는 거꾸로라고 해야 옳다.

융합이 새로운 방법론으로 확산되게 된 계기를 생각해보자.1990년대 말과 2000년대 들어서 미국과 유럽이 경쟁적으로 NBIC융합(convergence)을 미래 사회의 핵심 어젠다로 삼게 된 것은 디지털 기술의 발전을 통해 나노(Nano) 과학과 바이오(Bio), 정보(Info),인지(Cogno) 과학과 관련 기술을 통합할 수 있는 길이 열렸기 때문이다. 이러한 융합 기술 발전의 동기에는 순수한 학문적 호기심이 아니다.[24] 그것에는 다양한 사회적 요구가 반영되어 있다. 융합 기술 연구 개발에 막대한 투자지원금이 모일 수 있었던 이유 중 하나는 그 새로운 기술이 새로운 시장과 거대한 경제적 이익을 약속했기 때문이다.[25]

학문의 발전은 사회적 변화와 유리되어 있지 않다. 이는 한편으로 당연한 일이기도 하다. 학문 자체가 혹은 그런 학문적 연구를 수행하는 연구자 집단이 사회의 구성 부분이기 때문이다. 달리 말해 학문은 사회라는 더 큰 체계의 하위 체계이다. 하위 체계가 상위 체계 변화에 영향을 받는 것은 당연해 보인다. 물론 그 반대의 경우도 마찬가지다. 이러한 상호 작용의 의미를 이해하면, 오늘날 왜 학문 간 협력이나 융합이 새로운 패러다임으로 등장하게 되었는지를 짐작할 수 있다. 비록 융합에 대한 관심이 경제적인 이익을 노리는 시장과 그와 연관된 다양한 사회적 요구가 반영되어 있지만 오직 그것만이 전부는 아니다.

5. 지식 개념의 변화와 학문 간 협력의 조건들

화이트헤드의 분석처럼 19세기가 자연과학의 발전사에서 특별한 의미를 갖는 것은 문제해결방법의 체계적인 혁신을 통해 지식 생산성을 높일 수 있었기 때문이다. 그러나 그 생산성이 무한히 계속될 수는 없다. 19세기 이후 과학의 발전을 지속시켜온 생산성은 전문화(분업화)가 가진 효율성이었다. 오늘날 융합이 새로운 패러다임으로 등장한 배경에는 고도로 전문화된 시스템이 가진 생산성이 한계에 이르렀기 때문이다. 특히 지식의 성격이 바뀐 것이 중요한 문제다.

리오타르가 예상한 디지털 사회에서 지식의 한 특징은 '상업화(merchandising)'였다. 지식이 곧 돈으로 간주되는 것이다. 실제로 그러한 예측은 현실화되었다. 우리 주변에서 지식 상품을 발견하는 것은 어려운 일이 아니다. 학문적 연구를 통해 얻어진 지식들은 물론이고 기술 개발 과정에서 얻게 된 지식들, 더 나아가 삶을 즐길 수 있는 문화산업적 정보들마저도 돈으로 거래된다. 간단히 말

알프레드 노스 화이트헤드

제2부 학문 간 협력의 조건들과 보편 학문이론의 가능성

해 광범위한 지식 상품들이 등장하게 되면서 전통적인 지식 개념은 무너지고 있다. 지식과 정보 사이의 경계는 흐려졌고, 무엇이든 그것이 '유용한' 정보라면 그것은 가치 있는 '지식'으로 간주될 수 있다.[26]

지식 개념의 변화는 학문과 학문 아닌 것 사이의 경계를 약화시킨다. 더 이상 지식을 생산하는 장소가 오직 학문의 전당인 대학뿐이라고 말할 수 없다. 19세기 순수 학문과 응용 학문 사이의 경계를 무너뜨린 메커니즘이 이제 지식과 정보 사이의 경계도 무너뜨린다. 이렇게 지식 개념이 변화하고, 그에 따라 학문의 개념도 유동하면서 새로운 체계로의 진화도 가속화된다. 그런 진화의 끌개(attractor)[27]는 바로 '문제(problem)'다.

지식을 생산하는 (아주 느슨한 의미에서) 학문은 19세기 이래 문제 해결 과정으로 인식되고 있다. 오늘날 융합이 주목받는 이유는 과거에는 풀리지 않던 문제가 융합적 탐구를 통해 풀릴 수 있으리라는 희망을 주거나, 과거의 분과 학문적 체제가 새로운 지식을 생산하게 하는 문제 자체를 생산해내지 못하는 상황에 이르렀기 때문이다. 19세기 후반부로부터 100여 년 동안 가속화한 분과학문적 체제는 의미 있는 문제를 생산할 여력을 잃었다. 새로운 연구자들은 선배 연구자들이 해놓은 커다란 문제 풀이에 각주를 붙이는 일 외에는 자신의 능력을 보여줄 새로운 문제들을 찾지 못하고 있다. 그것은 해당 학문이 정체되는 것을 의미하고 그런 의미에서는 일종의 위기 상황이기도 하다. 돌파구는 새로운 문제들을 찾아내는 것이었다.

물리학의 역사가 이러한 상황을 잘 보여준다. 아인슈타인(A. Einstein)의 상대성 이론이나 양자역학이 등장하기 전 물리학은 거의 완성된 단계에 이르렀다는 생각이 팽배했었다. 해결되지 않는 문제들은 어쩔 수 없는 것들이고, 그 외에 이미 공개된 문제들에 대해서는 그 문제 풀이를 정교하게 다듬는 것 외에는 크게 할 일이 없어 보였다. 그러나 아인슈타인이 새로운 문제를 제기하고, 양자 역학이 새로운 세계관을 내보이자 물리학은 새로운 발전의 동력을 얻었다. 융합이나 학문 간 협력은 바로 이러한 새로운 변화의 동력을 제공했다. 이질적인 학문 영역의 결합은 그 동안 문제라고 여겨지지 않았던 것을 새로이 문제로 보게 하거나, 아예 전혀 생각해보지 않았던 문제를 제기해주었다. 또한 기존에 포기했던 문제들에 대해서는 새로운 문제 풀이의 실마리를 제공해주었다.

학문 간 협력의 대표적인 사례로 말해질 수 있는 방사성 동위 원소 측정법을 생각해보자. 윌러드 리비(W. Libby)를 비롯한 시카고 대학의 연구팀이 탄소-14의 반감기를 이용해 연대를 측정하는 방법을 발견하자, 지질학은 물론 고생물학이나 고고학 분야는 획기적인 도약의 기회를 맞이할 수 있었다. 새롭게 발견된 유물을 놓고 그것이 언제 것인지를 둘러싼 논쟁, 예를 들면 19세기에 발견된 인간 조상의 유골들을 둘러싼 논쟁과 같이 해결법이 별로 보이지 않던 지질학과 고고학의 문제들에 대한 해법이 물리학과 화학에서 온 것이다.

또한 디지털 기술과 데이터 과학의 발전이 인공지능(AI) 기술을 발전시키자 이제까지는 전혀 다루어지지 않았던 문제들이 새로운 사회적 문제로 등장하고 있다. 자율주행차나 로봇이 일상에 들어올 때, 또 시민들의 안전을 위해 인공지능 기술을 사용할 때 발생하게 될 다양한 사회 윤리적 문제들이 그 예이다. 이러한 사례들은 학문 간 협력이나 융합이 잘 일어날 수 있는 조건들을 생각하는 일에도 시사적이다. 예컨대 융합이나 학문 간 협력은 문제 중심의 연구에서 효과적이다. 그것은 공유하는 문제 자체가 두 이질적인 체계를 연결해주는 플랫폼의 구실을 하기 때문이다.

이제 이러한 논의들을 토대로 성공적인 학문 간 협력, 내지는 융합이 일어나기 위한 조건들을 생각해보자. 먼저 협력이 일어날 수 있는 플랫폼으로서 좋은 문제(과제)가 주어져야 한다. 다음으로 그 과제를 풀이하는 과정에서 서로 다른 영역의 연구자들의 의사소통이 원활해야 한다. 구성요소들 간의 정보교류의 양과 질은 해당 체계의 변화를 증폭시키는 실질적인 요인이기도 하다. 세 번째는 그러한 연구를 수행해나갈 인적 자원과 연구 장비 및 자금과 같은 인프라의 문제이다. 그리고 마지막으로 그러한 연구를 수행해나가는 방법론의 문제다.

좋은 문제

문제는 학문 간 협력을 가능하게 하는 플랫폼의 구실을 한다. 따라서 좋은 문제는 이질적인 학문 간 협력을 유발한다. 환경 문제를 생각해보자. 환경 문제는 정치, 사회, 문화, 경제 등 광범위한 사회 문화적 영향력을 가진 문제이다. 동시에 지구 온난화 문제나 환경오염 방지기술 개발과 같이 문제를 해결하기 위해서는 자연과학과 공학이 함께 참여해야만 하는 문제이다. 이렇게 서로 다른 탐구 영역을 연결시킬 수 있는 문제들이 학문 간 협력을 유발할 수 있다.

어떤 문제가 좋은 문제인지를 사전에 파악하기는 쉽지 않다. 그것은 생태계에서 유전적 진화의 수많은 시도들 중 성공적인 적응을 찾아내는 것과 같이 결과론적으로 판단된다. 따라서 학문 간 협력을 고무하기 위한 하나의 방법은 그러한 실험적 시도가 자유롭게 시도될 수 있는 개방적 체계를 유지하는 것이다. 융합을 새로운 패러다임이라고 주장하는 사람들이 대학에서 전공 간의 벽을 허물자고 말하는 것은 이러한 이유 때문이다. 그러나 이러한 새로운 시도들은 많은 기회비용을 필요로 한다. 연구 장비나 연구 자금과 같은 인프라가 제대로 갖추어져 있지 않은 경우 좋은 문제를 찾아내는 일 자체가 어려운 과제가 되고 만다. 연구 인프라와 같은 제도적 지원의 문제는 개개의 연구자가 감당할 수 있는 문제가 아니다. 그것은 기업이나 국가 등 다양한 사회적 자원의 지원을 필요로 한다.

의사소통의 문제

학문 간 협력을 유발하는 좋은 문제(과제)들이 발굴되었다고 하더라도 그 과제를 수행해나가는 인적 자원들 간의 의사소통이 개방적이지 않으면 협력적 연구를 기대하기 어렵다. 바꾸어 말해 연구 과정이 민주적이고 개방적이어야 한다. 오늘날 디지털 기술의 발전은 연구와 관련된 지식과 정보에 대한 접근성을 (적어도 원리적으로는) 혁신적으로 높여 놓았다. 핵심은 연구 수행 주체들이 자유롭게 자신의 아이디어를 개진하고 교류할 수 있는 체계 내부의 소통을 촉진하는 체계를 유지하는 것이다.

또한 단순히 연구팀이나 연구실 내부의 의사소통 분위기뿐만이 아니라 연구 과제와 관련된 이론적 개념들에 대한 공통적인 이해가 중요하다. 서로 다른 연구 영역의 연구자들이 연구 과제와 관련된 기초 개념들에 대한 이해가 다를 경우 좋은 의사소통이 이루어지기 어렵다. 예컨대 인간의 뇌와 기계를 연결하는 기술(BMI: Brain Machine Interface) 개발의 경우, 단지 기술 개발의 문제만을 생각한다면 인문학과의 협업을 고려하지 않아도 될지 모른다. 신경과학과 컴퓨터 사이언스, 로봇 공학 등 유사 전공들의 협력이면 족할 수도 있다. 그러나 그 기술이 사회적으로 수용될 수 있는 가능성을 고려한다면, 인간 존재에 대한 근본적인 성찰을 필요로 한다. '인간'에 대한 이해를 기계론적 방식에서 하느냐와 전체론적 방식에서 하느냐에 따라 BMI 기술의 개발과 관련해서 발생되는 파생 문제들의 영향력을 달리 가늠하게 된다. 그것은 어떤 것이 더 중요한 문제인지를 판단하는데 영향을 미치게 되고, 그에 따라 협업의 성패가 결정될 수도 있다. 따라서 학문 간 협력이 강화되기 위해서는 연구자 각각의 전문성이 살아 있는 '차이' 그리고 연구 과제와 관련 있는 핵심 개념들에 대한 '공통적인' 이해가 동시에 요구된다.

연구 인프라의 문제

연구 장비나 연구 자금과 같은 물리적인 인프라의 경우 해당 사회의 경제 상황이나 사회적 자본의 역량에 의존한다. 그 사회적 자본에는 연구를 지원하는 체계의 효율성만이 아니라 연구 자금의 분배와 집행과 관련된 정치적 의사 결정과 그런 정치적 의사 결정에 대한 시민들의 인식도 포함한다. 오늘날 연구의 최대 후원자는 역시 국가와 기업이다. 그들은 또한 그들이 지원하는 학문적 연구의 이해관계자이기도 하다. 정치적 이해관계나 경제적 이해관계에 따라 연구 지원의 방향과 기간이 결정될 수밖에 없다. 비록 현실적인 조건을 고려하지 않을 수는 없지만 그러한 이해관계가 연구에 직접적인 영향을 미치는 것에 대한 비판적인 균형추가 필요한 것은 틀림없다. 그러한 균형추의 역할을 할 수 있는 사회적 체계를 만드는 것, 예를 들면 시민 단체의 전문가들이 그러한 자문 역할을 할 수도 있을 것이다.

연구 인프라의 문제에서 특히 주목해야 하는 것은 인적 자원의 문제이다. 아무리 좋은 연구 인프라를 갖춘다고 하더라도 훌륭한 연구자를 양성해낼 체계가 되어 있지 않다면 학문 간 협력 연구도 빛을 발할 수 없다. 인적 자원 양성의 문제는 앞선 의사소통의 문제와 한 묶음으로 고려되어야 한다. 학문적 연구자를 양성하는 사회적 하위 체계들의 교육 프로그램에서 이질적인 영역 간의 교차 연구를 진행해보는 경험들을 갖는 것이 중요하다. 그러한 경험이 연구자들로 하여금 문제를 새로운 시선에서 정의하게 하는 데 도움을 줄 것이기 때문이다. 이러한 교육 프로그램의 개발이야말로 학문 간 협력을 위한 사회적 제도의 가장 기초적인 부분이라고 할 수 있다.

방법론의 문제

학문이론적 관점에서 방법론의 문제는 앞선 조건들과는 조금 다른 차원의 문제다. 이 문제는 사회 구조적 요인과 같은 학문 외적 조건이 아니라 학문 내부의 문제기 때문이다. 단정해서 말할 수는 없지만 학문 간 협력의 용이성은 학문 간의 유사성에 비례한다. 인접 학문들이 서로 협력하는 것이 쉬운 이유는 유사한 방법론을 사용하기 때문이다. 자연과학과 인문학이 협업하기가 어려운 이유는 중요한 개념들에 대한 이해가 다르기 때문이기도 하지만 자연과학에서 사용하는 방법론과 인문학에서 사용하는 방법론의 차이가 크기 때문이기도 하다. 그러나 그렇게 거리가 먼 학문 사이에서 협력과 융합이 일어날 경우 그 효과는 더 크다고 할 수 있다.

본래 방법론(methodology)이라는 말은 어원적으로 길을 찾는다는 의미를 갖고 있다. 같은 의미에서 방법론은 문제를 발견하는 경로의 구실을 한다. 따라서 방법론이 다를 경우 문제를 달리 규정하기 쉽다. 예를 들어 근대 과학을 추동한 방법론은 양적 분석이다. 반면 인문학 진영의 방법론은 그런 정량적 분석과는 다르다는 의미에서 질적 방법론에 가깝다. 이러한 방법론적 차이는 동일한 현상에서 서로 다른 문제를 발견하게 한다.

이러한 상황이 학문 간 협력을 방해하는 요인이 되기도 하고, 동시에 학문 간 협력을 촉진하는 계기가 될 수도 있다. 먼저 서로 다른 방법론을 배타적으로 이해한다면 협력은 요원한 문제가 된다. 반면 방법론의 차이를 생산적으로 이용할 경우, 즉 문제 정의를 다양한 방식으로 하거나 문제 해결의 사회직 영향력을 가늠하는 데 서로 도움을 줄 수 있다. 따라서 서로 이질적인 방법론의 차이와 공통점을 이해하는 것이야말로 연구자 간의 의사소통과 협력을 촉진시키는 중요한 기반이 된다.

학문 간 협력 혹은 융합의 조건들에 대한 성찰은 후설의 지향성 개념이 갖고 있는 함축을 다시 생각하게 한다. 후설이 보편학을 꿈꾸면서 그 핵심을 지향성 분석에 둔 것은 지향성이 대상의 의미를 결정하는 의미론적, 구문론적 구조이기 때문이다. 각 학문 영역에 따라 동일한 대상의 의미가 달리 주어지지만 지향성이라는 보편적 구조에서 보면 영역 간의 차이는 순수한 차이가 아니라 동일성에 기초한 의미론적 차이일 뿐이다. 이는 베르탈란피의 체계 개념에서도 마찬가지다. 다양한 이론들을 관통하는 공통적인 불변항으로서 체계 개념은 이질적인 영역 간의 소통을 가능하게 하는 공통 지반이 될 수 있기 때문이다.

다음 논의로 진행하기에 앞서 미리 짚고 넘어가야 할 문제가 있다. 그것은 학문 간 협력의 조건을 기술적(descriptive)으로 분석하는 것은 학문 간 협력의 목적에 대한 성찰, 즉 규범적 분석을 그 보완책으로 요구한다는 점이다. 이러한 규범적 분석은 학문 간 협력을 통한 연구, 아니 학문 자체가 단순한 사회적 필요와 요구에 종속되어버리는 것을 경계할 수 있게 하기 때문이다. 학문이 시장의 요구에 굴복하게 되면 어떻게 될까? 또 학문이 정치적 요구에 굴복하게 되면 어떻게 될까?

학문의 중요한 사회적 기능 중 하나는 그때그때 현실적 이해관계를 초월하는 이념적 지향점을 제공할 수 있어야 한다는 것이다.

그 이념적 지향점은 전통적인 의미의 객관적이고 보편타당한 진리일 수도 있고, 윤리적이고 당위적인 의미에서 인권일 수도 있다. 그것은 정치적이거나 경제적인 이해관계를 넘어 인류 문화의 근본을 지킬 수 있는 버팀목이다. 학문이 그런 문제에 대해 침묵하거나 무기력해서는 안 된다. 후설이 근대 과학 발전의 부작용을 가리켜 학문이 그 근본 목적을 상실하고 삶의 문제로부터 유리된 것이라고 비판한 것도 이 때문이다.

6. 학문 융합의 양상들: 쉬운 융합과 어려운 융합

오늘날의 전체적인 학문 현실은 앞선 체계이론의 논의에 따르자면, 준평형 혹은 활성 상태에 있다고 말할 수 있다. 즉 체계의 질서가 요동하는 단계에 있다. 그래서 학문 간 협력이나 융합과 같은 새로운 패러다임의 등장은 기존의 학문 체계에 변동 요인이 생겼다는 것을 보여주는 것이자 학문 체계가 다음 단계로 진화할 힘을 비축하는 기간으로 볼 수 있다. 새로운 형태의 학문들이 등장하고, 이제까지 서로 다른 영역으로 간주되는 학문 분야들 사이에서 혼종(hybrid)이 일어나는 것은 그런 변화의 증거들이다. 흥미로운 것은 이러한 융합 현상이 잘 일어나는 경우와 그렇지 못한 경우가 있다는 것이다. 이러한 현상들을 구체적으로 살펴보는 일은 학문 간 협력을 이해하는 좋은 사례가 된다.

사례 연구에 앞서 먼저 짚고 넘어가야 할 것은 앞서 논의한 후설의 영역 존재론의 본질주의적 성격이다. 학문 현실을 고찰하는데 후설의 영역 존재론이 갖고 있는 장점은 학문의 영역들을 범주화하고 체계화함으로써 학문들 간의 위상적 구조를 고찰하기 쉽게 해준다는 데 있다. 그러나 다른 한편으로 생각해봐야 할 것은 그러한 범주적 이해가 학문 영역의 경계를 본질주의적으로 획정하는 것은 아닌가 하는 의구심이다. 본질주의적 관점에서는 개별 학문들의 경계가 흔들릴 수 없다. 본질이라는 개념 자체가 변하지 않는다는 뜻을 함의하고 있기 때문이다. 그 경우 후설의 학문이론은 학문 체계의 진화를 설명하는 데 적합하지 않은 프레임일 수도 있다. 그러나 적어도 두 가지 관점에서 후설의 영역 존재론은 소박한 본질주의가 아님을 확인할 수 있다. 이러한 논의는 단순히 후설의 학문이론을 방어하기 위한 것이 아니라, 그의 학문이론이 학문 진화의 현실을 이해하는 데 좋은 시사점을 주기 때문이다.

먼저, 앞선 기초지음(Fundierung)에 대한 논의에서도 살폈던 것처럼, 존재 영역 간의 중첩은 자연스러운 현상이며 따라서 서로 상이한 영역의 탐구가 서로 중첩되는 것도 자연스럽다. 따라서 분과 학문의 본질을 묻는 작업이 마치 무를 자르듯이 세계의 존재 영역을 배타적으로 구분하는 것은 아니라는 점을 기억해야 한다. 무엇보다 후설이 본질을 형이상학적·실체적 관점에서 접근한 것이 아니라는 사실에 주목해야 한다. 현상학의 방법론적 모토, '사태 자체로'가 의미하는 것은 세계를 설명하기 위해 학적 체계와 탐구 활동을 혁신하는 것이지 학문적 체계를 공고히 하기 위해 세계를 재단하는 것은 아니기 때문이다. 특히 그의 마지막 작품인, 『유럽 학문의 위기와 선험적 현상학』에서 보여준 학문에 대한 목적론적 관점을 고려한다면 이러한 점은 더욱 분명하다. 학문이 발전한다는 것은 사물이나 현상에 내재해 있으나 드러나지 않았던 새로운 가능성들이 드러났다는 것을 의미한다. 이러한 관점은 체계 진화에 대한 이론과 충분히 양립가능하다.

무엇보다 후설의 영역 존재론은 학제적 협력 내지는 학문 간 융합이 용이한 경우와 어려운 경우를 설명하는 데도 매우 유용한 프레임을 제공한다. 달리 말해 현재의 학문 현실을 설명하는데 후설의 학문이론은 강력한 설명적 도구를 제공한다. 영역 존재론의 아이디어를 따를 때, 더 높은 수준의 범주 아래에 놓인 서로 다른 분과들의 협력이 용이하다. 반면 서로 다른 범주에 속한, 즉 일상적인 표현으로 하면 학문 대상 간 이질성이 크면 클수록 협력은 어렵다고 말할 수 있다. 물질적 사물(후설이 최고 유 중 하나로 구분한 범주)을 다루는 자연과학 분야 내에서 분과 간 협력이 자연과학적 분과와 인문학적 분과 사이의 협력보다 용이한 것은 그 때문이다.

사실 학문 간 협력이나 융합이라는 표현이 의미 있게 쓰이는 경우는 (후설식의 표현을 따르면) 서로 상이한 범주의 학문들이 연결되는 경우다. 물리학과 화학의 공동 연구나 화학과 생물학의 공동 연구는 특별히 주목받을 만한 현상이 아니다. 그런 인접 학문들은 다루는 대상, 또 탐구 방법에 대해 많은 부분을 공유하고 있기 때문이다. 비록 이러한 근접성이 협력을 용이하게 하지만 우리가 일반적으로 '학문 간 협력'이나 '융합'이라는 개념으로 기대하는 새로운 대상, 새로운 접근법을 도출하기는 쉽지 않다. 그러한 새로움은 인접 학문 간의 협력보다는 범주적으로 구분될 수 있는, 즉 거리가 먼 학문 간의 결합에서 나온다. 예를 들면, 사실의 학문과 당위의 학문 혹은 자연과학과 인문학의 결합이 그 예다. 따라서 우리가 좀 더 주목해야 할 현상은 융합이 어려워 보이는 영역에서 일어나는 학문 간 협력이다. 무엇보다 범주적으로 서로 다른 이질적 학문 간의 협력과 융합은 학문 연구자들이 그동안 주목하지 못했거나 새로운 존재자(예를 들면, 인공지능과 같은 발명품들)의 등장으로 인한 새로운 현상들에 대응할 수 있게 해준다.

예컨대, 이질적 학문 간 융합으로서 신경윤리학의 사례를 생각해보자. 닐 레비(N. Levy)는 윤리학이 이제 신경과학의 협력을 필수적으로 요구한다고 말한다. 그리고 그 반대, 즉 신경과학 역시 윤리학적 판단을 고려해야 하는 상황에 직면했다고 말한다. 간단히 말해 두 학문의 융합, 내지는 협력은 이제 필수적이다. 신체통합정체성 장애(body integrity identity disorder)를 생각해보자. 이 장애를 앓고 있는 환자는 자신의 신체 일부를 절단하고자 욕망하며, 경우에 따라서는 자해를 해서 의사로 하여금 어쩔 수 없이 신체를 절단하게 만들려고 한다. 환자의 요구에 따라 의사가 신체를 절단할 수는 없기 때문에 이 문제는 윤리적 문제를 낳고, 신경윤리에 속한다.

"이 문제는 마음의 과학 단독으로는 해결될 수 없으며, 우리가 그 질병을 이해하지 못하는 한 그것을 적절히 평가할 수도 없다. 그것을 이해하려면 그것과 연관된 과학과의 연합이 요구된다. 신경과학, 정신의학, 심리학 모두가 이 윤리적 문제를 푸는 데 각자의 역할을 맡고 있다."[28]

신경윤리학에는 두 분야가 있다. 신경과학의 윤리학(ethics of neuroscience)과 윤리학의 신경과학(neuroscience of ethics)이 그것이다. 신경과학의 윤리학은 신경과학의 연구과정이나 연구행위 그리고 그런 연구를 통해 얻어진 지식의 적용 문제 등에 대한 윤리학적 검토이다. 그런 의미에서 넓은 의미의 의료윤리와 비슷한 점이 있다. 우리의 논의와 관련하여 중요한 것은 윤리학의 신경과학이다. 레비에 따르면 그것은 "도덕적 행위의 신경적 기반에 관한 새로운 지식"을 추구한다.

"만약 윤리학의 신경과학이 중요한 결과를 낳는다면, (…), 신경과학은 응용 윤리학의 다른 분과와 중요한 차이가 있을 것이다. (…) 신경윤리는 단지 응용 윤리의 새로운 분과가 아니다. 그것은 인간 행위, 자유와 선택 그리고 합리성에 대한 새로운 이해를 제공해주는 전환점이다."[29]

레비의 '새로운 분야'라는 말은 융합이 새로운 탐구분과를 낳았다는 이야기이다. 응용윤리는 여전히 윤리학의 범위 내에 있는 탐구인데 반해, 신경윤리는 그렇지 않다는 것이다. 그러나 이러한 종류의 문제, 즉 신경과학을 완전히 새로운 분과로 보아야 하는지, 또 그것이 윤리학적 판단들을 포함하고 있다는 의미에서 당위에 관한 학문인지 아니면 '신경에 관한 과학'이라는 점에서 사실에 관한 학문인지 등은 탐구의 시작 단계에서 미리 결정될 수 있는 사항은 아니다. 그것은 도리어 탐구가 진행되면서 구체화될 것이다.[30]

다만 신경윤리학이라는 사례는 융합이 어려운 분야의 협력 가능성을 단적으로 보여준다. 이제까지 우리는 신경이라는 사실 과학의 대상과 도덕적 행위라는 윤리적 대상 사이에 커다란 단절에 익숙해져 있었다. 데카르트 이래의 이분법은 우리가 세상을 보는 프레임에도 영향을 미쳤다. 그래서 신경학자가 도덕적 행위라고 말할 때와 윤리학자가 도덕적 행위라고 말하는 것은 다른 의미로 이해하기가 쉽다. 예컨대 두 영역에서 행위 주체의 단위가 다르다. 한 쪽에서는 신경망을 주체로 간주할 수 있는 반면, 다른 한편에서는 경험적 자아만이 주체다. 신경학자에게 행위는 집합적 신경망 활동의 전기/기계적 움직임의 결과이지만, 윤리학자에게는 일상생활을 영위하는 경험적 자아다. 이러한 차이가 사실 과학들과 윤리학 사이의 학제적 협력을 어렵게 만들었고, 다만 상호 간에 견제와 균형을 협력의 양상으로만 보았을 뿐이다. 그러나 신경윤리학이라는 새로운 학문 분야의 태동은 견제를 통한 균형이라는 좁은 의미의 협력을 넘어 사태를 보는 새로운 시선을 제공한다.

신경윤리학은 이질적인 학문 사이에서 성공적인 융합을 위한 조건들을 다시 한 번 생각해볼 기회를 준다. 특히 플랫폼의 문제와 방법론의 문제에서 그렇다. 일단 뇌과학이나 신경과학이 탐구하는 '뇌'는 후설의 표현을 따르자면 우리의 마음이나 의식을 기초짓는 물질적 토대이다. 따라서 뇌가 없다면 의식도 생각할 수 없다. 그런 점에서 물질을 다루는 자연과학과 비물질적 대상을 다루는 인문사회과학 사이의 협업을 가능케 하는 플랫폼의 구실을 할 수 있다. 플랫폼이라는 개념이 그렇듯이 서로 이질적인, 그래서 다른 탐구 영역이 협업이 가능하기 위해서는 두 영역이 만날 수 있는 적절한 장소가 마련되어야 한다. 그 장소는 '뇌'와 같은 물리적인 대상일 수도 있고, '의식'과 같은 비물질적인 대상일 수도 있으며, 연구자들이 공유하는 실험실이 될 수도 있고, 연구자들 자체, 즉 사람이 플랫폼이 될 수도 있다. 그리고 신경윤리학처럼 하나의 학문 자체가 플랫폼이 될 수도 있다. 일단 좋은 플랫폼이 마련되고, 그 플랫폼에서 다양한 지식과 정보들이 교류되기 시작하면 그것은 새로운 체계 진화의 동력을 마련할 수 있다.

이때 앞서 말했던 연구자들 사이에 자유로운 소통이 가능한 개방적이고 민주적인 분위기 전제되어야 한다는 것은 당연하다. 방법론의 문제는 여기서 중요하다. 새로운 연구 주제의 발견이나 기존 연구에 대한 새로운 해석의 가능성은 기존의 문제해결 알고리듬으로부터 상대적으로 자유로울 때 가능하다. 서로 이질적인 탐구 영역의 협업은 상대방의 지식은 물론 상대 영역의 전형적인 방법론을 적극적으로 전유하는 데서 활발해 질 수 있다. 어느 한 쪽의 방법론만을 표준으로 삼거나 의미 있는 지식이나 정보를 걸러내는 게이트 구실을 한다면 생산적인 협업이 이루어지기 어렵다.

신경과학이 기계론적이고 환원주의적 관점을 고집한다고 해보자. 그 경우, 우리가 일상에서 경험하는 '자유'는 신경과학이 설명해서 소거해야 할 대상이 된다. 우리가 자유라고 경험하는 현상들은 신경체계의 인과적 결과물이어야 하기 때문이다. 이러한 관점에서는 일상의 '자유로운' 선택이란 자기 반성적 시선에서 포착된, 일종의 착시로 간주되기 쉽다. 자유는 어떤 행위의 동기를 구성한다는 점에서 '윤리적 행위'의 중요한 조건이다. 그런데 환원주의적 신경과학의 관점에 따라 자유가 일종의 착시일 뿐이라면, 신경과학과 윤리학이 만날 여지는 그만큼 좁아진다.

게다가 윤리적인 행위의 문제는 인간의 의식 현상 중에서도 특별히 까다로운 문제이다. 윤리적인 행위는 생명체들의 행위를 인과적인 관점에서 설명할 수 있게 하는 본능적 행위와는 매우 다른 특성을 가진 높은 수준의 행위다. 본능에 따른 행위는 기계론적이고 인과적 관점에서 설명하는 것이 가능하지만, 윤리적 행위는 본능과는 다른 선택의 결과인 경우가 많기 때문이다. 유전적 근친성과 상관없이 순전히 도덕적 신념에 기초해서 타인을 위해 자신을 희생하는 선택들은 본능만으로는 설명하기 어렵다. 그 행위의 동기를 이해하기 위해서는 의식과 마음이라는 복잡한 체계에 대한 일관된 설명틀을 필요로 한다.

인간의 마음 혹은 의식은 화학적 전기 신호의 기계론적 인과관계만으로는 설명하기 어려운 고도로 복잡한 체계이다. 이 상황을 심리학과 연관지어 생각해보자. 심리학이 자연과학의 방법론을 표준으로 할 경우 과학적 객관성을 확보하기 위해서 인간의 마음에 대한 실험을 해야 한다. 이때 실험은 이중의 시선을 고려해야 한다. 하나는 해당 실험을 관찰하는 관찰자 시점이고, 다른 하나는 피실험자의 자기보고이다. 이때 피실험자의 자기보고를 '객관적'이라고 말할 수 있을까? 피실험자의 자기보고는 개인의 내적 경험에 대한 기술(description)이다.

심리학을 과학으로 독립시키고자 했던 경험심리학의 입장

에서 근대의 전통 인식론의 문제는 마음과 의식의 문제를 내성(introspection)적 방법에만 의지했었다는 것이다. 그것은 철저히 주관적인 체험이고, 그런 탓에 과학이 요구하는 객관성의 조건을 만족시키기가 쉽지 않다. 분트의 실험심리학이 심리학의 새로운 길로 여겨진 것은 그런 사정 때문이었다. 그런데 심리 현상에 대한 과학적 탐구가 오직 3인칭 관찰만 해서 인간의 마음에 대해 해명할 수 있을까? 3인칭 관찰자 시점만을 견지하는 것은 인간이 고양이의 마음을 이해하려는 시도와 다를 바 없다. 따라서 심리학적 탐구에서 1인칭 시점의 자기 체험 보고는 대단히 중요한 방법론으로 고려해야만 한다.

신경과학이 윤리학과 협업하기 위해서는 기계론적이고 인과론적인 환원주의 방법만이 아니라 전통적인 내성 심리학의 자기 체험 보고와 같은 기술적이고 해석학적인 방법론들을 고려해야만 한다. 이러한 방법론적 개방성은 뇌가 신경과학과 윤리학의 플랫폼 구실을 하듯, 신경윤리학이라는 학문 자체를 법학, 사회학 등 다양한 사회과학의 플랫폼 구실을 할 수 있게 해줄 것이다.

7. 사례연구:
온톨로지와 후설의 존재론적 기획

이번에는 기술과 인문학의 협업 연구 사례를 생각해보자. 우리나라에서 특히 융합이 주목받게 된 계기 중 하나는 애플의 아이폰과 스티브 잡스였다. 스티브 잡스가 아이폰을 가리켜 기술과 인문학의 융합 결과물로 규정하였기 때문이다. 잡스는 기계와 기술을 단순히 기능적 효율성의 관점에서 볼 것이 아니라 하이데거(M. Heidegger)적 의미의 '도구'의 관점에서 볼 것을 요구한다. 달리 말하자면 아이폰의 성공 비밀은 '사용자 체험(UX: user experience)'의 관점에서 기술 문제를 보았던 데 있다. 이러한 체험 분석은 당연히 인문학적 탐구를 필요로 한다. 따라서 기술과 인문학이 교차하는 영역을 갖고 있다.

더 나아가 '알파고 쇼크'로 일컬어지는 인공지능 기술의 개발은 더더욱 인간 삶에 대한 근본적인 이해를 필요로 한다. 계산하는 지능의 재현을 넘어 인간의 감정을 이해하고 소통하는 프로그램의 개발은 인간 삶을 이해하지 못하고서는 그 기능을 제대로 구현하기 어렵다. 외국어의 통/번역, 기계 혹은 AI와 인간의 커뮤니케이션 문제 등 다양한 디지털 기술의 기저에는 인간 삶의 양식에 대한 포괄적인 이해가 전제되어 있다. 이는 사실상 이제까지 없던 새로운 연구 분야이기도 하다. 기계와 소통한다는 것은 인류 역사에서 이번 세대가 처음 겪는 일이기 때문이다. 더욱이 그 소통이 인간 중심적인 소통인 한, 인간의 체험을 얼마나 정밀하게 분석하고 정확하게 기술할 수 있느냐는 매우 중요한 문제이다.

넓은 의미에서 기계가 인간과 성공적으로 소통하기 위해서는 문제 사안과 관련된 데이터들을 잘 분류하고 상황에 맞는 결과값을 산출해내는 것이 중요하다. 기계 학습(machine learning)을 통해 많은 정보들이 수집된다고 하더라도 그것이 맥락에 맞지 않게 출력된다면 결코 좋은 의사소통을 기대할 수 없다. 이러한 정보의 분류와 재조직화의 과정에서 중요한 개념이 온톨로지(ontology)다. 흥미로운 것은 오늘날 정보과학에서 사용되는 온톨로지라는 개념은 후설이 말한 영역 존재론의 개념과 대단히 유사하다는 점이다. 정보 처리의 관점에서 '온톨로지'는 세계에 대한 정보들을 범주적으로 체계화하는 프레임이기 때문이다.

기계적 연산 시스템과 인간 정신이 하나의 사태 안에서 관계를 맺는 것은 이질적인 영역의 융합 사례로 가장 두드러진 예 중 하나이다. 데카르트의 이원론적 관점에서 보자면 이른바 튜링 테스트(Turing Test)는 무의미한 테스트이다. 그것은 그저 인간의 부족한 판단력을 테스트하는 기만적인 게임일 뿐이다. 기계와 인간의 마음은 완전히 이질적인 대상들이기 때문이다. 설령 기계가 테스트

인공지능

를 통과한다고 해도 기계는 기계이고, 인간 정신은 인간 정신일 뿐이다. 그러나 기계가 튜링 테스트를 통과한다는 것의 실천적 의미는 그러한 형이상학적 구별과는 다르다. 이미 정신 치료 분야에서 기계 지능이 환자들에게 중요한 대화 상대자가 되고 있는 사정을 고려한다면, 자연어를 사용하는 기계 지능과 인간 사이의 소통은 인간의 삶에 커다란 영향을 미칠 것이다.

기계가 인간과 일상적인 언어로 대화할 수 있다는 사실은 인간이 기계와의 상호작용을 위해 특별한 절차나 기술을 필요로 하지 않는다는 것을 뜻한다. 이제까지 기계를 작동시키기 위해서는 기계가 인간의 요구를 받아들일 수 있도록 특별한 기술적 절차(예를 들면 기계가 요구하는 순서에 맞는 기계적 조작 절차)를 거치거나 혹은 기계가 알아들을 수 있는 특별한 언어들을 사용해야만 했다. 때문에 기계와의 소통을 인간과의 소통으로 착각할 이유가 없었다. 그런데 IBM의 인공지능(AI) 왓슨이 TV쇼에 나와 다른 인간 경쟁자들과 함께 퀴즈를 풀어 우승을 차지했던 일에서 알 수 있듯이 이제 기계적인 것들이 인간의 자연어를 이해하는 것처럼 보이고 있고, 이로써 기계는 그저 기계적인 것이 아니라 훨씬 '똑똑해(smart)' 보이게 되었다.

우리가 정보과학의 자연어 처리 기술에 특별한 관심을 가져야 하는 이유는 뇌과학이나 인지심리학 그리고 진화생물학적 논의에서 확인할 수 있듯이 사회적 존재로서 인간의 인지발달 과정에서 언어가 차지하는 중요성 때문이다.

"급속한 문화적 변화의 열쇠는 언어이다. 인간은 언어의 기호들과 문법을 창안해낸 유일한 자연 속의 정신이다. (…) 결과적으로 인간의 문화와 나머지 다른 동물계 사이에는 거대한 틈이 생겼다. 인간의 인지적 진화에 대해 적합해 보이는 어떠한 이론도 궁극적으로는 이 틈이 어떻게 메워질지에 관한 가설의 설명력에 따라 성쇠가 정해질 것이다."[31]

물론 이런 사정을 근거로 기계의 인지 능력이 진화할지도 모른다는 SF적 주장을 따져보려는 것은 아니다. 그보다는 인간의 고등한 정신생활에서 언어가 차지하는 비중과 인간의 언어를 사용하는 기계가 그 대화 상대방인 인간에게 어떤 체험을 줄 수 있는지에 주목해야 한다. 언어는 인간이 사회적 존재임을 자각하게 하는 중요한 체험들을 제공한다. 고도로 지적인 생명체이지만 인간의 언어를 사용하지 못하는 대상과 생각하지는 못하지만 인간의 언어를 사용해서 대화가 가능한 대상이 있다고 하자. 우리는 어떤 대상을 좀 더 인간적인 존재로 생각하게 될까? 후자일 가능성이 높다. 일상의 언어로 대화가 가능하다는 것은 동질감을 체험하는 가장 중요한 조건들 중 하나이기 때문이다.

게다가 기계가 인간의 언어를 '이해'하는 과정은 인간이 언어를 어떻게 이해하고 습득하는지를 이해하고 설명할 수 있게 하는 좋은 시뮬레이션이 될 수 있다. 우리가 뭔가를 이해했음을 보여주는 가능한 한 가지 방법은 그 대상 자체 혹은 그 대상이 작동하는 과정을 재현해내는 것이기 때문이다. 다시 말해 특정한 절차나 방법을 사용하여 기계가 인간의 자연어를 이해하는 것처럼 보이게 만드는 기술은 역으로 인간 혹은 더 세밀하게는 인간의 뇌가 어떻게 외부 정보를 처리하는지를 설명하는 좋은 사례 연구일 수 있다.

기계가 인간의 언어로 인간과 의사소통을 할 수 있게 된 것은 기계가 인간과의 커뮤니케이션에 필요한 개념 체계와 정보들을 갖고 있기 때문이다. 기계가 여기저기에 흩어져 있는 데이터들을 사용가능한 정보로 분류할 수 있게 해주는 개념체계를 정보과학자들은 '온톨로지(ontology)'라고 부른다. 정보공학 연구자들에 따르면, "철학에서의 온톨로지가 모든 실재의 본질을 다루는 반면, 컴퓨터 온톨로지는 특정 영역의 실재를 다루기 때문에 다소 좁은 의미의 온톨로지라 할 수 있다. 컴퓨터 온톨로지란 정보 자원을 컴퓨터가 해석할 수 있는 시맨틱(semantic)으로 표현한 특정 영역(domain)의 메타데이터이다. 다시 말해 컴퓨터 온톨로지는 기계(컴퓨터, 소프트웨어 에이전트 등)가 이해하고 처리할 수 있도록 인간이 만든 인공물(artifact)"이다. [32]

이러한 이해에 따르면, 정보공학에서 사용하는 온톨로지는 특정 존재 영역을 지시하고 표현하기 위해 사용되는 개념이나 기호 혹은 상징들의 체계이자 틀(frame)으로 간주할 수 있다. 이는 인식론적 관점에서 그리고 우리의 언어적 관점에서 우리가 세계를 이해하기 위한 개념적 분류체계로서의 존재론적 틀(ontological frame)을 기술적으로 재현한 것이다. 예컨대 의료 전문가들이 사용하는 개념들을 생각해보자. 환자들을 상대하면서 그들은 통증이나 증상의 종류를 분류하고, 감염증을 일으키는 세균들을 분류하는 등의 개념적 작업을 한다. 이러한 작업은 병을 진단하고, 원인균을 특정하며 어떤 조치를 취해야 하는지를 결정한다. 이와 같은 일련의 의사결정 과정은 개념적이고 절차적으로 재기술(re-description)될 수 있으며, 절차적으로 재기술된 지식은 컴퓨터 프로그램에서 구현될 수 있다. 이 과정에서 필요한 것이 개념들의 분류와 위계에 관한 체계, 즉 온톨로지이다.

이러한 온톨로지는 사용 목적과 구성요소에 따라 분류될 수 있고, 각각의 목적에 특화된 다양한 온톨로지들이 이미 개발되어 있다. 크게는 온톨로지의 형식성(formality)과 추론 방식, 적용 영역 등에 의해 구별할 수 있다. 우선 형식화의 정도에 따라 구별할 경우 비형식적 온톨로지와 구조화된 비형식적 온톨로지, 반형식적 (semi-formal) 온톨로지 그리고 형식적 온톨로지로 나눌 수 있다. 그리고 적용 범위와 추상화의 정도에 따라 상위 온톨로지와 하위 온톨로지로 나눌 수 있다. 상위(upper-level) 온톨로지는 다양한 영역에 적용될 수 있는 기본적인 개념들이나 보편적인 개념들을 구조화(modelling) 해놓은 것이고 하위(lower-level) 온톨로지는 특정 영역의 개념들을 구조화 해놓은 것이다.

상위 온톨로지가 일반적인 개념들을 다루는데 반해 하위 온톨로지는 법률이나 의료 등 특정 영역에서 사용되는 개념들을 다룬다. 온톨로지는 대개 개념, 속성, 관계, 제약조건, 공리, 사례(인스턴스, instance) 등의 구성요소로 이루어져 있다. 이러한 구성요소들을 활용하여 온톨로지는 그것이 다루는 대상 세계의 구조를 관념적으로 투사한다. 그런데 이러한 온톨로지 구성요소들의 논리적 관계와 온톨로지 상호 간의 위계적 구조는 후설이 학문의 체계 전체를 구상하며 기획했던 존재론의 구조와 닮아있다. 마치 후설이 계획했던 학문이론적 의미의 존재론의 구조를 정보과학의 측면에서 구현한 것과 같다.

앞서 살펴보았듯이『논리연구』I권의 결론장에서 후설이 순수 논리학의 과제로 언급한 순수 다양체론(Mannigfaltigkeitslehre)과 형식 존재론(formale Ontologie)은 형식논리학과 공리연역체계에 관한 이론을 토대로 개별 이론들의 논리적 구조를 추상화한 학문이론(Wissenschaftsteorie)적 탐구 과제이다. 이는 정보과학에서 사용하는 형식적 온톨로지에 해당한다. 개별 경험과학들의 대상 영역을 규정하고 그 대상들의 본질적 상관관계들을 해명하는 영역 존재론(regionale Ontologie) 역시 같은 맥락에서 이해할 수 있다. 영역 존재론은 추상화 정도에 따라 구분될 수 있으며, 이는 정보과학에서 사용하는 상위 온톨로지와 하위 온톨로지의 구별에 해당한다.

이제 정보과학자들이 지식과 정보를 구조화하는 기술적인 방안들을 생각해보자. 우선은 두 가지 방향성을 생각해볼 수 있다. 연역과 귀납이 그것이다. 연역적인 접근법은 대부분의 엄밀한 이론 체계들이 그렇듯이 그 체계에서 사용되거나 될 수 있는 개념들의 의미를 확정하고 각 개념들 간의 상호 관계를 차례차례 규정해 나가는 것이다. 이에 관한 구체적인 사례로서 후설의 형식 존재론의 아이디어를 실제로 구현한 경우를 보자.

후설 연구자이기도 한 베리 스미스(B. Smith)는 상위 온톨로지의 하나로 기초 형식적 온톨로지(BFO: Basic Formal Ontology)를 제안한다. 스미스 스스로가 밝히고 있듯이 그의 BFO는 후설의 형식 존재론으로부터 그 아이디어를 빌려온 것이다.[33] 스미스는 후설이 『논리연구』에서 수행한 전체와 부분에 관한 논리적 연구를 활용하여 후설이 아이디어로 제안한 형식 존재론을 실제로 선보였다.

스미스가 설계한 형식적 온톨로지(BFO)는 몇몇의 기초 개념들, 예를 들면 '~의 부분이다(is part of)' 같은 개념들과 공리들, 예를 들면 재귀성(reflexivity), 반대칭성(antisymmetry), 이행성(transitivity) 등의 공리들을 활용하여 개념 간의 관계에서 중요한 특성들을 정의함으로써 어떤 이론 체계의 개념들을 구조화 할 수 있는 형식적인 틀을 제공한다. BFO는 번지(Bunge) 온톨로지 등과 같은 대표적인 상위 온톨로지 중 하나이다. 즉 구체적인 영역의 개념들을 다루는 것이 아니라 일반적이고 추상적인 개념들, 예를 들면 사물(thing)이나 실재(entity) 같은 개념들을 다룸으로써 구체적이고 특수한 영역의 지식들을 재구조화하기 위한 토대 프레임의 역할을 한다. BFO와 같은 방식의 구조화 작업은 철저하게 연역적이다. 이러한 상위 온톨로지를 기반으로 해서 특정 영역에서 사용되는 구체적인 개념들을 구조화하면 그것이 하위 온톨로지가 된다. 이러한 구조는 후설이 자신의 학문이론을 전개하면서 형식 존재론과 영역 존재론이라는 과제를 제안했을 때 염두에 두었던 것이기도 하다. 따라서 어떤 의미에서는 후설의 학문이론적 과제를 철학이 아니라 정보과학에서 이루어내고 있다고 말할 수도 있을 것이다.

이번에는 귀납적인 방향에서 생각해보자. 지식과 정보를 구조화 하는 작업은 그 근본적인 동기에서 보면 분류의 문제이다. 지식과 정보의 분류 방식의 차이에 따라 그 지식과 정보를 활용하는 사람의 의미론적(지향적) 체험은 달라질 수 있다. 인터넷을 기반으로 빅데이터를 처리할 수 있는 연산 능력을 갖고 있는 기계적 프로그램은 인터넷 공간상에서 사람들이 어떤 종류의 단어들을 자주 사용하고 그 단어들과 관련되어 있는 또 다른 단어들을 의미론적으로 연결시킴으로써 하나의 온톨로지를 완성해나갈 수 있다. 이때 기계가 구성해내는 온톨로지는 결국 어떤 특정한 생활세계(Lebenswelt) 영역을 표현해내고 있다고 말할 수도 있을 것이다. 기계가 학습을 통해 이러한 온톨로지들 혹은 생활세계적 언어들의 체계를 다룰 수 있게 된다면 인간과 기계의 소통은 훨씬 더 자연스러울 것이다.

정보과학에서 사용하는 온톨로지들은 개념을 다루는 철학과 수학 그리고 정보 처리 이론의 전형적인 협업 모델이다. 이러한 협업을 통해 오늘날 우리는 기계와의 직접 의사소통도 가능해지고 있다. 물론 이러한 새로운 현상에 대한 인문학적 분석은 이제 막 시작단계이다. 기계와 인간이 함께 살아가는 생활세계를 구성할 것이라는 사실은 단순히 정보과학이나 사회과학만의 주제가 아니라 인간 삶의 의미를 분석하고자 하는 철학적 탐구에서도 대단히 중요한 의미를 갖는다. 그러나 이는 전통 철학의 논의에서는 찾아볼 수 없는 새로운 탐구 주제이자 반드시 협업을 요구하는 과제일 것이다.

학문 영역이 다르다는 것은 (현상학적으로 말하자면) 인식주관에게 주어지는 대상적 의미가 다르다는 것을 의미한다. 그 비유적 표현처럼 온톨로지는 하나의 작은 세계를 그려내는 그림이다. 그에 따라 학문 영역이 바뀌면 그림도 달라질 것이다. 각각의 영역들은 그런 의미에서 차이를 보존하고 있다. 반면, 그런 그림들의 기저에는 동일한 언어가 작동하고 있다. 예를 들면 디지털 언어가 그것이다.

언어의 문제는 보편적 학문이론적 관점에서 커다란 중요성을 갖는다. 근대 자연과학과 정신과학이 서로 협력하지 못했던 이유 중 하나는 상대방의 언어, 즉 수학과 일상적인 자연어가 그려내는 세계의 차이 때문이었다. 근대 과학이 (후설이 지적한 것처럼) 생활세계를 외면했던 이유는 바로 그런 차이 때문이었다. 만약 우리가 그런 차이를 극복할 수 있는 기술적 수단을 갖는다면, 두 영역 사이의 교집합은 훨씬 커질 수 있을 것이다. 디지털 언어는 그런 장벽을 넘어설 수 있는 가능성을 제공하고 있는 것처럼 보인다.

물론 이러한 상황이 오직 긍정적이기만 한 것은 아니다. 이후 살펴보겠지만 디지털 언어에 기초해서 개발된 기술은 학문적 연구에서 양날의 칼처럼 긍정적인 면과 부정적인 면 모두를 노출하고 있다. 기계적인 체계에 의존하는 것은 효율성을 높이기도 하지만 연구 방식에 있어 기술적 의존성도 높임으로써 때로는 무기력으로 귀결될 수 있기 때문이다. 예를 들어, 앞으로 학문 연구자가 인공지능에 의존함이 없이 연구를 진행할 수 있을까? 특히 많은 데이터를 다루어야 하는 연구의 경우 인공지능을 통한 처리는 필수다. 그런데 과거의 컴퓨터가 수행한 단순 계산과 달리 데이터를 분류하고 해석하는 일에 있어서까지도 인공지능에 의존한다면, 그 지능의 알고리듬에 변화가 있을 때 해석은 완전히 달라질 수 있다. 현장의 연구자가 그 알고리듬을 장악하지 못할 경우 해당 자료에 대한 해석의 적절성은 학문 연구에서 새로운 문제로 부상할 가능성이 크다.

또한 학문 간 협력의 가능성이 제고되었다는 것은 그저 하나의 사실 진술일 뿐이다. 그런 협력 혹은 학문 간 융합이 과연 바람직한 것인지의 문제는 또 다른 차원의 논의를 요구한다. 무엇보다 자연과학이나 기술(technology)의 영역은 사실의 문제를 다룬다. 반면 많은 인문사회학적 담론들은 가치의 문제를 빼 놓을 수 없다. 사실의 영역과 가치의 영역은 이질적이다. 그런 탓에 비록 많은 사람들이 학문 간 협력을 말하고 융합을 지향하지만 탐구의 현장에서 실제로 협력하고 융합하기란 쉬운 일이 아니다. 오히려 그런 과정 자체가 별도의 과제로 여겨질 정도이다. 그래서 현장 연구자들 사이에서는 자연과학 진영과 인문학 진영 사이의 대화는 세상을 바라보는 관점 자체가 다르다는 것을 확인시켜 줄 뿐이라는 말이 오가곤 한다.

이러한 차이에 대한 인식 혹은 선입견은 학문 간 협력을 막는 또 다른 의미의 장애다. 그러한 차이에 대한 인식에는 사실적 문제의식과 규범적 가치의식에 대한 감수성의 차이, 탐구 방법론의 차이, 교육 체계의 차이 등 다양한 경험들이 매개되어 있다. 하지만 그러한 차이들은 오늘날 우리 세계가 부딪친 문제를 고려한다면 더더욱 서로 간의 협력과 융합이 필요하다는 것을 웅변한다. 그것은 분명 학문의 본질에 대한 물음을 함축하고 있다.

제3부

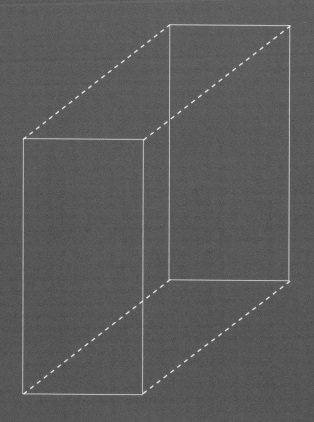

학문 간
협력을 위한
학문이론의 이념

1. 기술적(descriptive) 융합과 규범적(normative) 융합

학문 간 협력 혹은 융합 연구의 문제에서 과학기술과 인문학의 융합이 항상 관심을 끄는 까닭은 두 영역 간 이질성 때문이다. 다시 말해 NBIC 융합과 같이 기술 영역 간의 융합이나 자연과학 분야 간의 융합이 자연스럽게 들리는 데 반해 과학기술과 인문학의 융합을 말하는 경우는 마치 이종 간의 교배처럼 여겨지는 것이다. 앞서 논의한 것과 같이 범주적 구별에서 그 거리가 가까운 학문 분과들은 매우 유사한 연구 플랫폼을 가지고 있어서 협력이 용이하지만 과학기술과 인문학의 경우에는 플랫폼 자체가 다르다고 생각하는 경우가 많다.

분명한 것은 융합을 말한다는 사실 자체가 탐구의 대상 영역 사이에 차이가 있다는 것을 전제하고 있다는 것을 뜻한다. 더욱이 서로 다른 영역들 가운데에서도 융합이 용이한 경우가 있고 그렇지 못한 경우가 있다면, 그것은 영역들 간의 차이 역시 세분화되어야 할 필요가 있다는 것을 의미한다. 하지만 정보과학과 후설의 영역 존재론의 협업 사례와 같이 범주적 거리가 멀다고 해서 융합이 어려운 것은 아니다. 우리가 자연과학이나 공학과 인문학의 협업이 어렵다고 느끼는 좀 더 근본적인 이유는 기술적 학문과 규범적 학문의 차이, 즉 사실을 다루는 학문과 가치의 문제를 다루는 학문의 차이 때문이라고 보아야 한다.

논의의 편의상 스노(C. P. Snow)가 구분한 '두 문화(Two Culture)'로 구별해보자. 자연과학과 인문학이라는 서로 다른 문화권 사이에 건널 수 없는 것처럼 보이는 장벽의 문제는 스노가 처음 제기한 것은 아니다. 이미 그 이전부터 오랫동안 강조되어 온 문제였다. 가치의 문제를 고려하지 않는 자연과학자나 공학자의 탐구는 때때로 인류 문명에 파괴적인 영향력을 행사할 수도 있다. 물론 스노가 두 문화에 관한 이야기를 한 것은 인문학자들이 과학에 대해 너무 무지한 탓에 지나치게 걱정만 하고 이따금씩 연구의 발목을 잡는 것에 대한 불만이었기는 하다. 어느 쪽의 입장이든, 즉 첨단 기술 발전의 파괴적인 영향력에 대한 인문학 진영의 비판적 문제의식이든, 그 반대편의 문제의식이든 양 진영 사이에 협력이 필요하다는 것은 재론의 여지가 없다. 더욱이 근대 이후로 심화된 문제, 전공 분과의 알고리듬에 매몰되어 더 이상 탐구의 상상력을 발휘하지 못하는 한계를 극복하고자 하는 문제의식 역시 빼놓을 수는 없다. 따라서 우선은 이러한 문제의식의 역사를 학문이론의 관점에서 간단히 스케치 해보는 것이 논의에 도움이 된다.

먼저 두 문화 사이의 차이를 강조하는 문맥이 한결같지는 않다. 예컨대, 신칸트학파의 일원이었던 리케르트(H. Rickert)는 자

하인리히 리케르트

연과학과 인문학, 좀 더 정확히는 문화과학의 차이를 선명하게 드러내고자 한다. 이미 1898년에 발표된 『문화과학과 자연과학(Kulturwissenschaft und Naturwissenschaft)』에서 리케르트는 당시 대상의 특성에 따른 구분으로 받아들여지고 있던 '자연과학'과 '정신과학'의 구별이 적절치 않다는 점을 지적한다.

> "제 과학은 그것이 취급하는 대상에 관하여서도 또 그것이 사용하는 방법에 관하여서도 서로 구분될 수 있으므로, 과학을 구분하는 일이 질료적(material) 견지에서도 형식적(formal) 견지에서도 기도되고 있거니와 이 두 구분 원리가 서로 합치한다는 것은-많은 사람들이 그렇게 믿고 있는 듯하다- 결코 자명한 것은 아니다."[1]

리케르트의 이 말은 벌써 백여 년이 지났고, 그 사이에 우리는 '학문 간 연구'나 '다학문적(multi-disciplinary) 연구' 혹은 좀 더 공격적으로 융합을 말하지만 여전히 의미 있는 말처럼 들린다. 우리는 흔히 학문 간의 차이를 대상 영역의 차이 그리고 연구를 수행해가는 방법론의 차이로 구분하며, 자연과학과 인문학의 차이가 우리가 구분했던 방식에 대응할 것이라고 믿고 있기 때문이다.

리케르트는 분류의 관점을 바꾸자고 제안한다. 그는 오히려 이렇게 말한다. "오직 하나의 경험적 현실이 있기 때문에 단지 하나의 경험적 과학이 있을 뿐이라는 명제는 정당하다"[2] 리케르트의 기준에 따를 경우 흔히 우리가 자연과학이라고 부르는 분과들은 물론이고 우리의 의식과 정신적 현상을 탐구대상으로 삼는 어떤 학문도 그것이 경험적 현실을 다루는 한, 경험과학으로 분류할 수 있게 된다. 오직 논리학과 철학만이 경험과학의 범주로부터 벗어 난다.[3]

이제 경험과학이라는 커다란 지반 위에 대상의 특성과 방법론의 차이에 따라 분류가 가능하게 된다. 리케르트는 대상의 특성을 고려할 때, 당시 일반화되어 있던 표현인 자연과학(Naturwissenschaft)과 정신과학(Geisteswissenschaft)[4] 대신에 자연과학과 문화과학(Kulturwissenschaft)로 구분하는 것이 옳다고 본다. 아울러 방법론에 있어서도 자연과학적 방법과 정신과학적 방법으로 구분하는 것이 아니라, 자연과학적 방법과 역사적 방법으로 구분하자고 제안한다. 흥미로운 점은 자연과학과 문화과학 사이에 일종의 중간지대를 설정하는 것이다. 특정 대상은 자연과학적 탐구 대상인 동시에 문화과학적 탐구의 대상이기 때문이다.[5]

반면, 한편으로는 리케르트의 견해에 동조하면서도 방법론에 있어서는 리케르트와 정반대의 주장을 하는 사람들도 있다. 즉 리케르트가 자연과학이든 문화과학이든 결국 경험세계에 관한 학문이라는 점에서 한 묶음으로 본 것처럼, 다양한 학문들을 일원론적 관점에서 보는 것에는 동조하지만 리케르트가 구별한 방법론의 차이에 대해서는 반대하는 것이다. 이러한 입장을 대변하는 사람들 중에 가장 최근에 우리의 시선을 끌었던 인물은 통섭을 주장하는 에드워드 윌슨이다. 그는 자연과학의 인과적 설명만이 현재까지 우리가 의지할 수 있는 유일한 학문적 방법이라고 주장한다.

그래서 그는 인간의 문화와 나아가 마음까지도 생물학과 신경과학의 인과적 설명으로 해명되어야 한다고 주장한다. 윌슨이 이렇게 방법론적 환원주의를 선택하는 이유는 다분히 귀납적이다. 자연과학의 방법이 성공적이었기 때문이라는 것이다.[6]

리케르트처럼 자연과학과 인문학의 정체성을 구분하고, 그에 따라 방법론도 달라야 한다는 주장과 설령 학문 영역을 대상의 차이에 맞게 구분하더라도 방법론은 같아야 한다는 주장 사이의 논란은 여전히 해결되지 않은 채 잠복해 있다. 그래서 현재 인문학과 과학 기술의 융합과 관련해 처해 있는 상황을 말하자면, 서로 말이 통하지 않는 사람들이 험한 날씨로 인해 한 방에서 묵어야 한다고 요구하는 것처럼 보인다.[7] 다만 고도로 전문화된 지식이 세계를 온전하게 이해하는 데 오히려 장애가 되고 있다는 문제의식, 따라서 학문 간 협력이 필요하다는 문제 상황이 이제 광범위하게 공유되어 있다는 사실만큼은 틀림없다. 그리고 그런 문제의식이 최근에서야 비롯된 것도 아니다.[8] 그럼에도 만족스러운 합의점에 도달하지 못하는 까닭은 학문 영역 간의 차이와 방법론의 차이를 어떻게 다루어야 하는지에 대해 일치된 견해에 도달하지 못했기 때문이다.

방법론의 차이가 중요한 까닭은 그 차이가 그저 방법론의 차이만을 의미하지 않는다고 믿어졌기 때문이다. 방법론의 차이가 어떤 결과를 낳는지에 관해서는 후설에게서 찾아 볼 수 있다. 후설은 『유럽 학문의 위기와 선험적 현상학』에서 당대 유럽의 정신적 위기의 원인을 잘못 이해된 실증주의와 그런 실증주의를 철학적 이

넘으로 삼은 자연과학에게로 돌린다. 그에 따르면, 근대 유럽의 학문은 '객관성'이라는 이념 아래 인간 주관성을 학문 탐구의 영역으로부터 배제하였고, 그것이 결과적으로 인간 이성을 수수께끼로 만들고 말았다고 말한다. 인간의 문제가 학문의 탐구 영역으로부터 배제됨으로써 가치의 문제 역시 객관적인 학문 탐구 영역에서 배제되었음은 물론이다. 따라서 후설의 근대 과학 비판에 있어서 방점은 자연과학이 받아들이고 있는 잘못된 방법론적 이념에 있다.

그러나 방법론의 차이로 인해서 벌어지는 효과와 방법론의 차이 자체는 구분이 필요하다. 방법론에 차이가 있다고 하더라도 융합은 이루어질 수 있다. 신경윤리학의 사례나 정보과학에서 다루는 온톨로지와 후설의 학문이론적 존재론의 융합이 그렇다. 융합이 어렵다고 느껴지는 것은 사용하는 개념들의 차이, 대상이나 현상을 바라보는 관점의 차이, 아주 일반적으로 말해서 해당 학문의 방법론의 차이 때문이라기보다는 그런 방법론의 차이로 인해서 벌어지는 효과 때문이기 쉽다.

예컨대 자연과학과 인문학 사이의 차이를 둘러싼 서로 다른 생각의 뿌리는 객관적이고 과학적으로 탐구되지 않으리라고 여겨지는 '가치'의 문제 때문이다. 많은 사람들이 인문학의 주요한 탐구 대상인 '가치'의 문제는 토리첼리나 보일의 실험처럼 '객관적'으로 입증되지 않으리라고 믿는다. 가치의 문제는 규범의 문제이기도 하다. 자연과학을 비롯해서 객관적인 사실을 다루는 학문들과 삶의 의미와 가치를 탐구하는 인문학적 탐구들은 사실과 당위

사이의 문제처럼 넘어설 수 없는 장벽을 마주하고 있다고 보는 것이다. 물론 이는 실제적인 문제가 아니라 자신의 고유한 영역을 포기하지 않으려는 고집이 우리의 관념을 지배함으로써 만들어진 현실인지도 모른다. 이렇게 학문 간 협력의 장애가 되는 문제를 해결하는 하나의 방법은 융합을 바라보는 관점을 이원화하는 것이다. 기술적(descriptive) 차원의 융합과 규범적 차원에서의 융합을 구분하는 것이다.

신경윤리학의 사례는 기술적 차원에서는 융합이 일어날 수 있지만, 규범적 차원에서는 융합이 쉽지 않다는 것을 보여준다. 반면 정보과학의 온톨로지에서는 규범적 차원의 융합 자체가 문제시 되지 않는다. 그것은 단지 우리가 세계를 어떤 방식으로 분류하고 재구성할 수 있는지에 대한 기술적 연구이기 때문이다. 규범적 차원의 융합은 반드시 가치의 문제를 다루어야 한다. 그러나 이 가치의 문제는 갈릴레이가 과학 연구의 방향성을 설정한 이후 과학에서 다루기 까다로운 문제였다. 자연과학에서 가치의 문제를 다루기 어려워진, 심지어 과학적 탐구의 대상에서 배제해야 한다는 생각까지 이르게 된 사정은 객관성을 중시하는 방법론의 차이가 빚어낸 효과였다. 만약 우리가 학문 간 협력을 성공적으로 이끌고 싶다면 방법론의 차이와 그 방법론의 차이가 가져온 효과를 분리해야 한다.

이렇게 방법론의 차이와 방법론의 차이가 빚어낸 효과를 분리하는 일의 장점은 무엇보다 융합이 잘 일어나는 경우와 그렇지 못한 경우의 이유를 파악할 수 있게 해준다는 점이다. 따라서 이론간 융합을 시도하는 노력들은 기술적 차원에서의 융합과 규범적 차원에서의 융합을 감식하는 노력이 필수적이다. 물론 융합 자체가 목적이어서 규범적으로 생각해봐야 할 문제들을 의도적으로 외면하는 것은 문제다. 그것은 학문적 논의에 맞도록 실제 현실을 왜곡하는 결과를 낳을 것이기 때문이다. 근대과학은 가치의 문제를 도외시함으로써 인간 삶의 문제에 대해 무기력한 학문이 되어버렸고 독일 관념론은 이성을 기준으로 세계를 재단함으로써 스스로를 제약했다.

흔히 인문학과 자연과학 진영의 협업 모델로 과학적 탐구나 공학적 발명에 대해 인문학의 진영에서 비판적으로 평가하고 연구의 방향성을 모색하는 방식이 거론되곤 한다. 이는 기술적 학문과 규범적 학문의 융합을 시도하는 것이다. 그러나 실질적인 현장에서 이러한 종류의 융합이 어려웠던 까닭은 기술적 차원에서의 융합과 규범적 차원에서의 융합을 구분해서 생각하지 못했기 때문이다. 융합의 목적이 무엇이냐에 따라 협력의 양상은 언제든 달라질 수 있다. 후설의 존재론과 정보과학의 협업 사례가 보여주듯 기술적(descriptive) 협력은 언제든 가능하기 때문이다. 만약 규범적 융합이 필요하다면, 그것은 기술적 차원의 협력과는 다른 논의 태도가 필요하다는 것을 상호 간에 인정해야 한다. 결국 두 학문 영역 간의 협업은 마치 다양성 사회를 살아가는 시민들이 서로를 존중해야 하듯이, 차이를 다뤄내는 방법론의 차이를 인정하고 존중할 때 비로소 시작될 수 있다. 따라서 우선은 그 차이를 드러내고 그런 차이에도 불구하고 어떤 접점이 가능한지를 살펴야 한다.

2. 양적 연구 방법과 질적 연구 방법

통상 자연과학이나 공학 진영의 방법과 인문사회과학(물론 정량적 방법을 선호하는 사회과학적 탐구는 제외하고) 사이의 차이를 양적 연구 방법과 질적 연구 방법이라는 개념으로 드러내곤 한다. 질적 연구 방법의 장점은 인간의 삶과 사회적 현상을 구체적으로 기술해 낼 수 있다는 점이다. 이는 통상의 자연과학이나 일부의 사회과학이 취하는 양적 연구 방법에서 결핍된 부분을 의미하기도 한다. 양적 연구 방법은 삶의 구체적인 현실을 제대로 드러내기 어렵기 때문이다. 양적 연구 방법은 인간 삶의 주관적 체험의 현실들을 추상(abstraction)한다. 그 이유는 물론 객관성 때문이다.

과학적 탐구의 가장 중요한 요건은 바로 객관성이다. 오랫동안 과학적 연구에서 질적 연구 방법이 적절한 대접을 받지 못한 것은 그 연구 방법이 '자연과학적 의미의' 객관성의 기준을 만족시키기 어렵기 때문이었다. 예를 들어 과학적 훈련을 받은 사람들은 문학 작품을 통해 시대적 삶을 재구성하는 연구나 한 개인의 체험을 추적하는 생애사 연구와 같은 질적 연구에 대해 그런 연구가 과학적인 연구일 수 있는지에 대해 고개를 갸웃한다. 그런 논의들이 무의미한 것은 아니지만 단순한 주관적 체험들에 대한 기술이어서 소설에 가깝다고 생각하기 쉽다. 때문에 질적 연구 방법 자체가 무의미한 것은 아니지만 학문적 객관성에 대해서는 부정적인 평가를 내리기 쉽다. 사회과학 연구자들 중 많은 사람들이 정량적 분석을 중시하는 까닭 역시 마찬가지다.

이렇게 양적 연구 방법과 질적 연구 방법 각각에게 나름의 장점이 있다면 지향점도 분명해진다. 삶의 구체성과 학문적 객관성, 어느 것에 무게 중심을 두어야할까? 그 선택에 따라 방법론도 선택될 것이다. 가장 이상적인 경우는 아마도 인문사회과학적 연구가 객관성과 보편성의 기준을 만족시키면서 동시에 삶의 구체적인 양상을 기술할 수 있어야 한다는 것이다. 이것이 가능하다면, 객관성이라는 공유 지반을 토대로 서로 다른 탐구 진영의 접점이 가능할 것이다.

그런데 삶의 구체성과 객관성이라는 서로 다른 지향점을 가진 방법론적 요구 사이에서 타협이 가능할까? 이러한 문제를 해소하는 가장 직접적인 방법은 구체성의 요구와 객관성과 보편성의 요구가 양립가능한 경우를 실제로 드러내 보이는 것이다. 이러한 문제의식에 비교적 가까이 가 있는 질적 연구 유형은 바로 근거이론(grounded theory)이다. 미국을 중심으로 전개되고 있는 근거 이론은 사회학적 가설을 '검증'하고 이를 통해 이론을 생성해내는 것을 목표로 한다. 글레이저(B. Glazer)와 스트라우스(A. Strauss)에 따르면,

"양적 연구 방법은 확정되지 않은 이론을 '사실'로 테스트하고자 하는 노력의 시초가 되었다. 질적 연구 방법은 과학적 재생산이 가능한 사실을 생성해내지 못하고 사회구조와 사회체계에 대한 일상적 사실을 얻어내는 민감성을 갖고 있다. (…) 사실 사회학에서 많은 발전을 이룩한 유일한 질적 연구 방법은 질적 데이터의 양화다! 이러한 발전에 내재되어 있는 가정은 사회학이 가설의 양적 검증이라는 장점으로 인해 과학으로 진보하는 과정에 있다는 것이다. (…) 연구 방법이나 데이터의 측면에서 질적인 것과 양적인 것의 목표와 능력 간에는 근본적인 갈등이 없다. 갈등이 있다면 검증이나 이론 생성의 우위를 결정하는 일인데, (…) 우리는 무엇을 우위에 놓는가에 관계없이 두 가지 형태의 데이터 모두 증명과 이론 생성에 각각 유용하다고 믿는다."[9]

이 인용문에는 질적 연구가 과학적 방법으로 인정받고자 할 때 필요한 것이 무엇인지가 잘 드러난다. 질적 연구 방법론의 하나로서 근거 이론이 이론을 생성하고자 하는 것은 질적 연구를 통해 얻어진 결과가 일반적인 설명력을 갖기 원하기 때문일 것이다. 그러나 이러한 접근 방식의 위험성은 이론을 위해 데이터의 질적 차이가 희생될 가능성 또한(양적 연구가 가진 근본적인 한계처럼) 높다는 사실이다.

일반적인 질적 연구에서는 연구자가 조작적인 상황을 만들어

내지 않는다. 다시 말해 이해하고자 하는 대상을 실험실로 몰아넣지 않는다. 적어도 그런 방법은 의미를 해석하는 일에서 작위적일 가능성이 크기 때문이다. 그래서 연구자는 가능한 한 자연스러운 상황에서 문제 사안을 다루려고 한다. 또한 양적 연구 방법에서 연구자는 중립적인 관찰자로서 특별한 의미를 갖지 않지만, 질적 연구에서는 연구자 자신이 중요한 의미를 갖는다. 무엇보다 연구자 자신이 그가 속해 있는 여러 가지 역사적, 사회적 맥락으로부터 자유롭지 않을 수 있기 때문이다.

그리고 가능한 한 다양한 자료원천에서 자료들을 수집하고 귀납적 방식으로 추상하고 분석해서 자료들 간에 성립하는 패턴이나 범주들을 발견하고자 한다. 이렇게 어떤 특정 유형의 패턴이나 범주들을 발견하려고 하는 까닭은 해명하고자 하는 문제 사안의 복합적인 구성 요인들 사이의 상호작용을 구명하려고 하기 때문이다. 근거 이론은 그러나 질적 연구 방법을 통해 얻어진 데이터를 가설을 검증하는 데 활용해야 한다고 말한다. 물론 그것은 이론 생성을 위해서다. 근거 이론에서는 질적 연구가 과학의 중요한 특징인 설명적 기능을 수행하기 위해서는 단순히 자료를 수집하고 분류하는 것을 넘어서는 가설과 이론의 생성에 기여해야 한다고 본다. 그런 점에서 보면 근거 이론은 전형적인 질적 연구 방법으로부터 다소 비켜나 있다.

질적 연구 방법이 정량적 방법을 통해 생성된 이론들이 삶의 구체적 현실을 제대로 반영하지 못한다는 반성에서 출발한 것이라고 볼 때 아쉬운 점이 아닐 수 없다. 근거 이론의 경우 질적 연구 방법의 가장 중요한 특징인 귀납적이고 기술적 성격을 잃을 위험이 있다. 그것은 근대과학의 정량적 탐구 방법이 부딪친 한계와 동일하다. 이론의 생성을 위해 개별 데이터 혹은 구체적인 삶의 양식들이 희생될 가능성이 적지 않기 때문이다. 그렇다면 구체성과 보편성은 양립하기 어려운 선택지인가? 후설의 현상학적 방법이 가진 장점이 여기서 드러난다. 현상학적 질적 연구는 가능한 하나의 사잇길을 보여준다.

개별적 사건들의 구체성을 훼손하지 않으면서 동시에 보편성의 조건을 만족시켜야 한다는 문제를 고려할 때, 현상학적 방법에서 주목할 수 있는 것은 '범주(Kategorie)'라는 개념이다. 기능적 관점에서 범주는 '본질'과 같은 역할을 하기 때문이다. 범주는 어떤 것을 다른 것과 구분시켜 주는 분류의 기능을 수행한다. 이렇게 구분하고 분류한다는 것은 분류의 대상이 되는 대상들이 특정한 공통점을 갖고 있다는 사실에 대한 다른 표현이기도 하다. 다시 말해 범주적으로 구분한다는 것은 그 범주 아래 포함되는 대상들이 특정한 공통점을 갖고 있다는 뜻이기도 하다. 앞서 후설의 영역 존재론과 클라인의 에를랑겐 프로그램에 대한 논의에서 나온 불변량(Invariant)을 생각해도 좋다.

질적 연구에서 범주나 혹은 그와 유사한 의미로 패턴을 발견하고자 하는 시도는 문제가 되는 현상을 구성하는 구성적 요소들 사이의 상관관계를 파악하는 것을 넘어 방법론적으로 매우 중요한 함축을 갖는다. 왜냐하면 범주를 파악하는 일은 일반성을 겨냥하기 때문이다. 다시 말해, 차이를 드러내는 동시에 개개의 고유한 대상들을 하나의 일반적인 시선에서 고찰할 수 있는 개념적 틀을 제공하는 것이다. 현상학적 탐구에서 본질직관이 중요한 까닭은 그것이 내용적 차이를 반영한 일반성을 얻을 수 있는 방법이기 때문이다. 따라서 본질직관을 통해 얻어진 일반성은 정량적인 방식이나 개념적 추상을 통해 차이를 소거함으로써 얻어지는 추상적인 일반성과는 다르다. 범주는 후설이 형상(Eidos)이라고 부른, 혹은 좀 더 일반적인 개념으로는 본질(Wesen, essence)을 일반화해서 얻어지는 개념이다. 따라서 범주는 본질들의 위계적 계열에서 가장 상위에 있는 개념이라고 할 수 있다.

질적 연구에서 본질이나 패턴 혹은 구조적 특성을 발견하려고 하는 것은 문제의 사태를 관통하는 공통적인 특성을 통해 사태를 유형적으로 분류하고 그것을 범주화함으로써 일반적인 이론적 고찰을 가능하게 하려고 하기 때문이다. 이러한 일반성을 탐구의 기능적인 측면에서만 보면 앞서 근대과학이 겨냥했던 보편성과 다르지 않다. 실제로 후설은 자신의 현상학에서 '본질 필연성(Wesensnotwendigkeit)'이라는 개념을 사용한다. 다분히 전략적으로 보이는 이 개념을 통해 후설은 본질적 상관관계로부터 얻어진 지식은 '객관적이며 보편타당하다'고 말한다. 비록 구체적인 체험들과 사태들을 조사하지만 우리는 단순히 일회적이고 개별적인 사건에 머무는 것이 아니라 그 사건과 관련되어 있는 보편적인 인식에 도달할 수 있다.

결국 후설 현상학의 전략은 우리의 구체적인 체험들을 분석하면서도 근대학문이 가졌던 객관적이고 보편적인 지식의 가능

마르틴 하이데커

제3부 학문 간 협력을 위한 학문이론의 이념

성을 확보하는 일이라고 말할 수 있을 것이다. 물론 이러한 전략은 흔히 말해지는 실존적 분석이나 해석학적 분석과는 차이가 있다. '세계-내-존재(In-der-Welt-sein)'로 인간 현존재(Dasein)를 특징 짓는 하이데거(M. Heidegger)의 해석학적 현상학이나 신체(Leib)라는 개념으로 인식하는 주관의 구체성을 강조했던 메를로-퐁티(M. Merleau-Ponty)의 현상학적 방법은 후설의 현상학적 방법과는 차이가 있다. 이들의 방법에서 인간은 상황적 존재이며, 그런 한에서 맥락으로부터 자유로울 수 없다. 따라서 같은 현상학자라고 하더라도 인간과 삶을 바라보는 방식은 각각 다르다고 해야 할 것이며, 어떤 방법이 탐구하려는 현실을 이해하는 더 좋은 방법인지, 어떤 접근법이 더 적합한 방법인지는 주어지는 문제의 사태에 따라 다를 수 있을 것이다. 그래서 어느 방법을 선택하느냐는 아마도 해당 문제를 바라보는 연구자의 몫일 것이다. 다만 여기서 우리가 애초에 던졌던 질문, 즉 질적 연구가 과학적일 수 있는가라는 물음에 제한한다면, 후설의 방법론은 상대적으로 더 적절한 해법을 제안한다고 말할 수 있다.

3. 방법론의 현실 적합성과 상대주의의 문제

후설 이후의 현상학자들이나 인문학자들이 후설이 제안한 사잇길이 아니라 삶의 구체적인 현실을 좀 더 강조하는 방법론으로 기울어진 것은 근대과학의 객관주의 이념에 대한 반작용이었기 때문이다. 탐구 영역이 인간의 삶이라면, 설령 이론의 보편성과 객관성을 포기하더라도 탐구 대상의 생생한 의미를 살려내는 것이 더 중요하다고 본 것이다. 이는 이론의 객관성보다 현실 적합성을 더 중시한 까닭이다. 객관성과 현실 적합성은 방법론을 선택하는 데 있어 모두 중요한 기준들이다. 후설은 (비록 자신의 이론을 충분히 개진하지는 못했지만) 학적 이론이 만족시켜야 하는 객관성 혹은 보편성과 탐구 대상의 구체성 사이에 놓여 있는 사잇길을 포기하지 않았다.

후설이 두 마리 토끼를 잡기 위해 결과적으로 모호해 보이는 태도를 취한 것은 상대주의의 문제 때문이다. 근대과학이 학적 탐구의 객관성을 중요하게 여긴 까닭은 학적 지식의 상대성 문제와 관련이 있다. 근대과학의 후예들이 질적 연구 방법에 대해 회의적인 태도를 보이는 이유 역시 질적 연구 방법이 상대주의의 위험으로부터 자유롭지 않기 때문이다. 지적 상대주의는 과학 연구자들에게는 그저 인식론의 여러 입장들 중 하나가 아니라 반드시 극복해야 하는 철학적 입장이다. 과학적 지식이 그때그때 상황에 따라 옳고 그름이 달라진다면, 우리가 어떤 현상이나 사태에 대한 판단에서 과학에 의존할 이유가 없다. 후설이 철학 역시 엄밀학이어야 한다고 강조한 이유도 그것에 있다. 얼핏 학문에 대한 후설의 이러한 고지식한 관념은 (포스트모던이라는 지적 문화에서는) 몹시 낡아 보일 수 있다. 하지만 우리가 후설이 걷고자 한 사잇길에 대해 다시 진지하게 생각해야 하는 이유는 그의 논의가 학문 간 협력 혹은 융합에 대해 아주 중요한 함축을 갖고 있기 때문이다.

학적 방법론에 대한 요구들, 즉 객관성, 현실 적합성 그리고 상대주의의 문제와 관련하여 비고츠키(L. Vygotsky)의 발달 심리학은 좋은 사례를 제공한다. 먼저 심리학이라는 학문이 갖고 있는 중간지대적 성격이 그렇다. 심리학은 역사적으로 자연과학적 면모를 강화해왔다. 반면 그 대상은 인간의 마음이라는 점에서 다분히 인문학적이다. 즉, 심리학은 그 태생부터 인문학과 자연과학의 중간지대에 놓여 있다. 앞서 살펴본 것처럼 분트 이후의 심리학이 자연과학적 성격을 강화해 온 이유는 과학적 탐구의 기준으로서 객관성 때문이다. 특히 요소심리학(Elementpsycholgie)의 경우 자연과학의 분석적 방법을 사용함으로써 객관성을 높이고자 하였다. 비고츠키는 이러한 방법이 과연 옳은 선택이었는지를 묻는다.

레프 비고츠키

　　제3부 학문 간 협력을 위한 학문이론의 이념

비고츠키에 따르면, 요소심리학은 인간 마음 혹은 인간의 정신적 성장과 발달을 다루는데 유용한 방법일 수 없다. 비고츠키는 인간의 마음을 이해하기 위해서는 사회적 영향력, 즉 환경의 영향력을 고려하지 않을 수 없다고 말한다. 그러나 그 경우 사회적 영향력이라는 개념의 모호성으로 인해 상대주의적 해석을 피하기 어렵다. 그리고 이는 과학적 탐구 방법의 객관성 그리고 그러한 객관성에 기초한 학적 이론의 보편성을 고려할 때 커다란 약점이 아닐 수 없다.

인지발달 과정을 다루면서 사회문화적 영향력을 고려해야 한다는 비고츠키의 입장은 분명 상대주의를 허용하는 것처럼 보인다. 실제로 비고츠키 역시 아동의 언어 발달에 관한 피아제의 연구를 비판할 때 이렇게 말한다. "이미 언급한 바와 같이, 이 법칙성은 피아제가 연구했던 사회적 환경에는 유효하다. (…) 만약 우리가 우리나라의 아동을 둘러싸고 있는 완전히 다른 사회 환경에서 그런 현상과 과정을 연구한다면, 어쩌면 이 법칙성이 상당히 맞지 않을 것이다."[10] 나아가 덧붙이기를, "심리학의 과제는 영원한 아동성을 밝히는 것이 아니라, 역사적 아동성, 또는 괴테의 시적인 언어를 사용하면 일시적 아동성을 밝히는 것이다."[11] 아동의 언어발달 과정에 대한 연구는 아동을 둘러싸고 있는 의사소통적 상황(즉, 아동의 생활세계)의 영향을 고려해야만 한다는 점에서 그리고 의사소통적 상황은 언제나 달라질 수 있다는 점에서 상대주의를 허용할 수밖에 없을지도 모른다. 그러나 비고츠키가 진실로 상대주의자였는지는 좀 더 따져볼 필요가 있다.

사회적 구성주의는 일반적으로 문화상대주의를 연상시킨다. 이는 특히 후기구조주의(Post-structualism)의 강한 영향력 때문이기도 하다. 1960년대 이후 폭발적인 반향을 불러일으킨 후기구조주의는 이전 세대와 달리 구조의 보편성과 불변성보다는 의미를 구성하는 개별 주체의 차이와 사회문화적 특수성을 강조한다. 이러한 지적 태도는 당시의 정치적인 상황과 맞물려 문화상대주의와 또 인본주의적 전통과도 결합하였다. 이러한 상황에서 (새롭게) 주목받게 된 비고츠키의 이론이 상대주의적으로 해석된 것은 당연한 일인지도 모른다. 그런데 피아제의 연구를 비판했던 바로 그 자리에서 비고츠키는 그저 단순한 상대주의가 아니라 더 높은 수준의 일반성을 목표로 하고 있다는 것을 암시한다.

> "완전히 다른 사회 환경 속에 있는 아동에게서, 특히 피아제의 아동들과 달리 일하고 있는 아동에게서 사고발달을 연구하는 것은 여기와 지금의 의미를 가지고 있는 법칙들을 설정하게 할 뿐만 아니라, 그것을 일반화하는 매우 중요한 법칙성들을 설정한다고 우리도 생각한다."[12]

얼핏 충돌하는 듯이 보이는 비고츠키의 이러한 태도는 그가 여러 곳에서 강조하고 있는 언어와 사고, 또 아동의 내면적 발달과 외부의 영향 사이의 변증법적 이행과정을 생각해보면 어렵지 않게 이해된다. 변증법적 관점에서 보면 개별 국면에서의 대립과 전체로서의 통일이 함께 공존할 수 있기 때문이다. 물론 이러한 과정은 정적이고 수평적인 분석이 아니라 '발달'이라는 역사적 시선에서 드러나는 것이다. 그래서 사고와 언어 사이의 관계를 논하는 글의 마지막 부분에서 그는 헤겔과 포이어바하에 의지해서 자신의 생각을 은유적으로 표현한다.

"사상과 단어의 연관은 태초에 주어진 것이거나 영원한 것이 아니다. 이것은 발달 과정에서 발생하며, 스스로도 발달한다. (…) 태양이 작은 물방울에 반영되듯이 의식은 단어 속에 자신을 표현한다. 단어와 의식의 관계는 미시적 세계와 거시적 세계, 살아 있는 세포와 유기체, 원자와 우주의 관계와 같다. 단어는 의식의 소(小)세계다. 의미가 부여된 단어는 인간 의식의 소우주다."[13]

이러한 사유 방식은 전체를 이루는 부분들의 대립이 아니라 그 대립을 포괄하고 있는 전체의 통일성을 중시한다. 따라서 비고츠키가 아동의 인지발달 과정에서 사회적 영향력을 설명하면서 강조한 것은 그저 단순한 상대성이 아니라 전체를 이루는 구성적 요소들 간의 역동성을 표현한 것으로 볼 수 있다.

이러한 논의 방식은 후설의 생활세계적 현상학에서도 볼 수 있다. 그는 생활세계의 상대성과 보편성의 이중적 짜얽힘의 구조를 강조한다. 후설에게 있어 모든 의미구성물의 토대인 생활세계는 말 그대로 개개의 주관들에 따라 상대성이 지배하는 세계이다. 그럼에도 그런 다양한 의미구성물을 생산해내는 의식의 지향성은 보편적이며, 이 지향성의 구조는 모든 생활세계들을 관통한다. 이는 지향성이라는 문법을 통해 온갖 풍요로운 의미를 가진 문장들이 만들어질 수 있는 것과 같다. 그래서 후설은 생활세계의 이러한 의미론적 역동성을 일종의 역설로 간주한다.

인식 주관은 세계 전체를 대상화 하지만 자신은 정작 바로 그 세계 안에 존재한다는 사실이 그것이다. 그러나 그는 그런 상대성을 극복하고, 나아가 상대성을 생산적 다양성으로 전환시킬 수 있는 틀을 제공한다. 그 틀의 강력한 지지대는 의식의 지향성이라는 보편적 구조이다.[14] 이러한 논의를 통해 후설이 강조하고 싶었던 것은 더 완성된 존재로 나아가는 도정의 역동성이다. 인간 이성의 발전과 그에 상응하는 학문의 발전이 그에 해당할 것이다. 후설은 생활세계의 상대성을 말하면서도 결코 상대주의를 말하지 않았다. 오히려 상대주의는 학문 발전의 도상에서 극복되어야만 하는 과제이다.

몇몇 방법론적 관점에서 비고츠키와 후설은 확연히 다른 면모를 갖고 있기는 하다. 예를 들어 비고츠키의 심리학은 문제를 해결하기 위해 가설을 세워 '설명'하고자 하는데 반해 후설의 현상학적 심리학은 의식 현상의 본질적 구조를 기술함으로써 '해명'하고자 한다. 후설은 의식 현상의 경험적 우연성을 극복하기 위해 '현상학적 환원'을 사용하지만 비고츠키에게서 그런 것을 발견할 수는 없다. 그럼에도 불구하고 후설과 비고츠키 사이에서 공통적으로 발견할 수 있는 태도는 인간 의식의 성장과 발달을 일종의 목적론적 시선에서 보고자 했다는 것이다.

후설과 비고츠키의 이론에서 보이는 목적론적 태도는 자연과학 진영에서는 오랫동안 기피해왔던 태도이기도 하다. 자연과학이 목적론적 설명 모델을 경계하는 까닭은 그것이 인과적 설명 방식과는 다르게 모종의 형이상학적 목적을 실체화할 위험성이 있기 때문이다. 게다가 목적론적 도식은 문제가 되는 현상에 대한 해석의 상대성 위험에 더 크게 노출된다. 그러나 학문의 목적이 실제 현실을 잘 설명하는 것이라면, 어떤 설명 모델이 목적론적이라는 이유만으로 거부하는 것은 결코 현명한 태도가 아니다. 만약 목적론적 도식이 더 잘 들어맞는 영역이 있다면, 그 설명 모델은 해당 학문 영역의 고유한 방법론으로 존중되어야만 한다.

반복적인 논의를 통해 분명해진 것은 학문 간 협력의 문제에서 최종적인 걸림돌은 학적 탐구의 객관성의 문제라는 점이다. 대상 영역의 차이에 따른 방법론의 차이가 문제가 되는 까닭은 특정한 유형의 방법론들이 일반적으로 통용되는 과학적 객관성의 기준을 만족시키기 어렵다고 여겨지기 때문이다. 그러나 앞서 살펴보았던 것처럼 인문학적 탐구가 객관성을 만족시킬 수 없는 것은 아니다. 인문학적 탐구에서도 '객관성'은 중요한 평가 지표이며, (곧 살펴보겠지만) 후설의 판단중지가 그렇듯이 그 방법이 없는 것도 아니다.

또한 오늘날 점점 더 수렴(융합)하고 있는 과학과 기술(technology) 분야의 학문들에서도 목적론적 설명 도식의 유용성을 확인하는 것은 어려운 일이 아니다. 무엇보다 기술은 가치의 문제로부터 자유로울 수 없기 때문이다. 사실 학문 간 협력 혹은 융합에 대한 요구가 순수한 자연과학의 진영에서가 아니라 기술 개발 연구에서 커진 것도 그런 사정을 반영한다.

4. 기술(technology)과 탐구 영역의 혼종

학문 간 협업의 장애로서 객관성과 방법론의 문제를 이번에는 조금 다른 각도에서 살펴보자. 이는 전통적으로 인문학의 고유한 영역이라고 여겨지던 문제들에 대해 자연과학이 대답을 시도하는 오늘날의 학문 현실과 관련이 있다. 인문학적 탐구의 전형적인 물음 중 하나는 '어떻게 살아야 하는가'이다. 가치의 문제가 매개되어 있는 이 문제에 대해 자연과학은 답을 줄 수 있을까? 다시 말해 사실에 대한 탐구가 가치판단이 전제된 문제들에 대해 답을 줄 수 있을까? 근대과학의 객관성 요구는 그런 문제들에 대해서는 침묵할 것을 요구했었다. 그러나 진화론적 생물학의 이기주의 대 이타주의 논쟁이나 인간의 언어적 능력과 사회성에 대한 뇌과학적 탐구, 또 신경윤리학과 같은 새로운 분과들은 인간의 가치판단과 행동에 대해 과학적 근거에서 답을 시도하고 있다. 어쩌면 우리는 철학책에서나 볼 수 있었던 질문들의 답을 찾기 위해 이제는 과학책을 뒤져야 할지도 모른다.

한스 게오르크 가다머

　이러한 학문 현실을 이해하기 위해서는 근대과학의 발전과 그 위력에 대항해서 인문학과 자연과학의 차이를 분명히 하고자 한 인문학 진영의 전략을 다시 되짚어 볼 필요가 있다. 앞선 논의들은 자연과학의 환원주의적 방법론이 지닌 배타성에 초점을 맞추었지만, 이번에는 그 반대 극단, 즉 인문학 진영에서의 주장을 살펴볼 필요가 있다. 이는 포스트모던의 문화적 유행 이후 인문학적 연구에 침윤되어 있는 다양한 유형의 상대주의를 넘어서기 위해서다. 그리고 무엇보다 융합을 위한 방법론적인 균형은 양 극단의 주장에 담겨 있는 동기를 서로 이해하고, 그 간극을 좁히려고 노력할 때야 비로소 가능할 것이기 때문이다.

해석학적 방법론을 정초한 사람 중 한 명인 가다머(H. Gadamer)는 『진리와 방법』에서 자연과학의 방법론을 학문적 진리를 탐구하는 유일한 방법으로만 생각하는 것은 잘못이라는 점을 지적한다. 그는 이렇게 말한다.

"이 연구의 관심사는 과학적 방법론의 지배 영역을 넘어서는 진리의 경험을 도처에서 찾아내어 그 고유한 정당성에 관해 묻고자 하는 것이다. 예를 들어 정신과학은 과학 외적인 경험 방식들, 즉 철학의 경험, 예술의 경험 그리고 역사 자체의 경험과 밀접한 관계가 있다. 이 모든 것은 과학의 방법적 수단으로는 검증될 수 없는 진리가 개현되는 경험 방식들이다."[15]

가다머는 이른바 인문학(혹은 정신과학)과 예술의 영역에서 진리를 발견하고 그것을 탐구할 수 있는 고유한 방법론이 있다고 주장한다. 물론 그것은 역설적으로 자연과학의 방법론적 표준이 인문학자들에게 얼마나 강한 영향력을 행사하기 시작했는지를 웅변하는 것이기도 하다. 『통섭』의 윌슨이 "과학은 비록 완벽하지는 않지만 어쨌든 인류가 뽑아든 마지막 검"[16]이라고 말할 수 있었던 배경이기도 하다. 윌슨은 과학적 방법론의 정수로서 환원주의적 분석과 인과적 설명이라는 두 방법론을 통해 문화, 예술 그리고 종교에 이르기까지 오랫동안 제자리걸음이었던 인문학적 탐구에 새로운 활력을 불어넣을 수 있을 것이라고 말한다.

윌슨의 이러한 이야기가 그저 공허하게만은 들리지 않는다. 실제로 뇌신경과학의 발전과 데이터 과학의 발전은 인간보다 더 뛰어난 연산 능력을 가진 인공지능들을 현실에 내놓고 있다. 대화가 가능한 프로그램이나, 의사 대신 환자를 진찰하는 프로그램, 또 복잡한 법률문제에 대해 판단을 내리고, 평범한 사람으로서는 도저히 구분하기 어려울 정도로 유명 화가의 작품을 모방하는 프로그램 등, 이른바 지적 능력을 가진 존재처럼 보이는 인공지능(AI)들은 이미 우리의 일상 속에 들어와 있다. 그것은 암묵적으로 인간 정신이라는 오래 된 수수께끼에 우리가 좀 더 다가선 것이 아닌가 하는 생각이 들게 한다. 과학 기술의 현실적인 성공을 전제로 할 때, 과학이 그 방법론을 무기로 인문학적 탐구 주제들로 영역을 확장해가는 일은 새로운 트렌드가 되고 있다.

앞서 살폈던 것처럼 근대 과학이 학문 일반의 표준으로 자리매김할 수 있었던 이유는 다른 무엇보다 방법론적 전환에 있었다. 수학적 엄밀성과 실증적 증명은 근대과학을 자연에 관한 종교적이고 철학적인 해석으로부터 벗어날 수 있게 해준 힘이었다. 수학적 엄밀성과 실험을 통한 증명이 지향한 것은 객관성이었다. 그것은 자연에 관한 우리의 자연스러운 해석들 중에 더 이상 견지될 수 없는 것들을 마치 엄밀한 재판을 통해 판결하듯 제거해나갔다.

코페르니쿠스의 작업이 놀라웠던 것은 그것이 우리의 자연스러운 경험적 직관과는 정반대의 주장을 내놓았기 때문이었다. 만약 지구가 태양 주위를 돈다면, 우리가 이렇게 멀쩡하게 서 있고, 저 하늘의 태양이 움직이는 것을 보고 있는 우리의 경험은 무엇이란 말인가? 코페르니쿠스는 우리의 직관적인 경험이 실제로는 '사실'이 아님을 보여준 것이다. 근대과학은 우리가 신뢰해야 하는 것이 무엇인지에 대한 기준을 제시함으로써 세계관 자체를 변화시킨다.

근대 과학의 문을 열고, 나아가 세계관 자체를 변화시키는데 결정적인 인물로 꼽히는 갈릴레이에 대해 과학사가인 길리스피 (Ch. Gillispie)는 갈릴레이를 "단순한 전문가도 냉정한 수학자도 아니었다. 그는 매력과 취미와 문학적 우아함을 가진 인문주의자였다"고 평가한다. 그리고 덧붙여서 갈릴레이는 "낙체라는 결정적인 문제—이 문제가 이미 어려운 것이었지만—를 넘어서 우주와 과학에 관한 위대한 비전을 보았던 자연철학자였다"고 말한다.[17] 갈릴레이의 이러한 전환은 사람들이 당연하게 생각하던 믿음을 엄밀하게 검토하는 것으로부터 시작한다. 그가 길리스피의 말처럼 문학적인 재능을 드러낸 작품에서 아리스토텔레스 이래의 생각을 논박한 부분을 보자.

서로 다른 세계관을 대변하는 사람으로서 심플리시오와 살비아티는 물체의 낙하 문제와 관련해서 논쟁 중이다. 두 물체가 동시에 낙하할 때, 더 무거운 것이 더 빨리 떨어질 것이라는 생각은 자연스럽다. 이 생각은 아마도 수천 년 동안 사람들을 지배한 생각이었을 것이다. 작품 속에서 그런 자연스러운 생각을 대변하는 심플리시오는 무거운 것이 가벼운 것보다 더 빨리 낙하한다는 사실을 아리스토텔레스가 실험적으로 입증했을 것이라고 말한다. 그러자 갈릴레이의 대역인 살비아티는 하나의 사고실험을 제시한다.

"살비아티: 자연적인 속도가 다른 두 물체를 생각해보
죠. 그 두 물체를 하나로 합치면 좀 더 빠른 물체는 느린
물체 때문에 속도가 일부 느려질 것이고, 반대로 느린 물
체는 빠른 물체 때문에 좀 더 빨라질 겁니다. 그렇지 않을
까요?

심플리시오: 의심할 여지가 없이 옳습니다.

살비아티: 만약 그것이 참이라면, 그리고 만약에 더 큰
돌이 8의 속도를 갖고 움직이고, 반면 더 작은 돌이 4의 속
도를 가지고 움직인다고 해볼 때, 그것들이 합쳐지면 그
전체는 틀림없이 8의 속도보다 느릴 겁니다. 그런데 두 돌
을 묶어 하나로 만들면 그것은 앞서 8의 속도를 가지고 움
직이던 것보다 더 큰 돌이 될 겁니다. 따라서 더 무거운 물
체가 더 가벼운 물체보다 느리게 움직인다는 뜻이 되죠.
당신이 애초에 생각했던 것과는 정반대로요."[18]

무거운 것이 가벼운 것보다 더 빨리 낙하할 것이라는 심플리시오
의 생각은 갈릴레이의 사고실험을 통해 모순에 부딪치게 된다. 더
무거운 것이 가벼운 것보다 느리게 움직일 것이라는 결론에 도달
하기 때문이다. 이는 낡은 세계관으로부터 새로운 세계관으로 전
환되는 장면을 상징적으로 압축한다. 진실은 그저 우리의 자연스
러운 생각과 그저 감각적 경험에 의해 확인되는 것이 아니라 객관
적으로 입증되어야만 한다는 것이다. 근대과학은 이 방법론적 원
리를 통해 놀라운 성공을 거둘 수 있었다.

그런데 이러한 객관성이 인문학적 영역의 탐구에 대해서도 적용될 수 있을까? 가다머가 취했던 태도는 탐구 대상의 특성에 따라서 적용할 수 있는 방법론의 차이를 고려해야 한다는 것이다. 가다머는 자연과학이 추구하는 법칙성의 문제를 정신과학에 적용할 수는 없다고 말한다. 이는 무엇보다 자연과학이 일반적인 규칙의 관점에서 현상을 바라보는 데 반해 "역사적 인식은 오히려 현상 자체를 그 일회적이고 역사적인 구체성 속에서 파악하는 것을 이상으로 삼"[19]기 때문이다. 따라서 가다머가 취한 전략은 인문학 혹은 정신과학에 고유한, 이를테면 법칙적 설명이 아니라 '이해(Verstehen)'를 목표로 하는 방법론을 분명히 하는 것이다. 가다머에 따르면 19세기의 위대한 천재였던 헬름홀츠(H. Helmholz)가 정신과학을 어떻게든 엄밀한 학으로 만들고자 했음에도 실패했던 이유는 자연과학을 표준으로 삼아 정신과학을 설명해내려고 시도했기 때문이다.[20]

인문학적 탐구 대상과 자연과학적 탐구 대상 사이의 차이를 부각시키는 이러한 전략은 앞서 리케르트에 대한 논의에서 본 것처럼 이미 신칸트학파에게서 주장되어 오던 것이었다. 빈델반트(W. Windelband)는 스트라스부르 대학에서 행한 강연에서 자연과학이 '법칙'을 세우려는 목표를 가진 데 반해 인문학적 탐구는 사건들을 '이해'하는 것을 목표를 가진다는 점에서 그 두 영역을 구분한다.[21] 다시 말해 가다머의 차이 전략은 19세기 이래로 인문학자들이 취해 온 전형적인 전략이었다. 또 인간 삶의 문제가 자연 사물의 문제와는 다르다는 것도 직관적으로 자명해 보인다. 인간 삶의

문제는 대부분 가치의 문제와 결부되어 있지만, 자연 사물의 물리
역학적 문제들은 가치의 문제와는 무관해 보이기 때문이다. 따라
서 인문학적 탐구 대상과 자연과학적 탐구 대상에 동일한 방법론
적 기준을 적용하는 것 자체가 문제가 있어 보인다. 그렇다면, 인
문학이나 정신과학은 객관성의 문제를 외면해도 될까? 또 두 대상
영역 사이에는 그렇게 명백한 차이가 있는데, 왜 오늘날의 자연과
학자들은 전통 형이상학의 문제로까지 탐구 영역을 확장하는 것
일까?

먼저 두 번째 문제로부터 시작해보자. 정신과 물질 사이의 분명
한 차이에도 불구하고 자연과학적 탐구가 인문학적 탐구 영역으
로 영역을 확장할 수 있는 계기는 그저 자연과학자들의 순수한 지
적 열정과 호기심 때문만은 아니다. 도리어 '인간' 자체가 정신과
물질이라는 이중의 영역을 교차시키는 매개고리이기 때문이다.
칸트(I. Kant)가 지적했던 것처럼 인간은 필연의 왕국과 자유의 왕
국 모두에 한 발씩을 걸치고 있는 존재이다.

인간은 요즘의 기술적 표현으로 바꾸어 말하자면, 비물질적인
소프트웨어들이 하드웨어에서 작동할 수 있도록 연결하는 미들
웨어(middleware)이다. 인간의 뇌가 바로 그런 역할의 중추라고 할
수 있을 것이다. 신경과학은 하드웨어로서의 물질과 소프트웨어
로서의 정신 사이를 연결시키고, 이 중간다리를 통해 자연과학은
인문학의 탐구 영역으로 건너오게 된다.[22] 생물학 분야에서도 마
찬가지다. 우리가 진화론을 받아들이는 순간 인간은 어떤 특별한
존재가 아니라 박테리아로부터 이어지는 생명의 연쇄 단계에서

빌헬름 빈델반트

특정한 자리를 차지하는 존재일 뿐이다. 그런 인간의 몇몇 행동 양식들을 다른 생명체들과 완전히 이질적인 방식으로 탐구해야만 할 특별한 이유는 없어 보인다. 또한 학문 체계에서 생물학이 분자생물학, 나아가 유기화학이나 입자 물리학으로 이어지는 연쇄 고리를 생각하면, 자연과학적 탐구가 인문학적 탐구 영역으로 침윤해 들어오는 통로는 이미 마련되어 있다고 말할 수 있다.

게다가 정신과 물질의 이질성에 대응하는 가치와 사실의 문제 역시 신칸트학파의 사람들이 생각했던 것처럼 그렇게 선명하게 구분되지 않는다. 인문학적 탐구가 인간 삶과 사회의 문제들을 다룬다고 할 때, 그 탐구에서 주요하게 다루어질 내용들은 인간의 행위들과 관련이 있다. 이때 인간의 실천적 행위들은 가치의 문제와 사실의 문제를 결합시키는 플랫폼이다. 예컨대, 한 공동체에서 자원의 불평등한 분배 문제를 해결하기 위해 다양한 정책적 수단들을 시행하기로 했다고 해보자. 그 정책은 공동체 구성원들의 실천적인 행위들을 통해서 수행된다. 이때 불평등의 문제를 해결하는 일은 우리가 중요하다고 여기는 특정한 '가치'의 문제와 관련이 있다. 반면, 실제 공동체의 구성원들이 겪고 있는 자원의 불평등한 분배 문제의 대부분은 '물질'적인, 즉 사실의 문제이다. 가치의 문제와 사실의 문제는 구성원들의 실천적 행위를 통해 매개된다. 따라서 이 문제는 가치의 관점에서 또 사실의 관점에서 모두 접근해야 하는 문제이지 서로 배타적인 관계에서 탐구해야 하는 문제가 아니다.

가치의 문제와 사실의 문제를 서로 매개시키는 인간의 실천적 행위의 특성은 '기술(techne)'의 본성과 관련이 있다. 기술(technology)은 인간이 상상한 것들, 즉 정신적인 것들을 현실에 구현시키는, 즉 사실의 세계에 위치시키는 수단이기 때문이다. 이는 단지 어떤 물질적 사물을 제작하는 것에만 제한되는 것이 아니라 우리가 가치 있다고 여겨지는 것을 사회에 구현하는 기술들을 포함한다.

예컨대 사회연결망서비스(SNS)는 사람들을 연결시킴으로써 친밀감과 연대의 가치를 현실에 구현하는 기술이다. 이처럼 오늘날 우리 사회가 점점 더 기술적으로 연결되고, 기술을 포함하는 다양한 사회 구성요소 서로 간에 영향을 주고받는 의존성이 높아지고 있다는 사실은 가치의 세계와 사실의 세계, 좀 더 멀리 나아가면 인문학과 자연과학 및 공학이 점점 더 밀접하게 연결될 수밖에 없는 현실을 함축한다. 이런 점에서 사회의 기술 의존성과 인문학과 자연과학의 연결가능성은 서로 비례한다.

이런 사정 때문에 자연과학적 지식과 탐구 방법이 인문학적 탐구 영역으로 확장해 들어오는 것은 오늘날의 사정에서 피할 수 없는 일이며, 지식 진보의 관점에서 보면 도리어 환영해야만 하는 일일 수 있다. 다만 자연과학적 방법론에 함축되어 있는 객관성의 이념이 이렇게 혼종된 문제 영역에서도 유효한 것인가 하는 점은 좀 더 신중한 생각을 필요로 한다. 가치의 문제와 사실의 문제가 혼종되었다는 것이 곧 사실로부터 가치가 나온다는 것을 함축하지는 않기 때문이다. 다시 말해 가치의 문제를 사실의 문제로 환원할 수는 없다. 이는 인문학적 가치 탐구의 대상늘이 자연과학적 사실 탐구의 대상으로 환원될 수 없다는 것을 뜻한다.

윌슨과 같은 진화 생물학자가 인간 본성에 관한 생물학적 탐구를 통해 인간 본성에 관한 과학적 사실들을 밝혀내었다고 가정해보자. 그런 사실로부터 인간이 어떻게 살아야만 하는가와 관련된 목적론적이고 윤리적인 명제를 도출해낼 수 있을까? 만약 인간 본성이 이기적이라는 것이 객관적인 사실이라면, 인간은 이기적으로 살아야 할까? 아니면 반대로 리버먼(M. Lieberman)이 말한 것처럼 인간 본성이 사실은 공동체 중심적이고 사회적인 존재로서 사는 것이라면,[23] 사람들이 이기적으로 행동하는 것은 반본성적인 행위가 될 것이다. 다른 모든 생명체들이 자연이 부여해준 본성대로 사는 것이 생물학적 사실이라면, 인간은 왜 자연이 부여해준 본성대로 살지 않는 것일까? 과학적 사실을 토대로 가치의 문제에 대답하려는 순간 우리는 과학의 영역을 넘어서야만 한다. 자연과학자들이 인간 본성 문제에 답하려는 순간 그들은 과학적 탐구 방식의 한계를 넘어서게 된다. 실증적으로는 입증하기 어려운 가치의 문제를 다루어야만 하기 때문이다. 인간 삶에서 무엇이 좀 더 가치 있는 것인지를 결정하는 문제가 자연과학적 실험을 통해 입증되듯 객관적으로 다루어질 수 있을까?

이러한 문제 상황은 앞서 이야기 한 문제, 즉 인문학적 탐구에서 객관성의 문제를 소환한다. 자연과학적 지식을 토대로 인간 삶의 문제를 다루려고 할 때, 우리는 어느 수준에서 객관성을 말할 수 있을까? 자연과학의 객관성과 달리 인문학적 탐구에서 논의되는 가치의 문제는 객관성을 말하기 어려워 보인다. 무엇보다 가치의 문제는 주관적 판단에 의존하며, 바로 그런 이유 때문에 근대과학은 객관성을 위해 주관성을 희생시킨 것이기 때문이다. 갈릴레이 이래로 근대과학이 사물의 제1성질과 제2성질을 구분하고 오직 측정 가능한 것만을 과학적 탐구의 대상으로 삼은 이유도 바로 그 점에 있다. 그럼에도 불구하고 인간 삶과 다양한 사회적 현실에 관한 논의가 그저 한 개인의 소견들의 집합일 수는 없다. 그렇다면, 인문학적 탐구 역시 어떤 형태든 '객관성'을 요구하는 것은 정당해 보인다.

앞서 논의했듯이 서로 이질적인 영역의 학문들이 협력하고자 할 때 극복해야 하는 방법론적 문제의 핵심에는 객관성의 문제가 있다. 이 문제는 후설이 자신의 학문이론적 기획에서도 가장 중요한 문제였다. 그가 당시 철학의 상황을 위기로 규정한 까닭은 자연과학은 엄밀한 학문의 도정에 있지만 철학은 그렇지 못하고 있다는 현실 판단 때문이었다. 아무리 질적 연구 방법을 사용하더라도, 또 인문학적 탐구 주제라 하더라도 후설이 보기에 그것이 학문적 지식의 지위를 갖기 위해서는 객관성을 가져야 한다. 그러나 그것이 어떻게 가능할까?

인문학적 탐구 방법의 고유성을 주장한 의도는 단순히 자연과학 진영의 객관성 요구가 잘못되었다고 주장하는 것이 아니다. 객관성의 요구가 모든 탐구 영역에 적용된다거나, 객관성의 요구를 만족시키지 못한다면 진리를 탐구하는 학문의 자격을 가질 수 없다는 주장이 너무 과하다는 것이다. 가다머나 신칸트학파가 법칙을 정립하려는 사연과학과 사태를 이해하려는 인문학을 구분한 것은 그런 과도한 요구가 잘못되었다는 것을 보이기 위해서였다. 그런데 후설은 인문학적 탐구 역시 객관적일 수 있다고 답한다. 그의 전략은 두 진영 사이의 차이를 강조함으로써 세계를 둘로 나누는 것이 아니라, 더 근원적인 수준에서 객관성의 문제를 해결하는 것이었다. 보편적 학문이론을 기획한 후설의 전략은 객관성이라는 개념을 다시 풀어쓰는(재정의 하는) 것이었다. 바로 객관성을 요구하는 진짜 동기가 무엇인지를 다시 생각하는 것이었다.

5. 학문적 탐구에 있어서 객관성의 문제

인문학적 탐구에서 객관성을 말하기 위해서는 불가피하게 자연과학적 탐구에서 말해지는 객관성을 비교의 기준으로 삼아야만 한다. 그 이유는 자연과학적 객관성이 방법론적 표준이기 때문은 아니다. 근대 이후로 인문학적 탐구에서의 객관성은 제대로 논의된 적이 없었다. 반면 자연과학적 탐구에서 객관성은 가장 중요한 방법론적 조건으로 간주되어 왔다. 그런 탓에 자연과학적 객관성은 인문학적 탐구의 객관성을 말하기 위한 비교 잣대의 역할을 할 수 있을 것이다. 두 진영의 객관성을 비교하는 과정에서 우리는 자연과 인문 혹은 물질과 정신이라는 영역 구분을 뛰어넘는 보편적인 의미의 객관성, 즉 객관성의 이념이 지향하는 학적 탐구의 본래 목적을 생각해볼 수 있을 것이다.

일반적으로 우리가 '객관성(objectivity)'이라고 말하는 것은 이중적인 의미를 갖는다. 그 하나는 인식주관과 무관한 대상의 '독립성'이라는 의미에서의 객관성이고, 다른 하나는 주어진 사실이나 그 사실에 관한 해석의 승인 여부와 관련해서 말해지는 '상호주관적 일치'라는 의미에서의 객관성이다. 전자가 존재론적이고 형이상학적 문제와 좀 더 밀접한 관련이 있다면, 후자는 인식론적 문제와 관련이 깊다. 전자의 문제는 실재론(realism)과 반실재론(anti-realism)의 대립처럼 오래되고 여전히 해결되지 않는 형이상학적 난제이지만 다행스럽게도 우리는 이 벅찬 주제를 우회해서 두 번째 의미의 객관성에 대해 논의한다고 하더라도 충분히 의미 있는 이야기들을 해나갈 수 있다.

먼저 자연과학적 탐구에서 객관성은 통상 수학적 엄밀성과 엄격한 실험을 통해 확보된다. 근대 과학이 이 세계에 대한 온갖 해석들에 대해 심판자 역할을 할 수 있었던 이유는 이 두 방법론적 장치 덕이었다. 수학적으로 입증되지 않는 것은 받아들이지 않으면 되었고, 실험적 입증과 반증은 우리가 해당 실험이 주장하고자 하는 것을 받아들이게 하는 충분한 증거의 역할을 수행했기 때문이다. 그런데 이러한 수단들을 통해 도달하고자 하는 객관성이 본래 무엇을 의도하고자 했는지를 생각해보자.

객관성은 이 세계에 관한 경쟁하는 해석들 중에 어느 것이 진리에 가까운지를 판단할 때, 그 판단이 정당함을 보여주기 위한 필요조건이다. 예컨대, 자연에 관한 어떤 해석이나 가설이 옳음을 입증하는 실험에서 그 실험의 옳음을 판결하는 사람이 그 어느 누구로 바뀌더라도 동일한 결론에 도달해야 한다는 것이다. 이러한 객관성의 이념은 프레게(G. Frege)가 의미(Bedeutung)의 동일성에 관해 외연주의적 원리를 견지한 것과 구조적으로 동일하다. 그에 따

젊은 시절의 고틀로프 프레게

르면 어떤 대상이 특정 개념의 사례로서 포함된다면, 그 대상은 그 개념과 동일한 외연을 가진 다른 개념의 사례로서도 포함되어야 만 한다. 다시 말해 동일한 외연을 갖는 개념들은 동일한 개념으 로 보아야 한다는 것이다. '개밥바라기'와 '샛별'은 모두 '금성'이 라는 동일한 외연을 갖는다는 점에서 동일한 개념들이다. 프레게 에 따르면 "물론 이러한 사고(the thought)는 이러한 대체과정에서 변한다. 그러나 그것은 문장의 뜻(sense, Sinn)이 변하는 것이지 그 것의 의미(meaning, Bedeutung)가 변하는 것이 아니다."**24** 프레게의 이러한 주장을 우리의 논의에 맞게 풀어 쓴다면, 다음과 같을 것이 다. '한 실험의 의미는 그 관찰자가 누가 되더라도 동일해야 한다.' 이것이 일반적으로 자연과학적 탐구에서 추구되는 객관성이라는 이념의 내용이다. 인문학에서도 이러한 객관성이 가능할까? 인문 학적 탐구에서 우리가 흔히 말하는 것은 어떤 사태에 관한 해석의 개방성과 다양성이다. 프레게의 개념틀로 풀어쓰자면 그런 해석 의 다양성은 문장의 뜻이 변하는 것이지 그 사태 자체가 변하는 것 은 아니다.

　논리학의 기본적인 원리에 따라 "갈릴레이는 달의 표면이 매끄 럽지 않다는 것을 알았다"라는 문장의 의미는 갈릴레이가 종교재 판을 받은 사람이고, 문학적 감성이 풍부한 사람이었으며 자신이 제작한 망원경으로 직접 달의 표면을 관찰한 사람이라는 내용을 아는 사람이든, 갈릴레이가 독일의 과학 교양 다큐멘터리 진행자 라고 생각하는 사람이든 동일해야 한다. 비록 갈릴레이의 과학사 적 위치를 아는 사람과 그렇지 않은 사람에게 갈릴레이가 달의 표면을 직접 관찰할 수 있었다는 사실은 과학의 시대적 변화와 관련해서 달리 해석될 수 있지만, 그럼에도 해당 문장의 의미 자체는 동일하다고 생각해야 한다. 이는 학문적 의사소통의 기본 조건이기도 하다.

물론 그러한 의미 동일성은 일종의 착시이며, 우리가 발화하고 소통하는 모든 문장들의 의미가 모든 사람에게 동일하게 전달될 수 있으리라는 것은 그저 우리의 소망과 기대일 뿐이라고 말할 수 있다. 콰인(W. Quine)의 번역불확정성 논제나 데리다(J. Derrida)와 같은 포스트모던 계열의 학자들이 말하는 의미 동일성에 대한 회의주의적 태도가 그렇다. 그러나 객관성이 학문적 탐구가 지향해야 하는 이념이듯 의미의 동일성에 대해서도 마찬가지다. 실제로 자연과학적 탐구해서 사실에 대한 해석이나 그런 해석을 입증하고자 하는 실험이 엄밀한 의미에서 객관적이지는 않다. 그럼에도 우리는 그런 실험들이 객관성을 지향한다는 것을 알고 있으며, 그런 이념적 지향을 전제하기 때문에 가능한 한 객관적이기 위해 노력한다. 인문학적 탐구에서도 사정은 다르지 않다. 우리는 발화자가 전달하고자 하는 문장이 다른 뜻으로 읽힐 수 있다는 것을 잘 알기 때문에 최대한 명료한 의미로 전달되게 하기 위해 주의를 기울인다. 객관성과 마찬가지로 의미의 동일성은 학적 탐구가 지향해야 하는 일종의 목적론적 이념이다.

후설 이후 현상학적 탐구의 모토가 '사태 자체로(Zu den Sachen selbst)!'였던 것은 이런 의미에서 시사적이다. 후설은 자연과학과 인문학 모두 엄밀한 학의 도정에 있다는 점, 다시 말해 모든 학문은 좀 더 객관적인 탐구가 되기 위한 노력의 과정에 있다는 점을 학적 탐구의 기본적 사실이자 전제조건으로 간주한다. 현상학의 방법론적 혁신은 자연과학적으로 편향된 객관성이 아니라 진정한 의미의 객관성 이념을 성취하는 방법론을 의도한다. 흔히 현상학적 방법론의 특징으로 말하는 환원(Reduktion) 개념, 특히 본질직관이나 판단중지는 바로 그러한 방법론적 혁신의 핵심 내용이기도 하다.

앞서 살펴보았던 것처럼 본질직관은 '본질'이라고 일컬어지는 어떤 '보편자' 혹은 '공통적인 것'을 포착하는 방법이다. 주어진 어떤 사태를 출발점으로 삼아 그 사태의 다양한 변양체(Varriante)들을 관통하여 일관되게 일치하는 것을 파악하는 방법이다.[25] 사실 이는 인지심리학적 관점에서 우리가 유사한 사례들에서 패턴을 발견하는 것과 크게 다르지 않다. 그 패턴이 하나의 범주를 형성하고 그 범주가 대상들을 분류하게 하는 본질의 역할을 하기 때문이다. 이때 본질은 어떤 한 대상이나 사태의 고유성과 함께 의미 동일성을 확보하게 해주는 토대가 된다. 후설은 인간의 지적 능력에 그와 같이 의미 동일성을 확보할 수 있는 역량이 있다는 것을 강조한 셈이다.

인문학적 탐구에서 객관성을 말하고, 그 객관성이 상호주관적 일치, 즉 관찰자를 바꾸더라도 동일한 결과(의미)에 도달할 수 있게 해주는 선결조건으로서 의미 동일성을 우리는 하나의 '이념'으로 전제할 수 있으며, 그런 한에서 인문학적 탐구의 객관성을 말할 수 있다. 또한 인문학의 고유한 방법론을 구축하고자 했던 가다머

GIOVANNI BATTISTA VICO

Da una pittura

잠비디스타 비코

는 주어진 사태를 대하는 해석자의 역사 문화적 조건 때문에 해석의 다양성은 불가피하다고 말했지만. 그럼에도 그는 독특한 방식으로 인문학적 탐구의 객관성을 말할 수 있는 공간을 남겨놓았다. 가다머는 상식(혹은 공통감각, sensus communis)의 개념을 끌어들인다. 전통적인 의미에서 '상식'은 단순한 통념이 아니라 진리를 보는 감각이다. 가다머는 비코(G. Vico)를 인용하며 이렇게 말한다.

> "그는 공통감각(sensus communis), 즉 공동체적 감각 그리고 수사학의 인문주의적 이상, 즉 현자라는 고대의 개념에 이미 들어 있던 요소들에 근거한다. '잘 말하는 것'은 예로부터 이중의 의미를 지닌 표현으로서 단순히 수사학적 이상만은 아니다. 그것은 또한 올바른 것, 즉 참된 것을 말하는 것이지 말의 기술, 무엇을 잘 말하는 기술만은 아니다."[26]

이 공동체적 감각, 즉 '상식'은 최소한 동일한 시대를 살아가는 사람들이 공통적으로 승인할 수 있는 지식의 가능성을 말한다. 그래서 가다머는 이렇게 덧붙인다.

> "문헌학적, 역사학적 연구나 정신과학의 연구방식이 이 공통감각의 개념에 토대를 둔다는 것은 곧바로 명백해진다. 왜냐하면 정신과학의 대상, 즉 행위와 그 결과에서 구체화되는 인간의 도덕적, 역사적 실존은 그 자체가 공통감

각에 의하여 결정적으로 규정되어 있기 때문이다."[27]

물론 가다머가 이렇게 한 시대를 관통하는 상호주관적 일치로서 상식(공통감각)의 중요성을 말하더라고 그것은 우리가 학적 탐구에서 요구하는 객관성의 기준에는 턱없이 부족하다고 말할 수도 있다. 무엇보다 시대를 달리하면 상식의 기준이 바뀌고 결과적으로 객관적이라고 말할 수 없는 상대주의를 허용할 수밖에 없기 때문이다. 비록 가다머가 과거의 유산이 우리에게 남겨준 선입견들이 텍스트 혹은 우리에게 주어진 사태를 이해하는 조건이자 장애로 작동한다는 점을 인정했다 해도, 그는 '지평융합(Horizontcerschmolzung)'이라는 개념을 통해 차근차근 전진해나가는 역동적인 모델을 제안한다.[28] 그에 따르면 "옛것과 새것은 서로 배타적으로 분리되지 않고 부단히 합쳐져서 새로운 타당성을 확보"[29]한다. 학문적 탐구에서 있어 이러한 동적 모델은 과학이나 인문학 모두에서 동일하다.

그럼에도 이러한 지평 융합이 원래의 문제였던 '상호주관적 일치'를 어떻게 가능하게 하느냐 하는 방법론적 문제는 여전히 남는다. 가다머가 말한 지평융합을 통한 '새로운 타당성'들, 예를 들면 서로 다른 역사 문화적 조건 아래서 동일한 사태를 보는 사람들의 해석상의 차이를 극복할 수 있는 현실적인 방법의 문제다. 이러한 문제에 관해 후설의 판단중지는 중요한 참조점을 제공한다. 후설 현상학에서 판단중지는 주어진 것의 타당성의 효력을 중지시키는 지적 태도를 가리킨다. 그것은 어떤 사태와 관련해서 우리가 당연하다고 믿고 있는 것들의 당연함의 효력을 중지시키고 사태를 보는 것이다. 후설에 따르면, 판단중지를 통해 우리는 "전체로서의 세계 자체"를 "그저 나에 대한 존재자"[30]로 변양시킬 수 있다.

우리에게 주어진 어떤 사태의 타당성의 효력을 정지시킴으로써 그것을 그저 하나의 현상으로 변화시키는 작업은 "모든 선입견의 타당성 여부를 부단히 검증해야"[31] 한다는 가다머의 요청과 같은 의미를 갖는다. 판단중지는 사태를 바라보고 해석하는 데 있어 중립적인 시선을 요구한다. 이는 앞서 자연과학적 실험의 객관성 요구가 그 실험을 관찰하는 사람이 그 어느 누구라도 동일한 결과가 나와야 한다는 것과 같다.

자연과학에서의 실험이 주어진 가설이나 이론의 타당성의 효력을 중지시킨 상태에서 그 가설의 유효함을 판단하는 절차이듯이, 판단중지는 이 세계에 대한 우리의 해석의 효력을 중지시킨 상태에서 그 타당성을 검사하는 절차이다. 이러한 태도와 절차는 가장 근원적인 의미에서 학문적 탐구의 '객관성'을 의도한다. 인문학적 탐구는 객관성을 결여하고 있다는 것은 편협한 오해다. 객관성은 모든 학적 탐구가 만족시켜야 하는 조건이다. 이런 점에서 보면, 현상학적 방법론으로서의 판단중지는 인문학은 물론이고 자연과학의 객관성 요구의 기저에 놓인 지적 요구이자 태도라고 할 수 있다. 후설이 다소 야심차게 자신의 현상학적 방법론이 모든 개별 과학의 이론적 토대를 공고히 할 수 있다고 말한 까닭도 여기에 있다.

6. 방법론의 문제:
현상학적 판단중지의 방법론적 확장

후설은 현상학이 모든 개별 과학의 이론적 기초를 제공할 수 있으며, 또 그래야 한다고 믿었다. 따라서 현상학적 방법이 자연과학적 방법과 어떤 관련이 있는지 물을 수 있다. 만약 현상학이 모든 개별 과학에 대한 메타학문의 역할을 할 수 있다면, 현상학의 방법론이 개별 과학들과 어떤 관계에 있는지 역시 물을 수 있기 때문이다. 물론 이러한 질문이 자연과학자들을 불편하게 만들 수 있을지 모른다. 현상학적 방법론에 대해 아는 바가 전혀 없어도 그들이 연구를 지속하는 데는 아무런 어려움도 없을 것이기 때문이다. 그러나 학문 간 협업의 중요성을 이해한다면, 인문학적 탐구가 객관성을 추구한다는 것이 어떤 의미인지를 이해하는 것은 중요하다. 또한 학문이론적 관점에서 현상학이 보편학이고자 한다면, 현상학적 방법론과 과학적 방법론 사이의 관계를 묻는 질문은 결코 사소한 것일 수 없다.

'보편학'이라는 것이 물론 모든 진리를 소유한다는 의미는 아니다. 그것은 오직 다른 개별 과학들을 위한 토대과학으로서 기능할 수 있다는 의미이다. 이러한 의미에서 현상학은 자기 자신에게 두 가지 탐구 영역을 부과한다. 하나는 '보편적 세계 구조'이고 다른 하나는 '개별 학문들'이다.[32] 만약 경험세계나 혹은 선이론적인 세계가 일반적이고 체계적인 구조를 갖는다고 하면, 후설의 표현을 따라 "이러한 보편적 세계구조에 관계하고, 그에 대한 이론적 진리를 추구하는 보편학이 성장할 수 있을 것이다." 그럼에도 "모든 개별 과학들이 있을 수 있는데 그것들 각각은 개개의 형태를 갖는 경험적 대상들을 연구주제로 삼을 것이다."[33]

후설의 현상학은 그에 따라 이중적인 의미로 이해되어야 한다. 한편으로는 보편적 세계 구조를 주제화하지만, 그와 동시에 학문이론으로서 다른 개별 과학들의 근본 개념들과 방법들을 비판적으로 성찰해야 한다. 왜냐하면 후설이 과제로 삼은 "현상학적 분석은 한편으로는 직관적인 본질 분석의 방법과 탐구되어야 하는 체험들의 종류들을 드러내야 하지만, 그와 동시에 서로서로 기초 지어져 있는 물질, 신체, 영혼 그리고 자아라는 실재들을 근원으로부터 길어내고 그에 따라 각각에 상응하는 학문 영역의 본래적인 의미를 파악해야 하기 때문이다."[34]

간단히 말해 후설은 현상학적 방법이 다른 학문들에게 일종의 방법론적 전형을 제공할 수 있으며 또 그래야 한다고 믿었다. 한 가지 아쉬운 점은 오늘날 후설 현상학, 특히 말년의 『유럽 학문의 위기와 선험적 현상학』이 주로 문화철학적 관점에서만 논의되고 이해된다는 점이다. 그래서 『유럽 학문의 위기와 선험적 현상학』

에 나타난 현상학의 모습은 단지 근대 자연과학에 대한 비판자로서만 여겨지곤 한다. 그것은 후설의 현상학을 잘못 이해하고 있는 것이다. 후설이 근대 자연과학을 비판하고자 했던 의도는 자연과학의 대척점에 현상학을 위치시키고자 했던 것이 아니다. 오히려 자연과학의 방법론적 배타성을 지적함으로써 모든 학문의 협업 가능성을 개진하고자 했던 것에 그 비판의 진정한 의도가 있다.

1930년 무렵 『이념들』 시리즈의 후기에서 후설은 다시 한 번 철학의 이념을 정리한다. "철학은 그 이념에 따라 보편적이고 근본적인 의미에서 '엄밀한' 학문이다. (…) 내가 누누이 강조했듯, 그것은 하나의 이념이다. (…) 우리의 실증과학들에는 여전히 그 이념이 살아있다."[35] 이어서 그는 자신의 현상학에 대한 오해를 극복하고자 시도한다. 자신의 선험적 현상학에 대한 해명을 통해 후설은 선험적 현상학이 다른 개별 과학들을 위한 토대과학이라는 점을 분명히 한다. 그것은 마치 자연과학에 대해 수학이 갖고 있는 위상과 비슷하다고 할 수 있다.[36] 선험적 현상학으로의 통로를 마련하려는 『이념들』 시리즈의 의도는 개별 과학들의 이론적 토대를 마련하려는 것이었던 셈이다. 그 출입문은 바로 '현상학적 환원(Reuktion)'이었다.

현상학적 환원과 우리가 흔히 말하는 환원주의는 같은 이름을 쓰기는 하지만 그 양상은 분명 다르다. 환원주의가 어떤 (복잡한) 전체를 (단순한) 요소로 되돌리려는 것이라면, 현상학적 환원은 대상의 원본을 찾아가는 일이기는 하지만, 그 대상이 다양하게 주어질 수 있는 가능성을 고려한다. 과학적 환원주의가 내상의 존재론적 지위를 그 대상의 부분이 되는 요소들에 부여하는 반면, 후설은 다양한 층위에서 주어질 수 있는 대상들의 존재론적(대상론적) 지위를 인정한다. 다만 현상학적 환원을 통해 그 다양성의 뿌리가 무엇인지를 드러내고자 하는 것이다. 후설은 자신이 생각한 환원의 의미를 다시 한 번 수학적 비유에 의지한다.

달리 말해, "엄밀한 의미에서 사실과학들은 자연에 관한 순수 수학이 자립적으로 완성된 토대 위에서만 진정으로 이성적인 자연과학이 될 수 있다. 학문의 순수한 가능성에 관한 학문은 사실적인 현실의 것들에 선행한다."[37] 현상학적 환원 혹은 판단중지를 통해 "세계 자체는 그저 소박하게 나에게 주어진 존재자들의 총체"[38]라는 존재타당성을 잃어버리게 된다. 그러나 이것이 의미하는 바는 그 존재 성격을 지워버리는 것이 아니라 후설의 표현을 빌자면 우리의 "개인적인(doxischen) 존재 믿음"의 양상적 변양 가능성일 뿐이다.

이처럼 현상학적 환원과 자연과학적 의미의 환원이 다르기는 하지만 그 차이는 그러나 생각만큼 크지 않다. 무엇보다 주어진 현상의 근원을 찾아간다는 환원의 동기에 있어서는 같기 때문이다. 비유적으로 말하자면 뿌리는 같지만 다른 모습을 보여주는 가지와 같다고 말할 수 있을 것이다. 후설이 현상학적 환원을 수학에 비유한 것은 보편학으로서의 현상학의 방법론이 개별 과학들에 대해 어떤 의미를 갖고 있는지를 설명한 것이다. 현상학적 환원과 개별 과학의 다양한 비판적 검증 방법의 관계를 수학과 개별 과학의 관계에 유비할 수 있다고 본 것이기 때문이다. 현상학적 환원은 개별 과학의 다양한 검증 방법의 토대 역할을 할 수 있다. 물론 이 것이 어떤 것이 다른 것에 비해 더 우선한다는 식의 평가적 의미를 갖고 있는 것은 아니다. 현상학적 환원은 개별 과학의 검증 방법들의 인식론적 의미가 무엇인지를 해명하는 것뿐이다.

현상학적 환원의 방법론적 의미는 선험 현상학적 환원의 하나인 판단중지(epoche)에서 가장 분명하게 드러난다. 그것은 우리가 어떤 대상이나 현상이 존재한다고 믿는 믿음을 중립화시키는 것이다. 판단중지를 통해 주어진 현상의 존재타당성의 효력은 잠시 정지된다. 개별 과학에서 이론이나 가설의 타당성을 검사하기 위한 실험의 방법론적 의미도 다르지 않다. 다만 현상학적 환원은 개별 과학의 방법보다 더 근원적이고 철저해야 한다. 후설이 선험 현상학적 환원을 통해 세계 전체의 존재 타당성을 효력정지시킴으로써 세계에 대한 존재 믿음을 중립화해야 한다고 말하는 이유는 바로 그런 방법론적 근본주의에서 비롯한 것이다.

현상학적 환원의 작용인 중립화(Neutralisierung)는 단순한 의심이 아니다.[39] 비록 중립화와 의심 모두 대상의 존재 타당성을 중지시키는 작용이라는 점에서 공통적이기는 하지만 단순한 의심과 현상학적 중립화작용에는 근본적인 차이가 있다. 무엇보다 현상학적 환원의 중립화작용은 단순한 의심과 달리 순수한 가능성의 영역을 열어젖히기 때문이다. 그 가능성의 영역은 일상의 통속적인 의식에서는 잘 드러나지 않는다. 현상학적 환원은 다양한 대상적 의미의 뿌리를 드러냄으로써 하나의 대상이 어떻게 서로 다른 대상적 의미를 가질 수 있는지를 드러낸다. 즉 하나의 대상이 펼쳐

낼 수 있는 가능성의 영역을 열어 보이는 과정이다.

순수한 가능성의 왕국은 다른 개별 과학들의 근본적인 토대가 될 수 있는 영역이다. 동일한 대상에서 새로운 의미를 읽어냄으로써 새로운 학문 분과가 발전하는 것을 생각해보자. 그것은 가능성의 왕국에서 특정한 통일성과 체계를 가진 의미를 길어내는 일이다. 따라서 가능성의 왕국에 들어가는 통로는 세계가 우리에게 어떻게 달리 주어질 수 있는지를 이해할 수 있는 발판이다. 현상학이 보편학이고자 한다면 당연히 그 통로를 해명해야만 한다. 후설은 현상학적 환원이 바로 그 통로임을 여러 곳에서 지적한다. 이를 통해 가능성의 영역에 들어서게 되면 우리는 대상과 그 대상이 빚어낼 수 있는 대상적 의미들 사이의 상호 관계를 순수하게 기술적(descriptive)으로 탐구할 수 있게 된다.

이러한 의미에서 현상학적 환원과 기술(Deskription)은 선험적 현상학에서 서로 떨어질 수 없는 방법론이다. 물론 개별 과학, 특히 자연과학에서는 그렇지 않다. 자연과학적 탐구에서도 정확한 기술은 중요한 방법이지만 그것은 다만 정확한 관찰을 위해 동원되는 것이다. 가능성의 영역을 드러내는 일과는 관련이 없다. 그렇다면 현상학적 방법론과 자연과학의 방법론 사이의 관계는 어떠한가? 자연과학자들이 현상학적 환원에 대해 아무런 생각도 하지 않고 있으면서도 그들의 탐구가 잘 작동하고 있다면 현상학적 방법과 현상학적 환원이 학문이론적 의미에서 보편학의 방법론이라고 말할 수 있을까? 어쩌면 그것은 학문적 탐구에서 없어도 무방한 그저 군더더기는 아닐까?

20세기 초에 논리 실증주의와 포퍼 사이의 논쟁은 과학과 비과학의 경계를 가늠하는 기준점으로서 과학의 참된 방법이 무엇인지를 두고 논쟁을 벌였다. 과학의 참된 방법에 관한 문제는 후설역시 관심을 가졌고, 또 마땅히 가져야만 했던 문제였다. 그가 『유럽 학문의 위기와 선험적 현상학』에서 주제화했던 문제의식 역시그랬다. 다만 그에게는 선험적 영역의 의미가 무엇인지를 해명하는 일이 먼저 해결해야 하는 과제였다. 그런 까닭에 현상학적 방법과 자연과학적 방법 사이의 관계는 다소 불분명한 채로 남겨져 있었다. 그러나 후설 현상학의 본래 의도를 생각한다면 그 과제는 반드시 해명되었어야 하는 것이었다.

　아주 일반적인 의미에서 후설의 현상학적 환원의 방법론적의미는 어떤 믿음 내지는 (이론적) 태도의 타당성을 확인하는 절차이다. 그리고 바로 그런 한에서 자연과학적 탐구에서 '실험(experiment)'과 동일한 인식론적 기능을 한다고 할 수 있다. 자연과학과 인문학 혹은 사회과학 사이의 중요한 차이 중 하나는 그 대상들에 있다기보다는 각각의 영역에서 제기되는 이론들 일반의 타당성을 어떻게 시험하느냐에 있다고 보아야 한다. 칸트가 『순수이성비판』에서 말한 것처럼 실험은 자연과학적 이론들의 타당성을 시험하는 법정과도 같다. 칸트는 『순수이성비판』의 2판 서문에서 이렇게 말한다.

　　"이성은 한편으로는 일치하는 현상들을 법칙으로 간주
　할 수 있게 해주는 원리들과 다른 한편 그런 현상들을 법칙들에 따라 생각해내게 하는 실험과 함께 자연을 향해 나아간다. 비록 자연에게서 가르침을 받기는 하지만 그것은 모든 것을 지시에 따르는 학생의 수준이 아니라 임명된 재판관이 증인을 불러 질문하고 답하게 하는 것과 같은 방식이다."[40]

물론 타당성 시험이 실험의 유일한 기능은 아니다. 실험을 통해 이제까지의 이론에서는 밝혀지지 않았던 새로운 어떤 것이 발견될 수도 있다. 그런 것들은 새로운 탐구영역을 찾아내는 실마리 구실을 할 수도 있을 것이다. 그럼에도 실험이 옥석을 골라내는 방법으로 근대자연과학의 성공을 이끌었다는 것은 누구도 부인할 수 없다. 예컨대 1799년 험프리 데이비(H. Davy)의 실험은 열의 실체가 과연 무엇인지를 두고 경쟁하던 이론들을 시험대에 올렸다. 실험 결과에 따라 칼로리 이론은 과학 역사의 뒤안길로 사라지고 말았다.

실험의 중요한 과제는 우리에게 어떤 사태를 설명하는 가설을 검사하는 것이다. 후설은 그에 대해 이렇게 말한다.

"경험과학의 모든 이론들은 (…) 추측한다. 그것들은 통찰적으로 확실하게 설명하는 것이 아니라 단지 그럴듯해 보이는 근본명제들로부터 설명할 뿐이다. (…) 우리가 설명적 가설들을 제시함으로써 이론들은 연역과 검증을 통해, 경우에 따라서는 여러 번의 수정을 거쳐, 개연성이 있는 법칙으로 가정된다. 그래서 사실 자체는 전혀 변하지 않고 성립해 있지만 이론들은 계속된 인식 과정에서 변화하기도 한다."[41]

이런 실험들이 확증 실험인지 혹은 반증 실험인지와 상관없이 실험은 가설이나 이론의 타당성을 검사하는 법정이다. 달리 말해 우리의 이론적인 믿음들의 타당성을 중립화시키는 것이다. 이러한 의미에서 현상학적 환원은 일종의 실험, 더 정확히는 사고실험이라고 할 수 있다. 토마스 쿤에 따르면 사고실험의 기능은 선행하는 이론들의 오류를 바로잡는 것이다. 예를 들면,

"사물의 운동에 관한 연구에서 적용되었던 아리스토텔레스의 개념들은 [..] 부분적으로 자기 모순적이었다. 그리고 그 모순은 중세시대 동안 완전히 제거되지 않은 상태였다. 갈릴레이의 사고 실험은 독자들로 하여금 그 모순을 직면하게 하였으며, 그 결과 그들은 자신들의 개념적 장치를 수정할 수 있게 되었다."[42]

원리적인 관점에서 현상학적 환원과 사고실험은 동일한 동기를 갖고 있다. 우리는 그 두 방법이 우리의 일상적인 혹은 이론적인 믿음들을 정당화하는 시도로 볼 수 있다. 물론 현상학적 환원과 경험적 사고실험의 차이는 선명하다. 경험과학에서 시도되는 사고실험은 매우 제한적이다. 그것은 문제가 되고 있는 사태의 존재 타당

성 자체를 문제시하지는 않기 때문이다. 반면 현상학적 환원은 사태의 존재 타당성 자체까지도 문제시한다. 그런 의미에서 그 범위가 무제한적이다. 세계 자체가 (선험적) 환원의 대상이 될 수 있기 때문이다. 현상학적 환원은 따라서 더 포괄적이고 더 깊은 타당성 시험으로서의 사고실험이다. 이러한 차이에도 불구하고 중요한 것은 앞선 논의에서 강조했던 것처럼 두 방법론 사이의 공통점 혹은 동형성이다. 우리는 지식의 정당화 시험의 계열을 생각할 수 있으며, 현상학적 환원은 그 계열의 극한이라고 할 수 있을 것이다.

물론 누군가는 현상학적 환원과 자연과학적 의미의 실험이 방법론적 의미에서 동일한 뿌리를 갖는다는 사실에 반대할 수도 있다. 무엇보다 현상학적 환원이 사고 실험이라면 쿤이 말한 것처럼 "사고 실험은 세계에 관한 어떤 새로운 정보도 구체화하지 않으며 전에는 몰랐던 어떤 것도 가르쳐주지 않기 때문이다."**43** 현상학적 환원과 자연과학적 실험의 동근원성에 대해 반대하는 사람이라면 아마도 이렇게 말하고자 것이다. '자연과학은 항상 세계에 대한 새로운 인식들을 향해 전진하고자 하며 또 그렇게 할 수 있지만 현상학자들은 그렇게 하지 못할 것이다.'

자연과학이 세계에 대한 새로운 지식을 향해 나아간다는 사실을 승인하는 일은 결코 어려운 일이 아니다. 그런 진보의 가능성은 우리가 잘 정당화된 인식을 그저 개연성 높은 추측들로부터 분리해내고 그런 과정에서 필요한 방법론적 수단을 갖고 있느냐에 달려 있다. 만약 실험이 그런 수단의 역할을 할 수 있다면, 자연과학은 확실히 효율적인 탐침봉을 갖고 있다고 말할 수 있을 것이다.

그러나 자연과학의 역사는 새로운 인식을 발견하는 과정의 역사이기도 하지만 동시에 오류를 교정해 온 역사이기도 하다. 포퍼의 방식으로 말하자면 과학적 지식의 진보는 오류 수정을 통해 이루어졌다. 게다가 오류 수정이 쉽게 일어나지도 않는다. 다시 말해 경쟁하는 가설들 중 어느 한 쪽이 옳다는 것을 최종적으로 입증하는 일은 과학사의 하이라이트 중에서도 손꼽을 만큼 드문 일이다. 위기에 빠진 가설들은 자신을 지지하는 또 다른 실험들을 제시할 수 있다. 간단히 말해 실험은 아주 뛰어난 재판관이기는 하지만 궁극적인 심판자는 아니다.

한 강의에서 후설은 "우리가 철학에 대한 플라톤적 이념을 인식의 목적적 이념으로 생각하는 한 철학적 학문들은 우리에게 절대적 정당화를 통한 학문을 의미할 뿐"이라고 말한다.[44] 이로써 우리는 그가 선험적 현상학의 기획을 통해 무엇을 의도했는지 어렵지 않게 짐작할 수 있다. "절대적 정당화를 통한 보편 과학"[45]이 그것이다. 후설은 현상학적 환원이 절대적 정당화의 문을 열 수 있는 열쇠라고 믿었다.

물론 우리는 여전히 절대적 정당화의 가능성에 대한 의심을 거두지 않을 수 있다. 예컨대 포퍼는 "오래된 과학의 이상, 절대적으로 확실한 인식(에피스테메), (⋯)은 하나의 우상일" 뿐이라고 말한다.[46] 포퍼의 이러한 진단은 우리의 학문 현실에 대한 진정성 있는 고백으로 받아들여야 할지도 모른다. 달리 말해 좀 더 정확히 표현하자면 과학은 "합리적이지만 그것은 그 토대가 그래서 그런 것이 아니라 어떠한 주장도 단번에는 아닐지라도 늘 피고가 될 수 있다는 자기 교정 작업 덕분이다."[47] 셀라스(W. Sellas)의 이러한 주장이 의미하는 것은 전통적인 학문의 개념과 다르지 않다. 과학은 결코 영원한 진리의 완결된 체계가 아니다. 오히려 과학은 가능한 한 최선으로 정당화된 믿음들의 열린 체계라고 보아야 할 것이다.

만약 우리가 학문의 개념을 이와 같이 이해한다면 과학적 방법론의 개념도 수정이 필요하다. 실험은 결코 어떤 가설(혹은 어떤 과학적 믿음)의 진리를 궁극적으로 판결하는 재판관이 아니라 우리에게 더 좋은 결정을 내리게 하는 자문가일 것이다. 이러한 의미에서 "실험들은(…) 합리적인 의사결정 과정이라고 할 수 있다. 그것에 의해 과학자들은 세계에 개입하고 어떤 이론이 실재를 제대로 표상하고 받아들일 만한 것인지를 결정하는 데이터를 생산한다."[48]

과학적 방법론의 의미를 유연하게 생각하는 것은 확실히 학문 간 협력 혹은 융합의 가능성을 높여준다. 학문 간 협력을 시도하는 현장에서 토로하는 어려움의 이유 중 하나는 각각의 학문 영역에서 의지하고 있는 방법론적 기준에 맞지 않는 점이기 때문이다. 앞서 논의한 것과 같이 가치의 문제를 둘러싼 객관성 논란이 그 예다. 가치의 문제는 철저히 주관적인 문제기 때문에 과학적 탐구와는 맞지 않는다는 선입견을 내려놓는다면, 새로운 논의의 플랫폼을 마련할 수 있다. 생명공학 연구자나 새로운 커뮤니케이션, 예를 들면 기계와 인간 사이의 커뮤니케이션 개발 연구자는 건전한 상식(공통 감각)에 기초해서 자신의 연구가 인간 삶과 사회에 어떤 영향이 있을지를 인문학 연구자의 다양한 시나리오 검토를 통해 가늠해볼 수 있을 것이다. 이러한 기술적(deskriptive)인 협업은 단순히 윤리적 관점의 비판적 시험에만 제한되는 것이 아니다. 그러한 협업은 사회적 문제에 대한 기술적(technological) 해법을 찾는 일에서 도움이 될 것이다. 더 나아가 그 과정에서 개발된 새로운 기술이 순수 이론적 학문의 새로운 연구 주제를 발견하게 하는 데도 적극적인 역할을 할 수 있을 것이다.

7. 디지털 시대와 대학의 역할

이제 과학적 탐구에서 객관성 문제와 방법론의 문제를 유연하게 생각할 수 있게 되면 학문 간 협력의 문제는 적어도 이론 내적으로 는 커다란 걸림돌을 해결한 셈이 된다. 그러나 그것만으로 학문 간 협력의 문제가 해결되지는 않는다. 도리어 더 큰 문제는 이론 외적 조건들이다. 그것은 단순히 학문 간 협력의 문제를 넘어 학문적 탐 구 일반에까지 영향을 미치는 학적 탐구의 인프라에 관한 문제다.

일단 학문 융합 현상을 하나의 현실로 인정하고, 또 분명 시도 해볼만한 가치가 있는 도전으로 받아들인다면, 주어진 현실에서 최선의 가능성을 찾아보는 것도 의미 있는 일이다. 원론적인 문제 에 매여 현실의 문제를 외면하는 것은 그 반대, 즉 현실적 이익에 휘둘려 원론적인 문제에 대해 눈 감는 것만큼이나 위험하기 때문 이다. 다만 이 과정에서 분명히 해야 할 것은 학문 연구의 가장 기 초적인 단위로서 대학의 변화를 주목해야 한다는 것이다.

대학은 학문 연구자들이 배출되는 곳이다. 연구자 없는 학문의 미래는 생각할 수 없다. 따라서 학문 간 협력 혹은 학문 융합의 문제는 자연스럽게 대학의 변화와 관련이 있다. 오늘날 우리 대학에서 새로운 이름의 전공들이 등장하는 것은 분명 학문 패러다임의 변화, 비록 그것이 대학이 시장경제에 노출된 대가이기도 하지만 패러다임이 변화하고 있다는 사실의 방증이기도 하다.

그러나 대학의 변화는 장기적이고 긴 시선에서 보아야 한다. 단기적인 시선에서 조급하게 시도하고 또 쉽게 결과가 나오지 않는다고 급하게 포기해버리는 것은 기회비용만을 늘릴 뿐이다. 따라서 가능한 한 신중하게 성공 가능성을 높이는 방법을 고민해야만 한다. 얼핏 떠오르는 착상에 의지해서 새로운 전공을 만들고, 이내 몇 년 지나지 않아 다시 그 전공을 닫아버리는 행태는 결국 탐구와 교육의 전당으로서 대학의 존립기반을 무너뜨릴 가능성이 크다. 무엇보다 충분한 기초 역량을 가진 학문 후속 세대를 길러낼 수 없기 때문이다.

이러한 관점에서 대학에서 전공 간 융합을 시도할 때 우선적으로 고려해야 할 사항은 지속성일 것이다. 다시 말해 새롭게 시도되는 융합 전공이 독립적인 탐구 영역을 갖고 있는지, 탐구를 지속할 수 있는 동력으로서 새로운 문제들을 찾아내고 그런 문제들을 해결해나갈 수 있는 고유한 방법론이 있는지 등은 그 새로운 시도의 지속성을 가늠해볼 중요한 기준이 될 것이다. 이때 독립적인 탐구 영역이 반드시 새로운 탐구 영역일 필요는 없다. 이제까지 특정 분과의 고유한 탐구 영역이었다고 하더라도 다른 전공과의 협업을 통해 새로운 연구 성과를 낼 수 있다면 충분할 것이다.

두 번째 고려사항은 서로 다른 전공이 융합을 시도할 수 있는 근거로서 공통의 플랫폼(platform)을 마련하는 일이다. 플랫폼은 정보와 지식이 서로 간에 소통할 수 있는 장소이다. 생명의 문제를 다루면서 인문학과 생명과학이 서로 협력하지 못하는 경우는 동일한 생명을 다루지만 서로 간에 대화하고 지식을 교류할 수 있는 플랫폼을 제대로 마련하지 못했기 때문이다. 앞서 논의한 것처럼 두 영역의 탐구가 수렴할 수 있는 문제(과제)를 잘 설정하는 일이 무엇보다 중요하다. 생명의 문제를 윤리적인 관점에서(혹은 당위의 관점에서) 접근하는 인문학적 논의와 생명을 화학적 분자들의 기계적 대사과정으로 이해하는 관점의 경우 설령 대화를 시도한다고 해도 생명을 바라보는 근본적인 태도에서 다르기 때문에 대화는 겉돌기 쉬우며 따라서 협력이 이루어지기도 어렵다.

또한 플랫폼은 단순히 다양한 전공의 사람들이 협력해서 풀어야 하는 과제만이 아니라 그 개념의 본래 의미에 담겨 있듯이 물리적인 공간을 뜻하기도 한다. 서로 다른 전공의 연구자들이 함께 만나 자유롭게 토론하고 아이디어를 교류할 수 있는 물리적인 체계 역시 갖추어져야 한다. 그것은 실험실(lab)이 될 수도 있고, 수업이 진행되는 강의실일 수도 있으며 경우에 따라서는 디지털 공간이 될 수도 있다. 교류가 늘어날수록 융합 역량을 가진 학생들도 늘어난다. 이렇게 성공적인 융합이 가능하려면 각 전공이 만날 수 있는 플랫폼의 문제를 어떻게 해결해야 하느냐를 고민해야 한다. 그런데 여기에 주의 깊게 살펴야만 하는 일종의 역설이 존재한다.

우선 디지털 기술의 발전이 미디어 융합을 이루어낸 경우를 생각해보면 플랫폼의 문제가 융합에서 어떤 역할을 하는지 잘 보여준다. 학문 간의 협력에서도 마찬가지다. 기술 분야에서 디지털 기술이 이질적인 영역들의 융합을 촉발시켰듯이 학문들 간의 협력에서도 디지털 플랫폼은 놀라운 효율성을 발휘한다. 그러나 바로 그 디지털 기술의 발전은 동시에 학문 후속 세대를 위협할 수 있다. 바꾸어 말해 디지털 기술은 지식 생산 과정에서 새로운 패러다임을 이끌어내고 있지만, 이것이 전통적인 학문 연구자 생산 시스템을 교란하기 시작했다. 이러한 교란이 체계가 다음 단계로 진화하기 위해 치러야 하는 비용인지, 혹은 체계 전체를 위험에 빠트리는 위협인지는 아직 선명치 않다. 말하자면, 디지털 기술이라는 새로운 플랫폼은 학문 간 협력이나 학문 간 융합을 고무하는 동시에 학문의 장래를 위협하는 힘이 될 수도 있다.

적어도 현재까지 대학은 학문 연구자들을 재생산하는 가장 중요한 플랫폼이다. 그러나 대학 역시 사회 구성요소인 한 사회적 변화와 무관한 성역일 수는 없다. 지난 몇 십 년 동안 신자유주의의 경쟁 체제 하에서 대학은 순수한 학문 연구의 전당으로 남아 있을 수 없는 상황이 되었다. 그 결과 학문 간 협력이나 융합이 시대적 요구가 된 데는 시장의 압력 때문이라고까지 말할 수 있다. 디지털 기술을 매개로 촉발된 융합이 학문 현실에 산입된 것이다.

그런데 우리의 논의와 관련해서 디지털 기술 발전의 중요한 분기점은 학문 연구에서 디지털 전문가, 디지털 관련 지식이 많은 사람이 아니라 인공지능이 학문 연구에 중요한 자리를 차지하기 시작했다는 점이다. 이른바 전문가 시스템(expert system)의 문제다.

'생각하는 기계' 기술의 발전과 확산은 인간 전문가를 대체할 가능성을 높여 가고 있다. 이는 오늘날의 학문이 부딪친 또 다른 종류의 위기이다. 사람이 할 일을 기계가 대신한다는 것이 과연 위기일까? 일단 분명한 것은 데이터 과학과 인공지능 기술의 발전으로 전문가 시스템은 점점 더 강화되고 있다는 사실이다.

전문가 시스템은 간단히 말해 인간 전문가의 의사결정 과정을 디지털 인프라 속에 기술적으로 구현(simulation)해놓은 프로그램(소프트웨어)이다. 따라서 오늘날 우리가 일을 처리하려고 할 때 별다른 생각 없이 사용하는 수많은 프로그램들(예를 들면, ERP 시스템)이 전문가 시스템이고 게다가 최근에는 첨단 인공지능 기술을 기반으로 한 전문가 시스템이 활약을 시작했는데,[49] 그것이 위기라는 진단은 뭔가를 잘못보고 있는 것은 아닌가? 다른 관점에서 보더라도 사정은 다르지 않다. 우리 사회의 많은 부분들이 전문가들의 자문과 의사결정을 통해 움직이고 있기 때문이다. 정부가 정책을 결정할 때 전문가 자문을 거치며, 기업에서 의사결정을 할 때도 전문가들의 의견이 반영된다. 사회가 복잡해지고 당면한 현실 문제의 이해관계가 복잡해질수록 전문가들의 역할은 점점 더 중요해지고 있다. 따라서 전문가 시스템의 위기라고 말하는 것은 뭔가를 잘못 보고 있는 것은 아닌가?

사실 우리는 두 종류의 전문가 시스템에 의지해서 살고 있다. 하나는 소프트웨어로서 데이터 과학과 컴퓨터 공학이 구현해낸 전문가 시스템이고 다른 하나는 우리 사회를 운영해가는 방법으로서 인간 전문가를 활용한 의사결정 시스템이다. 어느 쪽이든 전문가 시스템은 우리의 삶에 광범위하게 스며들어 있다. 자신의 직업 영역에서 오랜 경험과 전문적인 지식을 갖고 있는 사람들은 정부에서 관련 성책을 입안하려고 할 때 전문가로서 도움을 줄 수 있으며, 그래서 그들은 전문가 자문회의에 참석하기 위해 회의 장소의 주소를 길찾기 전문 소프트웨어인 내비게이션 시스템에 입력한다. 전문가 시스템은 이런 저런 형태로 우리의 일상을 지배하고 있다. 그러나 전문가 시스템은 위기다. 좀 더 자세하게 표현하자면 맥루언(M. McLuhan)의 표현처럼 내파(Implosion)하고 있는 중이다.[50]

1960년대 주어진 문제를 해결할 수 있는 인공지능의 추론 능력에 힘입어 첫 번째 붐이 일었을 때 인간의 지능을 기술적으로 구현하는 것이 가능하다는 희망이 컸었다. 당시 인공지능에게 주어졌던 과제는 미로에서 길을 찾는 일이었다. 인공지능은 그 과제를 성공적으로 수행할 수 있다는 것을 보여주었고, 이 작은 성공은 많은 사람들에게 인공지능의 미래를 희망적으로 보게 만들었다. 하지만 낙관적인 전망은 곧 시들고 말았다. 해결해야 할 과제나 문제의 종류가 확장되자 곧바로 회의적인 전망들이 나오기 시작했기 때문이다. 당시 컴퓨터의 연산능력은 제한적이었고, 따라서 풀 수 있는 문제도 제한되었으며 문제가 조금만 복잡해지면 효율성은 급격하게 떨어졌다. 인공지능을 통해 복잡한 현실의 문제들을 해결하는 일은 요원한, 혹은 '거의 불가능한' 일로 여겨졌다.

하지만 기술은 언제나 장애를 극복하면서 발전해왔다. 1980년대 들어 인공지능의 2차 붐을 일으킨 것은 이른바 '전문가 시스템'

마셜 맥루언

이었다. 기본적인 아이디어는 간단했다. 인공지능이 탐색과 추론을 할 수 있으므로, 문제를 해결하는 데 필요한 전문적인 지식을 인공지능에게 집어넣어주는 것이었다. 당시 대표적인 전문가 시스템이었던 마이신(MYCIN)은 환자의 병을 진단하는 데 도움을 주는 시스템이었다. 절차에 따라 시스템이 묻는 질문에 답을 입력하면 이 환자가 어떤 병을 앓고 있는지를 판단할 수 있었다. 이런 유형의 문제는 기본적으로 분류(classification)의 문제이다. 환자에게 발열 증상이 있는지, 또 환자 혈액에서 검출된 세균이 어떤 종류의 세균인지 등을 '구별'해낸 뒤 환자의 병을 판정해내는 것이기 때문이다. 이는 말하자면 인간 전문가가 어떤 병을 판정해내는 '지식'을 프로그램에 구현해내는 것이었으며, 결과적으로 인간 전문가를 대리할 수 있는 '전문가 시스템'의 효용성을 보여줄 수 있었다.[51]

비록 전문가 시스템이 당시로서는 여전히 인간 전문가들의 놀라운 유연성까지 재현해낼 능력은 없었지만 절차적 지식이 잘 정의될 수 있는 부문, 예를 들면 자재관리나 재무회계와 같은 기업의 업무들 중에 정형화된 알고리듬으로 문제를 처리할 수 있는 부분들에서는 높은 효율성을 보여주었다. 물론 사용자 입장에서 전문가 시스템을 적용할 영역이 제한적이라는 사실은 여전히 불만이었다. 게다가 영역을 확장하기 위해서는 수많은 전문가들의 지식을 컴퓨터에 기억시켜야 했고 그 일은 막대한 비용과 시간을 필요로 한 일이었다. 또 지식의 범위가 넓어지기 시작하면서 전문가들 사이에서 합의되지 않은 지식과 정보를 정확하게 정의하는 일 자체도 쉽지 않았다. 무엇보다 전문가 시스템의 효용성이 높아지려면 (전문 지식이 없는 사람도 사용할 수 있도록) 일상적인 자연어를 처리할 수 있어야 했다.[52] 하지만 일상의 경험이 증언하듯 자연어는 맥락에 따라 의미가 달라질 수 있다. 자연어의 이러한 애매성이 당시의 인공지능에게는 험난한 장벽이었으며 자연어를 이해하는 것은 아주 먼 미래의 일로 여겨졌다. 이러한 상황은 '전문가 시스템'에 대해서 이중적인 의미를 갖는 것이었다. 소프트웨어 전문가 시스템에게는 위기였지만 인간 전문가들은 여전히 자부심을 가질 수 있었기 때문이다.

하지만 최근의 인공지능 이벤트들이 보여주듯이 데이터 과학의 발전과 클라우딩 컴퓨팅 기술의 발전은 상황을 역전시키고 있다. 자연어 처리뿐만 아니라 비정형 데이터 처리 기술이 빠르게 발전하면서 스스로 학습하고 진화하는 프로그램들이 등장했기 때문이다.[53] 광역의 네트워크에서 쉬지 않고 정보를 검색하고 학습하는 인공지능은 확실히 '어떤(특정) 전문가들을 대체하기 시작했다. 최종적으로 진단과 처방을 내리는 의사나 의뢰인의 이익을 위해 변호를 해야 하는 변호사와 같은 전문가들을 대체하지는 못하지만 그런 전문가들의 판단을 위해 자료를 수집하고 검토해서 알려주어야 하는 또 다른 전문가들을 대체하기 시작했기 때문이다.[54] 다시 말해 인공지능 전문가 시스템은 점점 더 인간 전문가 시스템의 자리를 대체해나가고 있다.

이제 이러한 상황이 무엇을 의미하는지를 직관적으로 이해하기 위해 다음과 같은 상황을 생각해보자.

① 컴퓨터 전문가 시스템은 인간 전문가의 지식을 습득하여 주어진 문제를 해결하는 프로그램이다.

② 따라서 좋은 (컴퓨터) 전문가 시스템은 인간 전문가들이 산출한 좋은 지식을 자신의 지식 베이스로 갖고 있어야 한다.

③ 좋은 지식을 산출할 인간 전문가들의 수가 줄고 있다.

④ 컴퓨터 전문가 시스템이 배워야 할 지식의 수가 줄고 있다.

만약 앞으로의 상황이 위와 같이 전개된다면 이는 곧 다음을 함축할 것이다.

⑤ 전문가 시스템이 위기에 처할 것이다.

선명하지 않은 단계는 ③과 ④이다. 왜냐하면 정보를 검색하고 과거 사례를 토대로 기술적 판단을 제안하는 인공지능이 있다고 해서 인간 전문가의 수가 줄 것이라는 예상은 과도해 보이기 때문이다. 또한 설령 ③의 사건이 일어난다고 하더라도 ④가 일어나지는 않을 것이다. 왜냐하면 컴퓨터 전문가 시스템이 스스로 학습을 하기 시작했기 때문이다.

다시 말해 과거의 전문가 시스템은 인간이 지속적으로 지식베이스를 관리해주어야 했지만 오늘날의 전문가 시스템은 필요한 정보를 찾아 스스로 학습을 하는 수준에 이르고 있다. 최악의 경우 인간 전문가가 줄어드는 위기 상황에서 컴퓨터 전문가 시스템은 일종의 '대체 자원'으로서 더 높은 효용성을 발휘할 수도 있을 것이다. 그러나 이렇게 컴퓨터 전문가 시스템이 스스로 질 좋은 학습을 할 수 있는 상황이 된다고 하더라도 전문가 시스템의 위기를 반전시키지는 못한다. 무엇보다 컴퓨터의 학습은 기존의 지식을 학습하는 것이지 새로운 지식을 창출하지는 못하기 때문이다. 다시 말해 만약 ③의 사건이 일어나면 ④와 ⑤는 자동적으로 일어나는 일이 될 것이다.

물론 인공지능과 인간의 관계를 여전히 낙관적인 시선에서 보고자 하는 사람들은 오히려 인공지능이 정말로 중요한 일, 즉 새로운 지식을 창출하지는 못하고, 자료를 검색하고 정리하는 단순 작업만을 할 것이라고 믿기 때문에 ③과 ④의 현상 모두가 일어나지 않을 것이라고 믿는다.[55] 게다가 전문가 시스템이 인간 전문가를 보조하는 역할에만 머무른다면, 인간 전문가는 좀 더 창의적이고 새로운 영역에 도전할 수 있는 기회를 갖게 될 것이며 그것은 새로운 지식의 창출을 의미한다. 결국 아무런 파국도 일어나지 않을 것이라고 힘주어 말한다. 그런데 정말 그럴까? 인공지능의 광범위한 확산이 인간 전문가들의 지식 생산 시스템에 부정적인 영향을 줄 것이라는 의문이 근거 없는 의심일까?

어떤 질문에 대답하는 일은 때때로 그 질문의 함축을 온전히 드러내지 못하는 경우가 있다. 그것은 그 질문이 효과적이지 못했기 때문이다. '전문가 시스템이 인간을 대체할까?'라는 물음이 그렇다. 이 질문을 '컴퓨터 전문가 시스템이 인간을 뛰어넘어 인간 전문가를 무용한 존재로 만들 것인가?'라는 의미로 읽는다면, (다행스럽게도 아직) 우리는 '아니다'라고 대답할 수 있다. 그러나 전문가 시스템의 광범위한 확산이 결과적으로 전문가 시스템의 지식 베이스를 채워줄 지식 생산자를 멸종 위기종으로 만든다면 앞선 질문에 부정적으로 답한다고 해서 안심할 노릇은 아니다. (왜 이러한 일이 일어나는지에 대해서는 다음 절에서 다루자.) 다시 말해 컴퓨터 전문가 시스템은 결코 인간 전문가를 뛰어넘지 못한다고 하더라도, 결과적으로 지식을 생산하는 인간 전문가의 수를 서서히 줄어들게 만드는 상황이라면 컴퓨터 전문가 시스템도 붕괴하고 말 것이다. 왜냐하면 컴퓨터 전문가 시스템은 (적어도 개념적으로는) 인간 전문가의 대용품[56]이기 때문이다.

그런데 공교롭게도 이러한 문제 상황은 베르탈란피가 일반체계이론과 관련해서 강조한 내용들과 상치되는 부분이기도 하다. 베르탈란피는 일반체계이론의 발전과 지향점을 설명하는 자리에서 이렇게 말한다.

"분명한 목표는 주어졌다. 이의 실현을 위하여 방법과 수단을 찾는 일은 대안적 해결책을 고려하고, 복잡다단한 상호관계망 속에서 최소의 비용으로 최대의 효과를 거둘 수 있는 최적의 전략을 선택할 체계 전문가(혹은 전문가 집단)를 요구한다. 이것은 어느 한 수학자의 개인적인 능력을 훨씬 초월하는 문제이며 문제의 해결을 위해서는 정교한 다수의 기술과 다수의 컴퓨터를 요구한다."[57]

베르탈란피가 강조했던 것처럼 체계이론의 발전은 컴퓨터 과학 그리고 데이터 과학 분야에서 놀라운 성과를 이루어내었다. 또 그 덕에 많은 학문들이 서로 협력할 수 있는 플랫폼을 갖게 되었다고 도 말할 수 있다. 그런데 역설적이게도 그런 발전이 도리어 인간 전문가를 위기로 몰고 있는 셈이다. 자료의 검색으로부터 판단에 이르기까지 기계가 인간을 대신한다면, 학문 연구에 필요한 인력 은 줄어들 수밖에 없다. 게다가 이는 시장 경제의 압력으로 인해 대학 내에 순수 학문 연구자들의 수가 줄어드는 현상과 시너지를 냄으로써 학문 후속 세대의 인프라 자체를 붕괴시킬 위험을 증폭 시킬 수 있다.

만약 오늘날의 대학이 오직 시장의 요구에만 민감하게 반응한 다면, 위에서 전망하는 부정적인 시나리오는 사실이 될 가능성이 높다. 대학에서 융합형 인재 양성이라는 목표를 세우면서 오직 개 발되어 있거나 이미 발견되어 있는 지식들을 활용해서 세상에 없 는 새로운 무엇인가를 만들어낼 수 있는 사람들만을 목표로 한다 면, 그것은 지식 생산 과정에 대한 이해 없이 활용만 할 줄 아는 사 람을 길러내는 것과 같다. 그 경우 대학은 지식 생산 기지로서의 역할을 잃게 될 것이다. 그때 대학은 자동차를 전혀 이해하지 못하 더라도 운전 잘 하는 사람을 길러내는 자동차 운전 학원의 역할만 을 하게 될 것이다.

8. 학문 간 협력을 위한 교양교육의 문제

아담 스미스(A. Smith)는 본래 전문가가 아니었던 사람이 어떻게 전문가가 될 수 있는지를 보여주었다. 핀 공장의 예에서 볼 수 있듯이, 공장에서 제품을 생산할 때 단위 시간에 가장 높은 생산성을 기대할 수 있는 방법은 분업이다. 분업은 노동자를 해당 작업에 있어 숙련자로 만들며, 그 숙련자는 다시 자신의 생산성을 높이기 위해 기술을 개발하게 된다. 그렇게 생산성은 점점 더 높아지고 잉여 생산물은 다시 시장을 확대하며 다시 또 다른 생산의 분업화로 이어지는 선순환 구조로 이어진다. 이는 기계적인 노동에 의한 생산뿐 아니라 지식을 생산하는 경우에도 적용된다. 학문적 지식을 탐구하는 사람들 역시 분업화하면 지식 생산성의 효율성을 높일 수 있다.

> "사회가 진보함에 따라 학문과 사색이, 다른 모든 직업
> 과 마찬가지로, 특정한 계층의 시민들의 주요하거나 유일

한 일과 직업이 된다. (…) 또 학문에 있어서의 이 직업 분화도 다른 모든 일의 경우와 마찬가지로 기술을 개량하고 시간을 절약한다. 각 개인은 자기 자신의 특정한 부문에서 더욱 전문가가 되어 전체적으로 이루어지는 일이 늘어나고 전문 지식의 양도 크게 늘어난다."[58]

비록 전문가가 되는 사람과 그렇지 못한 사람의 재능의 차이를 말할 수는 있겠으나, "사람들의 타고난 재능의 차이는, 실제로는 우리가 느끼고 있는 것보다 훨씬 작으며, (…) 가령 학자와 거리의 지게꾼처럼 가장 닮지 않은 성격상의 차이도 선천적인 차이에 의한 것이라기보다는 습관과 풍습 및 교육에 의한 것으로 생각된다."[59] 이에 의하면 우리가 겪는 재능의 차이는 본성적인 차이라기보다는 오히려 분업과 교육의 결과로 나온 것이다. 그렇게 분업은 전문가를 생산하며, 전문가는 사회적 구조에 의해 만들어진다.

스미스의 이러한 관점을 현실에서 가장 잘 보여준 사람은 테일러(F. W. Taylor)였다. 테일러는 '과학적' 기법을 통해 신체노동과 정신노동을 분리시키고, 노동의 작업과정과 시간을 세분화하고 분업화함으로써 노동 생산성을 높였다. 각각의 전문가들이 고도로 분절화된 과정에서 반복적인 학습을 통해서 만들어진 것이다. 주목해야 할 것은 노동생산성을 높이는 시스템이 만들어낸 전문가들을 진정한 의미의 전문가라고 말할 수 있는가 하는 것이다.

1916년 캐나다의 해밀턴 법정에 앉은 청문회 위원들을 향해 한 익명의 노동자가 청문회의 패널들을 향해 불현 듯 물었다. "여러

분들이 '숙련된 기술(skill)'이라고 말할 때, 그것이 '능력(ability)'을 말하는 것입니까? (⋯) 어떤 사람이 여러분들의 공장에 들어온지 얼마 되지 않아 기계를 잘 다루게 되었다고 가정해봅시다. 그가 똑똑하고, 심지어 숙련된 기술자(skilled men)들보다 월급을 많이 받는 노동자가 되었다면 여러분들은 그를 '숙련된 기술자'라고 부를 것입니까?"**60**

이 사건을 통해 장인 문화의 소멸을 보고한 헤론은 이렇게 덧붙인다. 장인들이 "자신의 독립적인(self-employed) 지위를 포기하고, '공장' 안으로 들어와 자신의 솜씨를 고용주의 지붕 아래서 발휘했을 때, 그들은 자기 자신과 더불어 산업사회 이전 시대의 축적된 전통과 가치들 그리고 제도들도 함께 가지고 들어온 것이다."**61** 이 과정의 결과는 어떻게 되었을까? 헤론의 대답은 명료했다. "몇몇 장인(craftsmen)들은 노동 현장에서 살아남았을지라도 장인의 문화(artisanal culture)는 그렇지 못했다."**62**

청문회 위원들을 향한 한 노동자의 항변에는 많은 것들이 들어 있다. 그는 단편적인 앎과 숙련도로는 결코 전문가가 될 수 없다고 믿었다. 음식을 만드는 요리의 장인을 생각해보자. 그가 요리의 장인이 되기 위해서는 여러 과정을 거쳐야만 했다. 먼저 설거지의 달인이 되고, 그후 양파와 마늘까기의 전문가가 된 후에야 비로소 온갖 재료를 다듬는 칼을 잡는다. 그렇게 칼을 잡고 난 뒤에는 새로운 단계의 과정들이 시작된다. 누군가 레시피를 개발해내는 일에 있어서 탁월한 능력이 있는 사람이 있다고 해보자. 하지만 유감스럽게도 그가 음식을 만드는 일에 있어서는 어설프기 짝이 없다.

Der xlj bruder der do star
hieß lorentz Sneyder

15~19세기 다양한 수공업 형태를 보여주는
『뉘른베르크 12형제들(Nuremberg Twelve Brothers)』에 수록된 '옷 짓는 장인' 일러스트

그 사람을 '요리의 전문가'라고 해야 할까? 우리가 그에게 붙여 줄 수 있는 이름은 레시피 개발의 전문가일 뿐이다.

스미스가 제안하고 테일러가 설계한 시스템의 효과는 분명했다. 실제로 그 방법은 대량생산체제에 필요한 생산성에 도달하는 데 성공적이었기 때문이다. 그러나 그 반대의 효과 또한 분명해 보인다. 개별 단계의 전문가들은 많아지지만 생산 공정 전 과정을 아우르는 전문가는 서서히 멸종해간다는 것이다. 그래도 아직 우리가 심각하게 걱정할 일은 아니다. 생산의 전 과정을 통찰하는 전문가는 줄었지만 어쨌든 또 다른 형태의 전문가들은 늘어났기 때문이다.

해밀턴의 철강 공장에서 있었던 일이 100년이 지난 오늘날에는 어떻게 변화했을까? 다음의 사례는 오늘날의 상황을 단적으로 보여준다.

"우리가 만난 은행에서 부유층 고객을 담당하는 한 직원은 금융위기가 일어나기 이전에 이미 대출액수를 정하는 그의 권한이 줄어든 사연을 들려줬다. 은행은 예전에는 그의 경험과 판단력을 신뢰했으나 갈수록 새로운 감독관이 그를 통제하기 시작했다. 그 감독관은 다름 아닌 컴퓨터 프로그램이었다. 이 소프트웨어는 특정 기준에 맞춰서 대출심사를 자동적으로 진행한다. (…) 그는 한때 권위와 존경을 받던 업무를 했으나 이제는 한낱 판매원에 불과하다고 자조했다."[63]

은행원들의 업무 효율성을 제고하는 디지털 테일러리즘을 가능케 한 것은 다름 아닌 컴퓨터 소프트웨어, 즉 전문가 시스템이다. 테일러리즘은 작업 공정을 세분화하고 기술적으로 재현해냄으로써 장인의 지식과 경험이 있어야 할 수 있었던 일을 장인이 아닌 사람들도 할 수 있게 해주었다. 이 공학적이고 분석적인 방법은 육체노동에서만이 아니라 지식 노동에 있어서도 장인의 지식을 컴퓨터 전문가 시스템으로도 재현할 수 있게 해주었다. 그 결과 "극소수의 엘리트 직원들만 회사를 성장시키기 위해 '사고'할 권한을 갖게 된다. (…) 지식노동자는 세 가지 종류로 구분할 수 있다. 개발자, 실행자 그리고 일꾼들이다. 개발자들은 최고 실력자들이다. (…) 이들은 '사고할 권한'을 부여받은, 상위 10~15%의 인력들이다."[64] 이러한 일련의 과정이 보여준 것은 명백하다. 컴퓨터 전문가 시스템은 확실히 생산성과 효율성을 높여준다. 그런데 바로 그 덕에 우리는 다른 창의적인 생각과 새로운 지식을 개발할 시간을 갖는 것이 아니라 아예 생각을 할 기회를 잃어버리고 있는 것은 아닐까?

하나의 극단적인 상황을 상상해보자. 이른바 '4차 산업혁명'을 가능케 하는 사물인터넷 환경과 개개의 영역에서 역량을 발휘하는 인공지능 전문가 시스템이 곳곳에 편재하게 된 사회에서 인간은 무엇을 할 것인가? 지식을 생산하는 전문가들은 극소수가 되고 그 전문가들을 대리하는 전문가 시스템은 편재한다. 결국 지식을 생산하는 극소수의 전문가를 제외하면 대다수의 사람들은 마치 대출심사 전문 프로그램에 밀려난 은행원처럼 전문가 시스템을 효율적으로 사용할 수 있는 지식만을 배울 가능성이 높다.

이 극단적인 양극화가 의미하는 것은 전문가 시스템의 불안정성이다. 지식 생산자의 수가 줄어들고 있기 때문이다. 물론 극소수의 지식 생산자들은 여전히 유지될 것이고, 광범위하게 사용되는 컴퓨터 전문가 시스템은 사회 전체 시스템의 안정성을 유지시켜줄 지도 모른다. 그러나 그 안정성은 아주 불안한 지반 위에 세워진 건물의 위태로운 안정성이다. 구조적인 관점에서 지식 생산자 계층을 받쳐줄 중간 계층이 붕괴해버렸기 때문이다. 지식을 생산하거나 단순 업무에 내몰리거나 이 양극화는 장기적으로 지식생산자를 지속적으로 공급할 수 있는 인적 자원 시스템을 붕괴시킬 것이며, 나아가 앞서 이야기 한 것처럼 컴퓨터 전문가 시스템이 배워야 할 인간 전문가의 지식 생산성도 하향곡선을 그리게 될 것이다.[65]

새로운 지식의 창출은 문제를 인식할 수 있는 지적 역량과 관련이 있다. 문제 인식 없이는 새로운 지식이 나오지 않는다. 문제 인식은 인간의 고유한 지적 역량이다. 컴퓨터 전문가 시스템은 '주어진' 과제를 알고리듬에 따라 해결할 수는 있어도 무엇이 문제인지를 '발견'해내지는 못한다. 지식 노동 시스템의 중간 계층을 컴퓨터 전문가 시스템이 차지하는 양극화는 문제의 발견이라는 지식 생산의 중요한 조건이 충족될 가능성을 줄여버린다. 물론 스스로 문제를 찾아내는 인공지능을 개발할 수도 있다. 그러나 그런 강한 인공지능의 기술적 구현이 일어나기도 전에 이미 시스템은 붕괴하거나 리셋될 가능성이 높다.

그럼에도 불구하고 희망을 말할 수는 있다. 위기는 언제나 이중적이기 때문이다. 위기는 일종의 변화 압력이다. 변화 압력에 대해 성공적으로 대응한다면 위기는 기회가 되겠지만, 잘못 대응한다면 파국이 될 것이다. 주목할 만한 사실은 위기는 언제나 예감되고, 그에 대한 대응은 일찌감치 시작된다는 것이다. 융합은 사실상 '새로운 발견'의 알고리듬을 상징한다. 첨단 기술의 융합을 통해 새로운 시장을 찾아내자는 요구와 기존 전문 지식 체계들의 새로운 결합을 통해 새로운 문제 영역을 찾아내고자 하는 요구는 임박한 위기에 대처하는 대응들이다.

이 대응들을 수렴시키는 하나의 장(field)이 바로 대학의 교육이다. 적어도 대학은 오랫동안(그리고 적어도 아직까지는) 지식 생산자들을 양성하는 사회적 제도였기 때문이다. 그런 점에서 최근 대학 교육의 개혁 프로그램에서 강조되고 있는 융합의 이념은 예고된 위기에 대한 대응이라고 볼 수 있다. 문제는 이러한 대응이 효과적으로 작동할 수 있는 조건들을 만족시키는 일이다.

먼저 구조적인 측면에서 생각해보자. 오늘날 지식 생산의 양상은 크게 두 가지로 분류할 수 있어 보인다. 하나는 전통적인 지식 생산 시스템에 의지한 것으로 고도의 전문적 지식 생산 양식들이다. 대학의 구조에서 보면 개별 전공들의 연구 및 교육 체제를 의미한다. 다른 하나는 새로운 지식 생산 시스템으로 기존의 지식들을 새로운 시선에서 재구성할 수 있게 해주는 연구와 교육의 플랫폼들이다. 전자의 시스템에서 생산된 지식들이 전형적인 전문 지식들이라면 후자는 융합적 지식들이라고 말할 수 있다.

대학 교육에서 융합이 강조된 이유는 앞서 살펴 본 것처럼 전통적 지식 생산 시스템에서 위기 징후들이 발견되었기 때문이다. 그래서 새로운 지식 생산 시스템으로 이행하고자 하는 것처럼 보인다.[66] 그러나 융합적 지식인이 가능하기 위한 선행조건을 생각해 보자. 그것은 전통적인 의미의 (순수) 지식 생산자 시스템이다. 디지털 세계를 유목하는 게릴라 지식 생산자들이 재구성하고 새롭게 편집할 지식들의 생산 시스템이 위축된다면, 융합적 지식인은 나오지 않는다. 앞선 논의의 비유를 따르자면 지식 생산 시스템의 중간 계층이 붕괴되고 나면 애초에 목표로 하는 융합적 지식인이 나올 가능성도 사라진다.

지식 기반 경제 시스템에서 대중 미디어를 장식하는 지식인들은 스티브 잡스나 마크 저커버그 그리고 앨런 머스크 같은 게릴라 지식 생산자들이다. 그들은 동시에 미래 시장의 아이콘이기도 하다. 그리고 대학은 시장의 요구에 굴복한지 오래다. 융합을 말하면서 순수 기초학문 분야가 위축되고 있는 우리 대학의 현실은 원활한 지식 생산 시스템의 선순환 구조를 붕괴시키고 있는 것은 아닌지 고민해야 한다. 융합이라는 이름으로 지식 생산 시스템이 변화하는 것처럼 보이지만 그 구조적 위기는 형태만을 바꾼 채 여전히 진행 중인 것처럼 보인다.

이 열악한 현실을 타개하기 위한 하나의 대안으로서 교양교육의 강화는 이중의 과제를 떠안고 있다. 전통적인 지식 생산 시스템에 새로운 활력을 부여하기 위해 학문 연구를 위한 학문 후속 세대에게 좀 더(새롭게) 강화된 지적 역량을 길러주는 것과 사회에 진출할 현장 인력들을 게릴라 지식 생산자로 길러내기 위해 지적 역량을 길러주는 것이다. 이 두 과제에 공통적인 것은 바로 역량을 길러내는 일이다.

이러한 역량 개발 중심의 교육은 역사적인 선행 모델을 갖고 있다. 이른바 능력심리학(faculty psychology)에 기초한 형식도야 이론(formal discipline theory)이 그것이다. 우리의 정신은 독립적인 요소로서 작동하는 지적 역량들을 갖고 있고 적절한 훈련을 통해 그 지적 역량들을 키우면, 즉 육체의 근육을 키우듯이 정신의 근육(mental muscle)을 키우면, 어떤 상황을 만나더라도 유연하게 자신의 지적 역량을 발휘하여 문제를 해결할 수 있을 것이라고 믿는 것이다.[67]

수학을 배우면 논리적이고 추론적인 사고력이 늘어나며 고전을 읽으면 기억력이 좋아지고, 음악을 배우면 정서적 역량이 좋아질 것이라고 보는 것이다. 그리고 일정한 훈련을 통해 역량이 증진되면 그 효과가 다른 문제영역에서도 발휘될 수 있을 것이라고 믿는 것이다. 이러한 형식도야 이론에 대해 비판적이었던 사람들,

라파엘의 「아테네 학당」 가운데 컴퍼스로 측도 중인 유클리드(에우클레이데스)

예를 들어 손다이크(E. Thorndike)와 같은 심리학자들이나 듀이(J. Dewey) 같은 철학자들이 주목했던 것은 그 이론이 지나치게 경직되어 있고 실용적이지 않았던 탓이다. 예를 들어 아무리 고전을 읽어도 그 고전에서 배운 것을 현실에 적용하는 것은 교육 효과의 관점에서 또 다른 문제였던 것이다.

오늘날 대학 교양교육에서 강조되고 있는 융합이라는 이념 그리고 자유학예교육 사이를 교차하는 관점은 기능주의적이고 요소심리학적 관점이다. 그리고 이는 오랫동안 비판의 대상이기도 했다.**68** 만약 대학 교양교육의 목표가 특정 역량을 길러내는 것을 가장 주요한 목표로 삼는다면, 그것은 자칫 일종의 교육학적 테일러리즘에 빠질 수도 있다는 사실을 주목해야 한다. 모든 작업 공정을 분석하여 공정별 전문가를 만들고, 그런 전문가들이 (보이지 않는 손에 의한 기계적인 결합방식을 따라) 조화롭고 통일적인 상호작용을 할 것이라고 기대하는 것이 본래의 기대와는 다른 결과를 낳았듯이, 자유학예교육을 통해 개개의 요소 역량들을 잘 훈련하면 그 요소 역량들이 조화로운 전체를 이룰 것이라고 기대하는 것 역시 결과를 장담하기 어려운 기대인지도 모른다.

이러한 위험 부담을 상쇄하기 위한 한 방법은 개별 요소 역량들을 서로 독립적이고 분리된 역량들로 보는 것이 아니라 하나의 단위(unit)를 이루어 분리할 수 없는 유기적 전체의 구성요소로 보는 것이다. 여기서도 우리는 체계이론이 갖고 있는 하나의 장점을 발견할 수 있다.

예컨대 베르탈렌피에 따르면, 전통적 과학들은 '관찰된 우주의

요소들을 서로 격리시키려고 노력'하는데 반해 체계이론은 "구성요소들뿐만 아니라 그들 간의 상호관계도 이해해야만 하는 필요성에 직면한 사실을 배우고 있다. 다시 말해서 세포 내의 효소의 상호작용, 많은 의식적·무의식적 정신과정의 상호작용, 사회체계의 구조와 역학관계 등이 그것이다. 이것은 우리가 관찰된 우주를 그 자체로 그리고 그 독창적인 형태로서 많은 체계를 탐색해야 한다는 것을 의미한다."[69] 이러한 전체론적 패러다임의 장점은 학문 간 협력이 융합이 의도하는 '새로운 창발'을 용이하게 한다는 점이다. 또한 디지털 테일러리즘이 유발하는 함정에 빠지지 않을 수 있는 힘을 준다.

흥미로운 점은 베르탈란피가 비록 디지털 테일러리즘의 위험을 예감하지는 못했지만 그럼에도 결과적으로 인간과 기계가 협력할 수밖에 없다는 점은 예측했다는 것이다. 애초에 베르탈란피가 생물학을 엄밀한 과학으로 만들고자 하면서 체계이론을 구상한 것은 전통 과학의 방법론이 생명 현상과 같은 이른바 '열린 체계(open system)'들을 다루기에 적합하지 않았기 때문이다. 베르탈란피는 체계 개념을 확장함으로써 돌파구를 찾았다. 그에 따라 기술(technology), 특히 우리의 현재 논의와 관련한다면 디지털 기술 자체가 하나의 체계이며, 그런 한에서 아주 중립적인 의미에서 디지털 기술이라는 체계와 학문이라는 체계의 상호작용에 대해서도 말할 수 있게 된다. 실제로 베르탈란피는 일반체계이론의 과제 중 하나로 다음과 같이 말한다.

"두 번째 영역은 '체계 테크놀로지'다. 이것은 컴퓨터와 자동화, 자율장치 등의 '하드웨어'와 새로운 이론적 발전과 원리의 '소프트웨어'를 포함하는, 현대의 기술과 현대의 사회에서 발생하는 여러 문제를 다루는 것이다. 현대기술과 현대사회는 너무나 복잡해져서, 전통적인 방법과 수단은 더 이상 충분한 것이 되지 못하므로, 방법론적으로 전체론적(holistic) 혹은 체계적 그리고 일반 이론적 혹은 종합 학문적 성격의 접근법이 필수적인 것이 되었다."**70**

이러한 체계이론의 관점에서 볼 때 우리는 훨씬 더 유연하게 학문 간 협력이나 학문 간 융합의 문제를 다룰 수 있다. 그것은 단지 개별 학문 영역의 이론 내적인 문제만이 아니라 사회를 이루는 구성요소들 전체를 '전체론적 시각'에서 고려할 때 비로소 의미 있는 논의와 방법들을 찾을 수 있을 것이다.

맺음말 보편 학문이론의 이념

근대 과학 혁명 이래 지식의 성장 곡선은 확실히 지수적으로 변해 왔다. 그것은 인간과 신 그리고 자연 사이의 관계에 대한 새로운 시선과 때맞추어 일어난 기술적 혁신이 빚어낸 절묘한 조화 덕이 었다. 과학은 전문화되었고, 객관적이고 누적적인 탐구 방식은 양적인 측면이나 질적인 측면에서 인류 문명의 양상을 바꾸어 왔 다. 이러한 맥락에 비추어 보면 근대의 철학은 숨 가쁘게 변화하는 지식 상황에 대한 대응의 역사였다고 말할 수 있을 것이다.

지식의 종류와 학문의 분류 체계에 열심이었던 베이컨과 계몽 주의자들로부터 자연과학과 인문학을 구분하고자 했던 신칸트학 파에 이르는 근대철학의 도정은 그러한 지적 갈등 상황을 보여주 는 종단면이라고 말할 수 있을 것이다. 물론 새로운 탐구 양식과 기술의 발전이 지식의 양을 폭발적으로 증대시키는 과정이 근대 만의 전유물이기만 한 것은 아니다. 지난 세기 역시 근대 과학 혁 명기의 양상들을 재현했기 때문이다. 유비적으로 말하자면, 뉴턴의 자연관에는 양자역학적 세계관이, 석탄을 태우던 증기기관에 대해서는 석유나 원자력과 같은 새로운 에너지원이, 그리고 무엇보다 활자 인쇄에 기초한 지식 문화에 대해서는 인터넷 기술을 토대로 한 새로운 지식 문화가 대응할 수 있을 것이다.

이러한 구조적 유사성은 상황의 변화에 대처하는 우리의 대응 방식에도 유사성을 짐작할 수 있게 해준다. 실제로 지난 세기의 후반부는 근대가 그랬듯이 새로운 지식과 새로운 학문 영역의 등장으로 매우 역동적인 시기였다. 물론 그 대응 방식이 과거를 그대로 답습하지는 않았다. 학문 체계는 유사한 상황에 대처하는 전략을 단순 반복하는 기계적인 체계가 아니라 과거의 경험을 기억하고 학습하는 체계이기 때문이다. 근대가 새로운 변화를 전문화의 전략으로 대응했다면, 오늘날은 이질적인 분과의 결합이나 통합 혹은 융합을 중요한 전략적 가치로 삼고 있기 때문이다. 그럼에도 불구하고 오늘날의 지식인들이 부딪치고 있는 문제 상황 자체는 근대의 역동적인 시기와 다르지 않다. 가령, 과거와는 다른 학문적 이념들이 오늘의 시대를 이끌고 있다고 하더라도 그런 이념의 존재 자체가 하나의 과제를 분명하게 규정하고 있기 때문이다. 새로운 기술적 발견이 찾아낸 새로운 탐구 영역들, 그에 따라 요구받고 있는 새로운 학문의 정체성, 이러한 반복된 문제 상황은 우리가 여전히 근대 이래의 문제에 붙잡혀 있다는 증거이기도 하고, 더 나아가 새로운 메타이론적 과제를 암시한다. 그것은 지식과 학문 체계의 변동과정을 구조적으로 설명할 수 있는 개념틀의 문제다. 이는 단순히 우리의 지식 체계가 변화하고 있다는 사실을 기술적(descriptive)이고 역사적으로 재구성하는 것과는 다른 과제일 것이다.

학문과 지식 체계 변동에 대해서도 마찬가지 관점에서 말할 수 있을 것이다. 특히 변화가 빠르게 진행되고 있는 시기에는 더더욱 미래에 대한 관심도 높아진다. 지식 체계의 변동을 설명할 수 있다면, 우리가 처한 현재의 학문적 상황을, 그것이 위기이든 혹은 변화를 위한 도약 통증이든 상관없이 이해할 수 있을 것이며 앞으로 어떤 일들이 일어날 수 있는지를 가늠해볼 수 있기 때문이다. 이런 까닭에 학문과 지식 체계의 변동을 설명할 수 있는 설명 모델에 대한 요구는 자연 현상에 대해 일관되고 규칙적인 설명 모델을 찾으려는 인식적 동기와 다르지 않다고 말할 수 있다. 그리고 '융합'이라는 화두가 오늘날의 학문 현실을 상징하는 키워드인 한, 지식 체계 변동을 구조적으로 이해할 수 있게 해주는 설명 모델에 대한 요구는 자연스럽다. 우리가 후설의 학문이론과 베르탈란피의 일반 체계이론을 살펴본 이유이기도 하다.

그러나 학문에 대해 규범적 요구를 하는 것과 학문이 현실에서 어떻게 변화해가는지 설명하는 것은 서로 밀접하게 연결되어 있기는 하지만 원리적으로는 다른 층위의 문제이다. 학문 현실을 설명하는 것은 기술적인 작업인데 반해 학문 탐구의 바람직한 이상형을 제시하는 것은 규범적 차원의 작업이기 때문이다. 후설은 그의 마지막 작품, 『유럽 학문의 위기와 선험적 현상학』에서 이렇게 말한다.

노년의 후설

"보편적이고 필증적인 근거로 정당화되었고, 또 근거가
제시되는 학문은 필연적으로 최고의 인류 기능으로서, 즉
앞서 말한 바와 같이 인격적이고 모든 것을 포괄하는 인류
적 자율성의 발전을 가능케 하는 기능으로서 인류의 가장
높은 단계에서 보이는 삶의 추동력을 이루어내는 이념으
로 등장한다."[1]

1911년에 『로고스(Logos)』지에 발표한 『엄밀한 학으로서의 철학』에서 후설은 다른 자연과학들이 엄밀성을 향한 도정에서 발전해 가고 있는데 반해 철학은 전혀 그렇지 못하고 있다고 진단한다. 철학의 진정한 의미를 생각하면 이는 역전된 것이다. 왜냐하면 진정한 철학은 모든 개별 과학의 이론적 토대가 되어야 하기 때문이다. 후설은 전승되어온 철학의 이념을 그 본래 의미대로 복원하기 위해서는 철저한 혁신이 필요하며, 따라서 새로운 도전이 요구된다고 천명한다. 이 새로운 도전의 이름을 후설은 '현상학'이라고 부른다.

현상학적 기획의 목표는 철학의 본래 의미를 부활시키는 것, 모든 개별 과학들을 이론적 정초하는 것이다. 이렇게 가장 기저에 놓인 학문은 다른 어떤 것에 의지하지 않고 그 자신 스스로가 출발점이 되어야 한다. 따라서 현상학은 어떤 가정도 필요 없이 우리 의식에 그 자체로 우리에게 '직접 주어진 가장 분명한 사실'로부터 출발해야 한다는 요구를 상징하는 이름이 된다.

하지만 이러한 기획은 단박에 성취될 수 있는 간단한 과제가 아니다. 의식과 대상이 지향적 상관관계를 갖고 있다는 지향적 관계에 대한 통찰은 시작을 알리는 신호일 뿐이었다. 지각, 상상, 기억 등 우리의 의식은 대단히 복잡한 층위를 갖고 있으며, 그에 따라 그에 상응하는 지향적 대상들의 특성 또한 복잡하다. 그 모든 작용들과 대상들이 지향적 상관관계를 갖고 있다는 보편적 사실만으로는 아직 아무것도 해명되지 못했다. 『엄밀한 학으로서의 철학』에서 후설이 내 놓은 제안은 그러므로 이제 그 어려운 작업들을 시작해보자는 것이었다.

현상학적 기획의 출발을 선언한 후설은 거대한 문 앞에 서게 되었다. 그 문은 의식 작용 일반(노에시스, noesis)과 의식 내용(노에마, noema) 일반의 보편적 관계에 대한 해명으로부터 시작해서 의식 체험을 구성하는 다양한 작용 형식들에 대한 형태론적 분석 그리고 각 작용들 간의 관계에 대한 해명, 더 나아가 특정 개별 과학들이 다루는 대상의 부류와 그런 대상들에 대응하는 작용들에 대한 분석을 토대로 개별 과학들 사이의 상관관계를 해명하는 일에 이르기까지 해결해야 할 과제들이 산적해 있는 거대한 연구 영토로 안내하는 문이었다. 1913년에 출간된『이념들』시리즈는 이런 기획의 최초 얼개가 무엇이었는지를 확인시켜 준다. 그러나 그 시리즈의 1권만이 출간되고 나머지는 생전에 출간되지 못했던 것은 말 그대로 시작하는 자의 과제가 얼마나 많았는지를 단적으로 보여 준다. 당장 우리가 본질을 직접 볼 수 있다고 해서 그에 대한 인식이 엄밀한 의미에서 필연적이라고 말할 수 있는지부터 문제다. 현상학적 인식이 정말로 토대가 될 수 있는 인식에 도달하려면 더 순수해져야 할, 혹은 더 높은 수준의 엄밀성에 이르게 할 수단들이 필요했다.

*

현상학적 작업의 시작을 선언하고 새로운 연구 영토의 문을 연 사람으로서 후설은 일종의 길을 안내하는 사람이었다. 그러나 그 길은 이미 가 보았던 길이 아니라 처음 가는 길이었고, 따라서 끊임 없이 새로이 등장하는 갈림길에서 고뇌해야 하는 처지였다. 이후 후설의 현상학은 그런 끊임없는 모색의 과정을 보여준다. 인식 일 반의 가능성을 해명하기 위해 칸트가 걸었던 길을 참조하기도 하고, 모든 개별 과학을 정초하는 제일 철학의 체계를 위해 데카르트 가 걸었던 길을 참조하기도 한다. 이런 모색의 과정은 아마도 처음 길을 개척하는 자라면 피할 수 없는 운명이었을 것이다.

후설이 철학의 관점에서 학문의 위기를 고찰했다면, 베르탈란 피는 생물학이라는 영역에서 출발하여 점차 학문 일반으로 확장 된, 그러나 후설과 매우 유사한 문제의식을 갖게 된다. 일반체계 이론을 설명하면서 베르탈란피는 이렇게 말한다.

"현대 과학은 모든 분야에서의 기교의 복잡성과 이론적 구조의 복잡성 자료의 방대성에 따른 필연적 결과로서 끊 임없이 증가하는 전문화에 의해 특징지어진다. (…) 그 결 과 (…) 한쪽의 둥지에서 다른 쪽의 둥지로 전달되기가 어 렵게 되었다. 그러나 다른 측면에서는 이것과 반대되는 뚜 렷한 경향이 있다. 현대 과학의 진화를 개관할 때 우리는 놀랄만한 현상과 마주치게 된다. 각 분야가 독립적으로 발 전시켜 온 문제와 개념이 서로 비슷하다는 사실이 그것이 다."[2]

이러한 판단에 기초해서 베르탈란피는 자신의 일반체계이론의 목표를 다음과 같이 말한다.

"다음 사항들은 일반 체계이론의 중요한 목적들이 무엇인가를 시사한다.

(1) 자연과학과 사회과학의 여러 분야에는 통합을 향한 일반적인 경향이 있다.

(2) 그러한 통합은 체계에 관한 일반이론에 집중되어 있다.

(3) 그러한 이론은 비물리학적 과학 분야에서 정밀이론을 도출하는 주요한 수단이 될 것이다.

(4) 과학이 전 세계를 '수학적'으로 관통하는 통일적인

젊은 시절의 베르탈란피

원리들을 개발함으로써, 이 이론은 우리로 하여금
과학을 통일시키고자 하는 목표에 좀 더 접근시켜
줄 것이다.

(5) 이것은 과학적 교육에서 우리가 크게 필요로 하는
통합으로 이끌어줄 수 있다."[3]

후설이 지향성 개념을 통해 학문 일반을 통일적인 시선에서 바라
보았듯이 베르탈란피는 체계 개념을 매개로 학문 일반에 관한 메
타이론을 꿈꾸었다. 그것은 하나의 보편적 학문이론이다. 이들의
이론은 학문 간 협력이 요구되는 오늘날의 학문 현실을 설명하고
그 방향성을 가늠할 때 유용한 판단 기준들을 제공한다. 아울러 개
별 학문들의 정체성을 유지하면서도 상호 간에 어떻게 협력이 가
능할 수 있는지에 대한 시사점들을 제공한다.

첨단 기술의 발전과 더불어 21세기가 되자마자 분명해진 사회
적 변화 압력과 요구는 대학과 대학의 주요 역할인 학문 연구에 대
해서도 전면적인 변화 압력을 가하였다. 오랫동안 고등교육기관
으로서의 대학은 각각의 지역적 특성에 맞게 발전해왔다. 그러나
최근에 다음과 같은 공통적인 변화 요구들에 직면해 있다. 첫 번째
는 고등교육에 대한 요구가 증가하고 있다는 것, 두 번째는 새로운
기술이 취업자들에게 높은 수준의 교육을 요구한다는 것, 세 번째
는 각국의 교육기관들의 국제적 경쟁이 심화하고 있고, 마지막으
로 기술의 발전이 교육 과정의 변화를 초래하고 있다는 것이다.[4]
이러한 변화 요구에 대한 가능한 하나의 해법은 바로 학문 간 협력

혹은 융합이다. 그러나 학문 현장에서 성공적인 융합이 이루어지고 있는가에 대해서는 여전히 회의적이다. 우리는 여전히 분과적 체제에 익숙해 있기 때문이다. 변화는 낡은 것들에 대해서는 언제나 위기의 모습으로 다가온다.

새로운 변화에 어떻게 대응할 것인지의 문제에서 중요한 것은 미래에 대해 우리가 어떤 전망을 갖고 있느냐에 의존한다. 변화를 위기로 인식할 것인지, 혹은 기회로 인식할 것인지에 따라 선택이 달라진다. 그 선택이 또한 미래를 결정한다. 우리 사회의 미래는 베르탈란피가 예측한 것처럼 고도로 복잡해지고 있으며, 인류 문명은 지구 온난화의 문제, 경제 위기와 사회적 불평등의 문제 등등 여러 가지 문제에서 심각하게 도전받고 있다. 게다가 인간을 대체할 수 있는 기계적 체계들의 영향력은 점점 더 커지고 있다. 이러한 복잡한 상황에 대처하는 방법은 그 복잡함을 담아낼 수 있는 이론적 체계를 구상하는 일이며, 학문 간 협력은 그런 의미에서 피할 수 없는 과제이다. 이제 그런 협력의 의미가 무엇인지 그리고 어떤 조건들이 그런 협력을 가능하게 하는지에 대해 진지하게 성찰해야만 한다.

주

머리말

1   E. Wilson, 『통섭: 지식의 대통합』, 최재천·장대익 역,
    사이언스북스, 2005.

2   융합 개념이 이슈가 된 것은 사실 과학 기술 연구를 시장주의의
    관점에서 접근한 것과 관련이 있다. 1990년대 말 미국과 유럽을
    중심으로 융합 기술에 대한 관심이 높아진 것은 새로운 기술
    발전이 함축하고 있는 상품성 때문이었다. 본래 '수렴'을
    뜻하는 'Convergence'라는 개념을 융합이라고 번역하는 것에도
    문제는 있다. 무엇보다 그러한 번역은 '수렴'이라는 말이 갖고
    있는 환원주의적 경향을 은폐시키기 때문이다. 만약 우리가
    '융합'이라는 개념을 부주의하게, 다시 말해 그 개념과 관련된
    시장주의적 배경을 고려하지 않는다면, 융합은 학문적 탐구의
    다양성을 고사시키는 이념이 되고 말 것이다.

제1부 학문이론으로서의 현상학과 일반체계이론

1   과학철학자인 포퍼(K. Popper)의 중요한 과제가 과학의
    경계선을 긋는 문제(demarcation)였던 것도 마찬가지다. 과학과
    비과학을 가르는 문제는 정치적으로도 중요한 의미를 갖고

있다. 우생학이나 인종위생학이 '과학'의 이름을 팔아 나치의
선전도구로 활용된 예를 생각해보면 된다.

2   H. Schnädelbach, *Philosophie in Deutschland 1831-1933*, Frankfurt
     am Main: Suhrkamp taschenbuch, 1983. S. 88.

3   정신과학이라는 표현은 흄(D. Hume) 이래로 영어권에서
     사용되던 도덕 과학(moral science)을 독일어로 번역한 개념이다.
     딜타이(G. Dilthey)가 당시 철학부 소속이었던 심리학과 사회학을
     '정신과학'으로 분류해야 한다고 주장하면서 널리 확산되었다.

4   E. Husserl, *Cartesianische Meditationen und Paris Vorträge*,
     Husserliana Bd I(Hua I), Haag: M. Nijhoff, 1973(『데카르트적
     성찰』, 이종훈 역, 한길사, 2016).

5   베이컨이 학문의 분류와 새로운 방법론을 마련하는 일에
     열심이었다는 것은 잘 알려져 있으나, 퍼스에 대해서는 많이
     알려져 있지 않다. 퍼스의 학문 분류에 관해서는 박우석, 「현대
     학문 체계에서 철학의 위치」, 『동서철학연구』, 59집. 2011. 참조.

6   F. Bacon. 『학문의 진보』, 이종흡 역, 아카넷, 2004. 152쪽.

7   베이컨의 책, 155쪽.

8   이에 대해서는 B. Darnton, 『고양이 대학살』, 조한욱,
     문학과지성사, 1996, 5장 참조.

9   Ch. S. Peirce, *Collected Papers of Ch. S. Peirce*, Vol. V. (ed. Ch.
     Hartshorne & P. Weiss) Massachusetts, 1965. p. 47 이하 참조.

10   퍼스의 같은 책, p. 53 이하 참조.

11   I. Lakatos, "Falsification and th Methodology of Scientific Research
     Programmes", in *Criticism and the Growth of Knowledge*, ed. by I.
     Lakatos & A. Musgrave Cambridge Univ. Press, 1970, 93쪽 참조.

12   노벨 물리학상 수상자이기도 한 스티븐 와인버그(S. Weinberg)는
     지적 상대주의에 대해 가장 강한 비판자 중 한 명이다. 그는
     모든 물리학을 통합한 '최종 이론'이 가능할 것이라는 기대를
     놓지 않는다. 스티븐 와인버그, 『최종 이론의 꿈』, 이종필 역,

사이언스북스, 2007, 특히 7장 참조.

13 실제로 포퍼가 과학의 영역에서 배제한 정신분석학을 사례로
생각해보면 된다. 과학의 경계를 가름하는 기준을 아주 좁고
규범적으로 이해할 경우, 인문학이나 예술 영역의 많은 이론들은
배제될 것이다. 사실 오늘날 '학문'의 개념은 모호하기 짝이 없다.
지식과 기술이 경제적인 잣대로 평가되는 문화가 일반화되어 있는
상황에서 보편타당한 진리를 추구하는 전통적인 '학문' 개념이 설
자리는 없어 보이기까지 한다. 순수 학문의 위기라는 진단은 이런
사정을 단적으로 웅변한다.

14 흔히 심리학주의는 '강한' 심리학주의와 '약한' 심리학주의로
나뉜다. 강한 심리학주의는 말 그대로 모든 개별 학문들의
기초가 심리학이라고 주장하는 반면, 약한 심리학주의는 인간의
지적 활동은 심리학과 무관할 수 없다는 입장이다. 후설이 특히
『논리연구』I권에서 대결한 입장은 물론 강한 심리학주의였다.
사실 후설은 어느 정도는 약한 심리학주의자라고도 부를 수 있을
정도로 인지적 활동을 심리적 현상으로 이해하였다. 그 때문에
『논리연구』II권은 심리학적 분석을 연상시키는 연구들이 많았다.
후설의 이러한 태도를 이해하지 못한 사람들, 『논리연구』I권에서
심리학주의를 비판하는 것에 열광했던 많은 사람들은 후설이
다시 심리학주의로 되돌아가 버렸다는 평을 내기도 했다. 하지만
후설의 입장은 일관적이었다. 학문적 활동을 포함하는 인간의
지적 활동이 심리학과 무관할 수는 없다. 그렇다고 심리학이 모든
개별학문의 토대가 될 수는 없다.

15 심리학의 연구 방법에 대한 논의는 오늘날에도 논쟁의 대상이다.
피실험자의 심적 상태에 대한 '객관적'인 관찰이 과연 피실험자의
심리 상태에 대한 정확한 기술인지가 여전히 확실하지 않기
때문이다. 때문에 일반적으로는 객관적인 관찰과 더불어
피실험자의 '자기 보고'가 병행되어야 한다고 여긴다. 관찰의
시점, 즉 객관적 관찰이라는 3인칭 시점과 자기 보고라는 1인칭
시점의 문제는 인지심리학만의 문제만이 아니라 뇌과학 연구나
상담과 같은 임상 심리학에서도 중요한 문제로 여겨지고 있다.
인지과학의 탐구 방법론과 대해서는 Sh. Gallagher, & D. Zahavi,

The Phenomenological Mind, London & N.Y.: Routledge, 2008, pp. 19-21. 참조.

16 '메타바시스의 오류'의 본래 의미는 대상의 분류에서 유와 종을 뒤섞어 잘못 분류하는 경우를 말한다. 여기서는 학문들 간 분류 문제, 특히 토대가 되는 학문의 문제를 다루고 있으므로 '잘못된 토대 이동'으로 번역한다.

17 Schlick, M., The Turning Point in Philosophy, in *Logical Positivism* (ed. A. J. Ayer), N.Y.: The Free Press, 1966. p. 54. 슐릭의 문제의식은 후설이 『논리연구』를 발표한 지 한 세대가 지났지만 여전히 철학의 역할과 위상에 대한 고민이 시대를 지배하고 있다는 것을 여실히 보여주고 있다.

18 E. Husserl, *Logische Untersuchunen Erster* Band (Hua XVIII), Den Haag: M. Nijhoff, 1975. §25 이하 참조. 여기서 후설은 밀(J. S. Mill) 이후 논리적 원리를 심리학적 사실들로 정초하려는 다양한 시도에 대해 통렬하게 비판한다.

19 E. Husserl, *Formale und Transzendentale Logik* (Hua XVII), Den Haag: M. Nilhoff, 1974. p. 82; R. D. Rollinger, *Husserl's Position in the School of Brenntano*, Springer, 1999. S. 199 참조.

20 E. Husserl, *Ideen zu einer reinen Phaenomenologie und phaenomenologischen Philosophien, Drittes Buch*(Hua V), Den Haag: M. Nijhoff, 1971, S. 83

21 E. Husserl, *Ideen zu einer reinen Phaenomenologie und phaenomenologischen Philosophien, Erstes Buch*(Hua III.1), Den Haag: M. Nijhoff, 1976. S. 120

22 E. Husserl, Hua V, S. 47. 그리고 *Einleitung in die Logik und Erkenntnistheorie, Vorlesungen 1906/1907*(Hua XXIV), Den Haag: M. Nijhoff, 1986, S. 431.

23 E. Husserl, Hua XXIV, S. 96.

24 비엔나 학파의 경향과는 전혀 다른 태도를 가진 하이데거(M. Heidegger)조차도 전통 존재론과는 다른 의미의 존재론, 즉 기초

존재론(Fundamente Ontologie)을 제안한 것도 같은 맥락에서
이야기 할 수 있다. 비록 기저에 깔린 문제의식은 사뭇 달랐지만
전통 형이상학에 문제가 있다는 생각만큼은 당대 철학의 시대적
특징이었다.

25 L. v. Bertalanffy, *General System Theory: Foundation, Development,*
    Application(GST), N. Y.: G. Braziller, 1968, (『일반체계이론』,
    현승일 역, 민음사, 1990), 17쪽.

26 L. v. Bertalanffy, GST, 18쪽.

27 베르탈란피, 같은 책, 같은 곳.

28 베르탈란피, 같은 책, 19~20쪽.

29 베르탈란피, 같은 책, 29쪽.

30 물론 후설이 한 걸음 더 나아가 선험적 현상학(Transzendentale Phä
    nomenologie)까지 나아갔다는 점에서는 베르탈란피의 생각과
    다르다는 점 또한 분명하다.

31 앞서 말한 것처럼 비록 『논리연구』를 통해 후설의 태도가 변화한
    것은 맞지만 그렇다고 심리학적 문제의식을 포기한 것은 전혀
    아니다. 오히려 후설은 이후 그의 현상학을 진행하면서 심리학적
    문제의식을 좀 더 순화할 수 있는 방법을 모색한다. 그는 순수
    심리학 혹은 현상학적 심리학이 가능하다는 것에서 그 길을
    찾는다. 순수 심리학 혹은 현상학적 심리학은 경험과학으로서의
    심리학을 정초하는 역할을 한다. 후설이 심리학주의를 비판한
    핵심이 심리학 자체가 문제가 아니라 경험과학으로서의 심리학이
    제1철학적 기능을 할 수 있다는 주장이었다는 점을 기억해야 한다.
    후설에게 있어 심리학은 선험적 현상학에 이르는 또 하나의 중요한
    경로이기도 하다.

32 M. Klein, 『수학의 확실성』, 박세희 역, 민음사, 1994. 7장 및 12장
    참조.

33 M. Klein의 책, 182쪽.

34 수론의 문제를 다루고자 했던 후설에게도 허수의 문제는
    특별했다. 일상의 개념으로 이해하자면 허수는 '존재하지 않는

수'나 인간의 관념이 만들어 낸 수이지만, 수학은 물론이고
물리학에서도 중요한 역할을 맡고 있는 수였기 때문이다. 그러나
후설이 자신의 문제의식을 인식론으로 확대하면서 허수에 대한
논의를 발전시키지는 못했다.

35 나중에 영국의 철학자 러셀(B. Russell)은 칸토르의 집합론에서
역리(*paradox*)를 찾아내고, 수학의 기초를 튼튼히 하기 위해서는
논리학에 의존해야 한다는 입장을 취하게 된다. 역리를 어떻게
해결할 것인가의 문제는 20세기 초반 수학 기초론의 가장 중요한
과제였다. 러셀의 논리주의, 칸토르의 실무한을 거부하고
배중율마저도 거부했던 브로우베르(L. E. J. Brouwer)의 직관주의,
그리고 실무한의 넓은 대륙을 결코 포기하지 않으려 했던
힐베르트(D. Hilbert)의 형식주의 등은 당시 수학이 처한 위기를
돌파하기 위한 시도들이었다. 특히 괴팅겐 대학의 힐베르트는
후설과도 깊은 친분을 유지하였으며, 후설의 다양체론은
힐베르트의 공리연역체계이론과 구조적으로 거의 같다.

36 E. Husserl, Hua XXIV, pp. 55~59.

37 오늘날 데이터 과학이나 정보처리 이론 등에서
'온톨로지(ontology)'라는 개념을 사용하는 것은 우연이 아니다.
이에 대해서는 이후 장에서 구체적인 사례를 통해 살펴볼 것이다.

38 E. Husserl, Hua XVIII, §70; Hua XXIV, §19.

39 E. Husserl, Hua XVII, S. 98 이하 참조. 그리고 *Philosophie der
Arithmetik, Mit Ergaenzenden Texten*(1890-1901)(Hua XII), Den
Haag: M. Nijoff, 1970. S. 455.

40 E. Husserl, Hua XVII, S. 95, Hua XVIII, S. 251.

41 모든 학문의 이론들이 엄밀한 연역적 체계를 가진 것은 아니므로,
후설의 이러한 초기 관점이 학문 현실을 설명하는 데 다소 아쉬운
점이 있기는 하다. 다만 대부분의 이론들은 그 발전 과정에서 점점
더 체계화되고 개념들을 더 엄밀히 규정하므로 후설의 연역적
모형을 일종의 이상적 지향점 정도로 생각할 수도 있을 것이다.

42 E. Husserl, Hua XXIV, S. 4~5.

43 일반적으로 공리 연역체계의 완전성(Vollstaendigkeit)은 해당 체계의 모든 정리가 공리로부터 유도되는 것을 의미한다.

44 E. Husserl, Hua XVIII, §67~§69.

45 E. Husserl, *Studien zur Arithmetik und Geometrie, Texte aus dem Nachlass(1886-1901)*(Hua XXI), Den Haag: M. Nijhoff, 1983. S. 216

46 E. Husserl, Hua XII, S. 430.

47 칸토르의 집합 개념에 대한 한 설명은 이렇다. "다양체 혹은 집합이라는 개념을 나는 하나로 생각할 수 있는 개개의 다수, 즉 규정된 원소의 총합이라고 생각한다. 그 원소들은 법칙을 통해 전체에 결속될 수 있다."(Hua XXI, S. 95)

48 E. Husserl, Hua XXI, SS. 95~96.

49 이에 관해서는 오스카 베커(O. Becker)의 *Grundlagen der Mathematik*, Suhrkamp, 1975, S. 186~187 참조.

50 E. Husserl, Hua XXIV, S. 84.

51 E. Husserl, *Logik und Allgemeine Wissenschaftstheorie* (Hua XXX), Den Haag: M. Nijhoff, 1996, S. 257.

52 E. Husserl, Hua XVII, S. 81.

53 E. Husserl, Hua III.1 S. 26.

54 E. Husserl, *Die Krisis der europäische Wissenschaften und transzendentale Phänomenologie. Ergänzungsband. Texte aus Nachlass 1934-1937* (Hua XXIX), Den Haag: M. Nijhoff, 1993. S. 147

55 E. Husserl, Hua III.1 §7-8 참조.

56 L. v. Bertalanffy, GST, p. 15.

57 L. v. Bertalanffy, GST, p. 16. 그리고 체계이론의 관점에서 복잡 적응계를 이론적으로 설명하고자 한 홀런드 역시 자신의 작업과 관련해서 두 가지의 방법론적 전략을 강조한다. 첫 번째는 조직화된 데이터를 축적하는 것이고 다른 하나는 수학의 도움을

받아 귀납적으로 데이터에서 법칙을 찾는 것이다. J. Holland,
『숨겨진 질서』, 김희봉 역, 사이언스북스, 2001. 130쪽 참조.

58 F. Klein, *Das Erlangen Programm*, Leipzig: Akad.
    Verlagsgesellschaft, 1974. SS. 29~32. 참조.

59 E. Husserl, Hua III.1 § 12. Hua XIX/1, 3rd Investigation 참조.

60 L. v. Bertalanffy, GST, p. 70.

61 E. Husserl, Hua III.1 S. 158 참조.

62 D. Sweet, "The Gestalt Controversy: The Development of Objects
    of Higher Order in Meinong's Ontology" in *Philosophy and
    Phenomenological Research*, Vol. LII, No.3, 1993. 참조.

63 D. Sweet의 논문, p. 557 이하 참조.

64 E. Husserl, *Logische Untersuchungen, Zweiter Band*.(Hua XIX/1),
    Den Haag: M. Nijhoff, 1984, S. 267.

65 E. Husserl, Hua III.1, S. 39. 영미 철학의 환원주의 논쟁과 관련해서
    유력한 대안들 중 하나였던 수반이론(supervenience theory)과
    후설의 기초지음은 매우 유사하다고 말할 수 있다.

66 E. Schroedinger, 『생명이란 무엇인가?』, 서인석, 황상익 역, 한울,
    1992.

67 E. Husserl, Hua III.1, S. 303 그리고 *Die Krisis der europaeischen
    Wissenschaften und Transzendentale Phaenomenologie*(Hua VI), Den
    Haag: M. Nijhoff, 1976. § 38 참조.

68 E. Husserl, Hua III.1, S. 303.

69 E. Husserl, Hua VI, S. 169.

70 E. Husserl, *Erfahrung und Urteil*, Hamburg: Felix Meiner, 1985. S.
    33

71 L. v. Bertalanffy, GST, p. 90 참조.

72 L. v. Bertalanffy, GST, p. 91.

73 L. v. Bertalanffy, GST, p. 68.

1   E. Schroedinger의 책, 10쪽.

2   E. Schroedinger의 책, 18쪽.

3   E. Wilson의 책, 353쪽.

4   P. Hoyningen-Heune, "Theory of Antireductionist Arguments:
    The Bohr case" in E. Adazzi (ed.) *The Problem of Reductionism in
    Science*, Dordrecht/Boston/London: Kluwer Academic Publ. 1990,
    53이하 참조.

5   E. Wilson의 책, 113쪽.

6   E. Wilson의 책, 115쪽.

7   E. Agazzi, "Reductionism as Negation of Scientific Spirit" in E.
    Adazzi (ed.) *The Problem of Reductionism in Science*, Dordrecht/
    Boston/London: Kluwer Academic Publ. 1990.

8   E. Bertalanffy, GST, p. 135

9   J. Holland의 책, 22~23쪽.

10 E. van Frassen, "The Pragmatics of Explanation" in D-H. Ruben (ed.)
    Explanation, Oxford Univ. Press. 1993.

11 E. Wilson의 책, 459쪽.

12 James M. Gentil, "Is 'Convergence' the Next Revolution in
    Science?"in *Huffpost*, Nov. 2013에서 재인용.
    (http://www.huffingtonpost.com/james-m-gentile/convergence-
    science-research_b_4078211.html)

13 이러한 논의와 관련해서는 D. Robertson, *The New Renaissance
    -Computers and The Next Level of Civilization*, N.Y.:Oxford,
    1998 그리고 M. McLuhan, 『구텐베르크 은하계』, 임상원 역,
    커뮤니케이션북스, 2001. 참조

14 1990년대 후반 신자유주의의 논리가 대학 사회에 확산되면서 순수
    학문, 기초 학문의 위기에 관한 담론들이 쏟아져 나왔다. 21세기

들어서서는 사회 체제 변동, 나아가 디지털 기술의 발전에 따른
지식 생산 패러다임과 관련한 위기/기회 담론들 역시 증가하였다.
어떤 관점에 서든 오늘날 우리가 전통적인 학문 개념에 의지하기는
어렵다는 사실은 분명하다. 이러한 논의와 관련하여 흥미로운
분석은 다음 글이다. Richard Lee, 「지식생산위기, 그 이후?
역사사회과학과 사회인문학」, 『동방학지』, 2011. 리처드 리는
이 글에서 지식생산 패러다임의 변화를 지식 사회학적 관점에서
살피고, 전통적인 방식의 위기를 말하며, 새로운 변화를 촉구한다.

15 A. F. Chalmers, 『과학이란 무엇인가?』, 신중섭·이상원 역, 서광사,
    2011, 4장과 5장 참조.

16 S. Kaufmann, 『혼돈의 가장자리』, 국형태 역, 사이언스북스, 2009,
    47~48쪽.

17 박창근, 『시스템학』, 범양사, 1997, 173쪽.

18 박창근의 책, 224쪽.

19 J. Holland의 책, 30~62쪽 참조.

20 J. F. Lyotard, 『포스트모던의 조건』, 이현복 역, 민음사, 2005, 92쪽.

21 Th. Kuhn, 『과학혁명의 구조』, 김명자 역, 까치, 2002, 9장 참조.

22 오늘날 인문학으로 통칭되는 학문 분야를 독일에서는
    정신과학으로 불렀다. 그것은 사실 밀(J. S. Mill)이 자연과학에
    대비되는 개념으로 사용한 도덕 과학(moral science)이라는
    개념을 번역한 것이었다. 신칸트학파를 중심으로 정신과학의
    고유한 방법론을 정초하고자 했던 시도들, 예를 들면
    해석학(Hermeneutik)과 같은 새로운 시도는 자연과학의 발달에
    따라 위축된 인문학 진영의 대응이었다.

23 A. N. Whitehead, 『과학과 근대 세계』, 오영환 역, 삼성출판사,
    1982. 134~136쪽 참조.

24 2001년 미국의 NBIC Initiative의 초점은 인간의 신체적 정신적
    능력의 강화(augmentation)를 목표로 하는 미래 융합 기술
    연구였다. 이 새로운 어젠다는 부분적으로 군사적 목적을
    갖고 있었다. 그에 반해 유럽의 융합연구(CTEKS: Converging

Technology for European Knowledge Society) 방향은 광범위한
사회적 요구에 대응하기 위한 것이었다. 어느 쪽이든 융합 기술은
새롭고 거대한 시장을 열었고, 그에 따라 연구 개발을 위한 막대한
자금이 기업과 국가 양쪽에서 투입되기 시작했다.

25 오늘날 많은 연구자들이 자신들의 연구를 위해 연구자금을
마련하기 위해 영업을 하는 일은 거의 일상화된 일이 되었다. 마치
사업 설명회를 하듯이 투자자들과 미디어를 상대로 자신들의
연구가 어떤 가치가 있는 것인지를 홍보해야 한다. 자금이 없다면
연구를 할 수 없기 때문이다. 이와 관련한 흥미로운 책이 있다. 책의
제목은 *Selling Science* 그리고 그 부제는 '과학연구 지원을 받기
위한 비즈니스 스킬을 사용 방법(How to Use Business Skills to Win
Support for Scientific Research)'이다. (S. Judge & R. Lukas, *Selling
Science*-How to Use Business Skills to Win Support for Scientific
Research, World Scientific, 2018) 많은 연구자들이 정작 자신의
연구보다 연구재단의 지원을 받기 위해 연구계획서 쓰는 일에 더
공을 들여야 하는 현실을 생각하게 한다.

26 전통적으로 지식과 정보 사이에는 커다란 차이가 있었다.
지식(Knowledge)은 단순한 믿음이나 정보(information)와
달리 공인된 사회적 시스템 안에서 그것이 진리라는
정당화(justification)의 과정을 거친 믿음이었지만, 오늘날 지식은
사회적 네트워크 안에서 효용성을 입증한 정보들로 간주되고
있다. 이때 효용성의 문제는 그것이 진리인가 아닌가의 문제와는
무관하다.

27 끌개는 하나의 체계가 다음 체계로 진화할 때, 즉 상전이 과정에서
새로운 질서가 창출하게 하는 자기 조직화(autopoiesis)의 단위이자
값이다. 이 끌개는 한 체계의 항상성과 경계를 유지하게 하는
근원으로 작동할 수 있다. 끌개 개념에 대해서는 S. Kaufmann의 책,
137~141쪽 참조.

28 N. Levy, 『신경윤리학이란 무엇인가』, 신경인문학 연구회 역,
바다출판사, 2011, 17쪽.

29 N. Levy의 책, 15쪽.

30   예를 들어, 레비는 이렇게 말한다. "새로운 신경과학은 두뇌를
     변경시키고 따라서 사고도 변경시킬 수 있는, 이전에는 상상도
     못했던 힘을 우리에게 주었다."(N. Levy의 책, 99쪽) 이러한 예상이
     실현될지는 두고 보아야 할 것이며, 결국 윤리학이 이러한 문제를
     어떻게 다룰 수 있는지도 열려 있는 문제이다.

31   M. Donald, 「인간 본성의 정의」, 『새로운 뇌과학』, D. Rees & S.
     Rose (ed.), 김재영·박재홍 역, 한울, 2010. 59쪽.

32   노상규·박진수 공저, 『인터넷 진화의 열쇠 온톨로지』, 가즈토이,
     2007, 17쪽.

33   B. Smith, "Basic Concepts of *Formal Ontology*" in Formal Ontology
     in Information Science, N. Guarino (ed.), IOS Press, 1988. 참조.
     그리고 P. Grennon & B. Smith, "SNAP and SPAN: Towards
     Dynamic Spatial Ontology", in *Spatial Cognition and Computation 4*.
     Lawrence Erlbaum Associate, Inc. 2004, p. 69

제3부 학문 간 협력을 위한 학문이론의 이념

1   H. Rickert, 『문화과학과 자연과학』, 윤명노 역, 삼성문화재단,
     1981, 41쪽.

2   H. Rickert의 책, 45쪽.

3   H. Rickert의 책, 50쪽. 리케르트의 분류에 따르면 후설의 지향성
     이론 역시 경험과학적 탐구가 될 수 있다. 그러나 달리 말해 후설의
     지향성 이론을 학문이론적 관점에서 해석하면 경험과학과는 다른
     부류가 될 것이다.

4   자연과학과 정신과학의 구분에 대응하는 오늘날의 표현은
     자연과학과 인문학이다.

5   H. Rickert의 책, 47~50쪽 참조.

6   E. Wilson의 책, 113~115쪽 참조.

7   이남인 교수는 그의 책, 『통섭을 넘어서』(서울대학교출판부,
     2015)에서 인문사회과학과 자연과학은 원칙적으로 통섭이

불가능하다는 점을 역설한다. 물론 그렇다고 학문 간의 협력을 부정하는 것은 아니다. 다만 통섭과 같이 오직 하나의 방법론으로 환원하려는 태도가 문제라는 것이다.

8 물리학을 기반으로 하나의 통일과학을 꿈꾸었던 슈뢰딩거는 이미 우리가 세계를 온전하게 이해하는 데 필요한 재료들을 확보했지만, 누구든 자신의 전문 분야를 넘어서서 세계 전체를 이해하기란 거의 불가능해진 상황이라고 탄식한 적이 있다. E. Schroedinger의 책, 10쪽 참조.

9 B. Glazer & A. Strauss, 『근거 이론의 발견』, 이병식·박상욱·김사훈 공역, 학지사, 2011, 32~35쪽.

10 L. Vygotsky, 『사고와 언어』, 이병훈 외 2인 역, 한길사, 2013, 120-121쪽.

11 L. Vygotsky의 책, 121-122쪽.

12 L. Vygotsky의 책, 21.

13 L. Vygotsky의 책, 475.

14 E. Husserl, Hua VI, S. 142.

15 H. Gadamer, 『진리와 방법 1』, 이길우 외 3인 역, 문학동네, 2012, 10쪽.

16 E. Wilson의 책, 116쪽.

17 Ch. Gillispie, 『과학의 역사』, 이필렬 역, 종로서적, 1983, 37.

18 G. Galilei, *Dialogues concerning Two New Sciences*, (trans. H. Crew & A. Salvio), New York: Dover Publication, 1914, pp. 62~63.

19 H. Gadamer, 『진리와 방법 1』. 21쪽.

20 H. Gadamer, 『진리와 방법 1』, 37쪽.

21 빈델반트는 이러한 구분에 기초해서 자연과학을 '법칙 정립적(nomothetische)' 학문, 인문학 혹은 정신과학을 '개성 기술적(idiographische)' 학문으로 구분한다. 이에 대한 상세한 논의는 "Geschichte und Naturwissenschaft" in *Praeludien. Aufsaetze*

und Reden zur Philosophie und ihrer Geschichte, Bd.2, Tuebingen: Mohr, 1924. 참조.

22 최근 부상하고 있는 신경윤리학(neuroethics)은 아주 직접적인 방식으로 자연과학(뇌)과 인문학(윤리)을 결합시키는 사례일 것이다.

23 M. Lieberman, 『사회적 뇌』, 최호영 역, 시공사, 2105. 리버먼에 따르면 인류는 사회적 연결을 통해 진화를 거듭해왔다. 인간의 뇌는 그저 생각하기 위한 것만이 아니라 다른 존재들과 연결하도록 설계되었다는 것이다. 따라서 타인과 연결되고자 하는 욕구는 리버먼에 따를 경우 가장 본능적인 욕구이다. 결국 오늘날 우리 사회에서 이슈로 떠오르고 있는 '혼족'과 같이 연결을 끊고자 하는 행위들은 반본성적인 행위가 된다.

24 G. Frege, "Comments on Sense and Meaning" in *Posthumous Writings*, ed. H. Hermes & F. Kambartel, & F. Kaulbach, trans. by P. Long & R. White, Basil Blackwell, Oxford, 1979. p. 118.

25 본질직관의 절차에 관해서는 E. Husserl, Hua IX, S. 73 이하, 그리고 *Erfahrung und Urteil*, S. 412 이하 참조.

26 H. Gadamer, 『진리와 방법 1』. 44쪽.

27 H. Gadamer, 『진리와 방법 1』, 48쪽.

28 H. Gadamer, 『진리와 방법 2』, 이길우 외 3인 역, 문학동네, 2012, 192~193.

29 H. Gadamer, 『진리와 방법 2』, 193쪽.

30 E. Husserl, Hua V, S. 145

31 Gadamer, 『진리와 방법 2』, 192쪽.

32 E. Husserl, *Phänomenologische Psychologie, Vorlesungen Sommersemester 1925* (Hua IX), Den Hagg: M. Nijhoff, 1968. S. 64.

33 E. Husserl, Hua IX, S. 64.

34 E. Husserl, Hua V, S. 21.

35 E. Husserl, Hua V, S. 139

36 E. Husserl. Hua V, S.141~143 참조.

37 E. Husserl, Hua V, S. 145

38 E. Husserl, Hua V, S. 145

39 E. Husserl, Hua III.1, S. 248

40 I. Kant, *Kritik der reinen Vernunft*, Hamburg: Felix Meiner, 1956. S. BXIII

41 E. Husserl, Hua XVIII, S. 257

42 Th. Kuhn, "A Function for Thought Experiments", in: I. Hacking (Hg.): *Scientific Revolutions*, Oxford, 1981, p. 15

43 Th. Kuhn의 위 논문, p. 16.

44 E. Husserl, *Erste Philosophie(1923/24) Erster Teil.* (Hua VII), Den Haag: M. Nijhoff, 1956. S. 36.

45 E. Husserl, *Erste Philosophie(1923/24) Zweiter Teil.* (Hua VIII), Den Haag: M. Nijhoff, 1959. S. 30.

46 K. Popper, *Logik der Forschung*, Tübingen: J. C. Mohr. 1982, p. 225

47 W. Sellas, *Science, Perception and Reality*, London. 1963, p. 170

48 R. P. Crease, „Problem of Experimentation ", in: L. Hardy u. L. Embree (Hg.), *Phenomenology of natural science*, Dordrecht/Boston/London. 1992, p. 219

49 IBM의 왓슨 헬스가 대표적인 경우이다. 방대한 데이터에 대한 조사와 분석을 토대로 진단이나 치료 방법에 대한 의사의 '최종적인' 결정을 돕는 일종의 자문 프로그램이다. 이러한 인공지능은 이미 국내 병원에도 도입되어 있다.

50 맥루언(M. McLuhan)은 시스템의 붕괴를 표현하기 위해 '내파'라는 용어를 사용한다. 그는 이렇게 말한다. "기계적 형태에서 순간적인 전기의 형태로 이행해가는 속도를 증가시키면 외파가 내파로 반전된다. (…) 그것은 철도 체계와 전기 무선망

체계의 차이에서 단적으로 드러난다. 철도는 종착역과 대도심을 필요로 하지만 농가에서나 중역의 사무실에서나 똑같이 이용할 수 있는 전력은 어떤 장소든 중심이 되게 한다."(M. McLuhan, 『미디어의 이해』, 김상호 역, 커뮤니케이션북스, 2011, 86~87쪽) 은유적인 표현이지만 한 시스템의 중심이 붕괴함으로써 시스템 전체를 붕괴시키는 현상은 우리가 예상하는 전문가 시스템의 붕괴를 잘 묘사한다.

51 마쓰오 유타카, 『인공지능과 딥러닝』, 박기원 역, 동아 엠앤비, 2015, 92쪽 이하.

52 전문가 시스템 중에 질의 응답 형의 프로그램들이 특히 그렇다. 만약 해당 전문가 시스템에 특정된 표현이나 개념들만이 처리 가능하다면, 그 시스템을 이용하기 위해서는 그 개념들과 표현들에 익숙해야만 한다. 이는 전문가 시스템을 이용하기 위해 전문가가 되어야 한다는 뜻이 된다. 이 경우라면 효용성은 제한적이다.

53 최근 자연어 처리 기술은 빠르게 진보하고 있으며, 2016년 구글의 알파고가 바둑에서 이세돌을 이긴 것은 A.I.의 학습 속도가 얼마나 빠른지를 상징적으로 보여 주었다.

54 예컨대 법률 서비스 현장에서도 A.I.의 활용 가능성은 점점 더 분명해지고 있다. 왓슨을 기반으로 한 법률 서비스 전문 인공지능 로스(Ross)가 최근 미 법률회사에서 일하게 되었다는 뉴스는 사람들로 하여금 기대와 불안을 동시에 안겨주었다. http://news.joins.com/article/20035624 참조.

55 '렉스 마키나(Lex Machina)'의 창업자인 조슈아 워커(J. Walker)는 최근 국내에서 열린 법률 심포지움에서 인공지능은 인간의 능력을 대체할 수는 없고, 법률가들이 더 좋은 판단을 할 수 있도록 도와주고 분쟁해결에 큰 역할을 할 것이라고 말한 바 있다. http://www.yonhapnews.co.kr/bulletin/2016/10/18/0200000000AKR 20161018112400004.HTML?input=1179m 참조

56 이를 우리는 보들리야르의 '시뮬라크르(simulacre)' 개념에 비교할 수 있을 것이다. 프랑스 파리의 국립 현대 미술관이 있는

풍피두 센터가 떠맡고 있는 역할을 보부르 효과라고 말하면서 보들리야르는 이렇게 말한다. "(…)이 뼈대물의 수수께끼는 더 이상 이름이 없는 어떤 구조를 번역하는 데 있어서의 궁극적인 망설임을 일으킨다. 이 망설임은 표면에서는 환기장치에(활발함, 자동관리, 정보, 중간매체), 깊은 곳에서는 돌이킬 수 없는 함열에 내맡겨진 사회관계들을 번역하는데 있어서의 궁극적인 망설임과 동일하다." J. Baudrillard, 『시뮬라시옹』, 하태환 역, 민음사, 2001, 116쪽.

57 L. v. Bertalanffy, GST, p. 28

58 A. Smith, 『국부론』, 유인호 역, 동서문화사, 2011, 22~23쪽.

59 A. Smith의 책, 28쪽.

60 C. Heron, "The Crisis of Craftsman: Hamilton's Metal Workers in the Early Twenties Century" in Labour/Le Travilleur, 6(Autumn 1980), p. 7.

61 C. Heron의 글, p. 8.

62 C. Heron 의 글, p. 47.

63 Ph. Brown, H. Lauder, S. Ashton, 『더 많이 공부하면 더 많이 벌게 될까』, 이혜진·정유진 역, 개마고원, 2011, 130쪽.

64 Ph. Brown, H. Lauder, S. Ashton의 책, 139쪽.

65 이러한 시나리오는 장밋빛 환상을 심어주었던 지식기반경제의 현실과 매우 유사해 보인다. 지식기반경제는 자본주의의 새로운 돌파구로, 나아가 성장과 고용에 관한 새로운 약속을 하는 것처럼 보였지만 이윤 추구를 본질적인 목표로 간주하는 자본주의 시스템은 변하지 않았으며 오히려 사회적 양극화를 심화시키는 한 요인이 되고 있다. 이에 관해서는 김어진, 「지식기반경제론의 모순과 실제」, 『한국사회경제학회 학술대회 자료집』 2013 가을, 참조.

66 프라임이나 코어, 대학특성화(CK), 산학협력선도대학(LINC) 사업 등 현재 우리나라의 대학들에서 시행되고 있는 다양한 (정부주도)사업들의 방향성이 대체로 이런 방향에 서 있다.

67 H. Matthew, B. Olsen, R. Hergenhahn, 『학습심리학』,
    김효창·이지연 역, 학지사, 2009, 97쪽 이하 참조.

68 예를 들어 비고츠키가 요소심리학을 비판한 골자는 정신 혹은
    의식이라는 통일적인 대상을 (독립적인) 하위 기능들로 분석하고
    그 기능들의 기계적인 상호작용과 결합으로 이해하는 것은
    우리가 이해하고자 하는 대상을 더 이해하기 어렵게 만든다는
    것이다. 그것은 마치 불을 끄는 특성을 가진 물을 이해하기
    위해 물을 수소와 산소의 결합으로 설명하는 것과 같다. 수소는
    폭발성을 갖고 있고, 연소가 일어나기 위해서는 산소가 필요하다.
    비고츠키가 보기에 요소심리학의 전략은 불을 끄는 물의 특성을
    설명하기 위해 물이 수소와 산소의 결합이라고 설명하는 것과
    같다는 것이다.

69 L. v. Bertalanffy, GST, p. 18

70 L. v. Bertalanffy, GST, p. 18.

맺음말

1   E. Husserl, Hua VI, S. 273

2   L. v. Bertalanffy, GST, p. 61

3   L. v. Bertalanffy, GST, p. 70

4   E. Tovar & J. Cardeñosa, "Convergence in Higher Education:
    Effects and Risk", in 《International Conference on the Convergence
    of Knowledge, Culture, Language and Information Technologies》,
    Alexandria Egypt, 2003, Dec.

참고문헌

- 김어진,「지식기반경제제론의 모순과 실제」,『한국사회경제학회 학술대회 자료집』2013.
- 노상규·박진수 공저,『인터넷 진화의 열쇠 온톨로지』, 가즈토이, 2007.
- 마쓰오 유타카,『인공지능과 딥러닝』, 박기원 역, 동아 엠앤비, 2015.
- 박우석,「현대 학문 체계에서 철학의 위치」,『동서철학연구』, 59집, 2011.
- 박창근,『시스템학』, 범양사, 1997.
- Agazzi, A., "Reductionism as Negation of Scientific Spirit" in E. Adazzi (ed.) *The Problem of Reductionism in Science*, Dordrecht/Boston/London: Kluwer Academic Publ. 1990.
- Bacon, F.,『학문의 진보』, 이종흡 역, 아카넷, 2004.
- Baudrillard, J. F,『시뮬라시옹』, 하태환 역, 민음사, 2001.
- Becker, O., *Grundlagen der Mathematik, Suhrkamp*, 1975
- v. Bertalanffy, L., *General System Theory: Foundation, Development, Application*(GST), N. Y.: G. Braziller, 1968(『일반체계이론』, 현승일 역, 민음사, 1990).

- Brown, Ph., Lauder, H., Ashton, S., 『더 많이 공부하면 더 많이 벌게 될까』, 이혜진·정유진 역, 개마고원, 2011.

- Chalmers, A. F., 『과학이란 무엇인가?』, 신중섭·이상원 역, 서광사, 2011.

- Crease, R. P., „Problem of Experimentation", in: L. Hardy u. L. Embree (Hg.), *Phenomenology of natural science*, Dordrecht/Boston/London. 1992.

- Darnton, B., 『고양이 대학살』, 조한욱 역, 문학과지성사, 1996.

- Donald, M., 「인간 본성의 정의」, 『새로운 뇌과학』, D. Rees & S. Rose (ed.), 김재영·박재홍 역, 한울, 2010.

- van Frassen, E., "The Pragmatics of Explanation" in D-H. Ruben (ed.) *Explanation*, Oxford Univ. Press. 1993.

- Frege, G., "Comments on Sense and Meaning" in *Posthumous Writings*, (ed. H. Hermes & F. Kambartel, & F. Kaulbach, trans. by P. Long & R. White), Basil Blackwell, Oxford, 1979.

- Gadamer, H., 『진리와 방법 1』, 이길우 외 3인 역, 문학동네, 2012.

- Galilei, G., *Dialogues concerning Two New Sciences*, (trans. H. Crew & A. Salvio), New York: Dover Publication, 1914.

- Gallagher, Sh., & Zahavi, D., *The Phenomenological Mind*, London & N.Y.: Routledge, 2008.

- Gentil, James M., "Is 'Convergence' the Next Revolution in Science?" in *Huffpost*, Nov. 2013.

- Gillispie, Ch., 『과학의 역사』, 이필렬 역, 종로서적, 1983.

- Glazer, B. & Strauss, A., 『근거 이론의 발견The Discovery of Grounded Theory-Strategies for Qualitative Research』, 이병식, 박상욱, 김사훈 공역, 학지사, 2011.

- Grennon, P. & Smith, B., "SNAP and SPAN: Towards Dynamic Spatial Ontology", in *Spatial Cognition and Computation* 4. Lawrence Erlbaum Associate, Inc. 2004.

- Heron, C., "The Crisis of Craftsman: Hamilton's Metal Workers in the Early Twenties Century" in *Labour/Le Travilleur*, 6(Autumn 1980)

- Holland, J.,『숨겨진 질서』, 김희봉 역, 사이언스북스, 2001.

- Hoyningen-Heune, P., "Theory of Antireductionist Arguments: The Bohr case" in E. Adazzi (ed.) *The Problem of Reductionism in Science*, Dordrecht/Boston/London: Kluwer Academic Publ. 1990,

- Husserl, E., *Cartesianische Meditationen und Paris Vortraege*, Husserliana Bd I(Hua I), Haag: M. Nijhoff, 1973(『데카르트적 성찰』, 이종훈 역, 한길사, 2016).

- _____, *Ideen zu einer reinen Phänomenologie und phänomenologischen Philosophien, Erstes Buch* (Hua III.1), Den Haag: M. Nijhoff, 1976.

- _____, *Ideen zu einer reinen Phänomenologie und phänomenologischen Philosophien, Drittes Buch* (Hua V), Den Haag: M. NiJhoff, 1971

- _____, *Die Krisis der europäischen Wissenschaften und Transzendentale Phänomenologie* (Hua VI), Den Haag: M. Nijhoff, 1976.

- _____, *Erste Philosophie(1923/24) Erster Teil.* (Hua VII), Den Haag: M. Nijhoff, 1956.

- _____, *Erste Philosophie(1923/24) Zweiter Teil.* (Hua VIII), Den Haag: M. Nijhoff, 1959.

- _____, *Phänomenologische Psychologie, Vorlesungen Sommersemester 1925* (Hua IX), Den Hagg: M. Nijhoff, 1968.

- _____, *Philosophie der Arithmetik, Mit Ergaenzenden Texten(1890-1901)* (Hua XII), Den Haag: M. Nijoff, 1970.

- _____, *Fomale und Transzendentale Logik* (Hua XVII), Den Haag: M. NiJhoff, 1974.

- _____, *Logische Untersuchunen Erster Band* (Hua XVIII), Den Haag:

M. Nijhoff, 1975.

* _____, *Logische Untersuchungen, Zweiter Band* (Hua XIX/1), Den Haag: M. Nijhoff, 1984.

* _____, *Studien zur Arithmetik und Geometrie, Texte aus dem Nachlass(1886-1901)* (Hua XXI), Den Haag: M. Nijhoff, 1983.

* _____, *Einleitung in die Logik und Erkenntnistheorie, Vorlesungen 1906/1907* (Hua XXIV), Den Haag: M. NiJhoff, 1986.

* _____, *Die Krisis der europäische Wissenschften und transzendentale Phänomenologie. Ergänzungsband. Texte aus Nachlass 1934-1937* (Hua XXIX), Den Haag: M. Nijhoff, 1993.

* _____, *Logik und Allgemeine Wissenschaftstheorie, Vorlesungen W. Semester 1917/18* (Hua XXX), Den Haag: M. Nijhoff, 1996

* _____, *Erfahrung und Urteil*, Hamburg: Felix Meiner, 1985.

* Kant, I., *Kritik der reinen Vernunft*, Hamburg: Felix Meiner, 1956.

* Kaufmann, S., 『혼돈의 가장자리』, 국형태 역, 사이언스북스, 2009.

* Klein, F., *Das Erlangen Programm*, Leibzig: Akad. Verlagsgesellschaft, 1974.

* Klein, M., 『수학의 확실성』, 박세희 역, 민음사, 1994.

* Kuhn, Th., 『과학혁명의 구조』, 김명자 역, 까치, 2002.

* _____, "A Function for Thought Experiments", in: I. Hacking (Hg.): *Scientific Revolutions*, Oxford, 1981

* Lakatos, I., "Falsification and th Methodology of Scientific Research Programmes", in *Criticism and the Growth of Knowledge*, ed. by I. Lakatos & A. Musgrave Cambridge Univ. Press, 1970.

* Lee, R., 「지식생산위기, 그 이후? 역사사회과학과 사회인문학」, 『동방학지』, 2011.

* Levy, N., 『신경윤리학이란 무엇인가』, 신경인문학 연구회 역, 바다출판사, 2011.

- Lieberman, M., 『사회적 뇌』, 최호영 역, 시공사, 2105.

- Lyotard, J. F., 『포스트모던의 조건』, 이현복 역, 민음사, 2005,

- Matthew H., Olsen, B., Hergenhahn, R., 『학습심리학』, 김효창·이지연 역, 학지사, 2009,

- McLuhan, M., 『구텐베르크 은하계』, 임상원 역, 커뮤니케이션북스, 2001.

- _____,, 『미디어의 이해』, 김상호 역, 커뮤니케이션북스, 2011.

- Peirce, Ch. S., *Collected Papers of Ch. S. Peirce*, Vol. V. (ed. Ch. Hartshorne & P. Weiss) Massachusetts, 1965.

- Popper, K., *Logik der Forschung*, Tübingen: J. C. Mohr. 1982.

- Rickert, H., 『문화과학과 자연과학』, 윤명노 역, 삼성문화재단, 1981.

- Robertson, D., *The New Renaissance – Computers and The Next Level of Civilization*, N.Y.:Oxford, 1998.

- Rollinger, R. D., *Husserl's Position in the School of Brenntano*, Springer, 1999,

- Schlick, M., "The Turning Point in Philosophy", in *Logical Positivism* (ed. A. J. Ayer), N.Y.: The Free Press, 1966.

- Schnaedelbach, H., *Philosophie in Deutschland 1831-1933*, Frankfurt am Main: Suhrkamp taschenbuch, 1983.

- Schroedinger, E., 『생명이란 무엇인가?』, 서인석, 황상익 역, 한울, 1992.

- Sellas, W., *Science, Perception and Reality*, London. 1963.

- Smith, A., 『국부론』, 유인호 역, 동서문화사, 2011.

- Smith, B., "Basic Concepts of *Formal Ontology*" in *Formal Ontology in Information Science*, N. Guarino (ed.), IOS Press, 1988.

- Sweet, D., "The Gestalt Controversy: The Development of Objects of Higher Order in Meinong's Ontology" in *Philosophy and Phenomenological Research*, Vol. LII, No.3, 1993.

- Tovar, E. & Carde osa, J., "Convergence in Higher Education: Effects and Risk", in 《*International Conference on the Convergence of Knowledge, Culture, Language and Information Technologies*》, Alexandria Egypt, 2003, Dec.

- Vygotsky, L., 『사고와 언어』, 이병훈 외 2인 역, 한길사, 2013.

- Whitehead, A. N., 『과학과 근대 세계』, 오영환 역, 삼성출판사, 1982.

- Wilson, E., 『통섭: 지식의 대통합』, 최재천·장대익 역, 사이언스북스, 2005.

- Windelwand, W., "Geschichte und Naturwissenschaft" in *Präludien. Aufsätze und Reden zur Philosophie und ihrer Geschichte*, Bd.2, Tuebingen: Mohr, 1924.

찾아보기

파

파이어아벤트, 폴 49~50

판단중지 253, 274, 277~279,
282~283

포스트모던 6, 50, 183~184, 247,
256, 273

포퍼, 칼 47~48, 51, 172~173, 175,
285, 289

플라톤주의자 72, 74, 89

플랫폼 98~99, 112, 146, 162, 164,
166, 181, 197, 209~210, 212,
264, 290, 294~295, 304

환경과학 39~40

환원주의 7~9, 12~14, 29~30, 32,
77, 82, 122~123, 127, 130~131,
142, 145~147, 151, 153~159, 164,
174, 210, 212, 234, 256~257, 281

흄, 데이비드 78, 127

힐베르트, 데이비드 97, 104, 106

기타

NBIC 융합 191, 229

하

하이데거, 마르틴 24, 213, 245

하위 온톨로지 219~221

학문이론 13~14, 43, 48, 51~55, 65,
76, 85~86, 88, 98~99, 106~107,
109~110, 113, 119~120, 123, 201,
205~206, 220~221, 223, 230,
235, 267~268, 279, 284, 319,
321, 327

현상학적 환원 281~285, 287~289

형식 존재론 13, 82, 98~99, 107,
111~114, 220~221

홀런드, 존 158, 178~179